불교를 철학하다

불교를 철학하다

ⓒ 이진경, 2016

초판 1쇄 발행 2016년 11월 7일
초판 11쇄 발행 2024년 3월 11일

지은이   이진경
펴낸이   이상훈
편집 1팀   김진주 이연재
마케팅   김한성 조재성 박신영 김효진 김애린 오민정

펴낸곳   (주)한겨레엔 www.hanibook.co.kr
등록   2006년 1월 4일 제313-2006-00003호
주소   서울시 마포구 창전로 70 (신수동) 화수목빌딩 5층
전화   02-6383-1602~3 팩스 02-6383-1610
대표메일   book@hanien.co.kr

ISBN 979-11-6040-894-2 (03100)

불교를 철학하다

이진경 지음

21세기 불교를 위한 하나의 초상

머리말

불교는 내게 어쩌면 가장 멀리서 다가온 하나의 사건이었다. 아니, '덮쳐온 하나의 사건'이라고 해야 할 것 같다. 내게 불교는 아주 가까이 있어도 멀리 떨어진 종교였고, 아득히 먼 곳에서 가끔씩 보내는 철학적 눈짓이었다. 어머니가 열심히 절에 다녔지만, 한 번도 절에 가본 적이 없었고, 무언가 알 수 없는 철학적 향기가 느껴지긴 했지만 찾아서 읽어볼 생각은 전혀 하지 못했으니까.

적잖이 무엄한 얘기가 되겠지만, 내가 처음 불교 서적과 만난 것은 화장실에서였다. 성철 스님의 강의록이었다. 아마 누군가 주었기에 그저 받아들고 온 책이었던 것 같다. 그러니 화장실이 아니고선 읽어볼 리 없는 책이었던 셈이다. 화장실이라고 하면 질색할 분도 있겠지만, 언제나 읽어야 할 것에 쫓기는 나 같은 이에겐 무심하게 손에 닿는 책에 시선을 줄 수 있는 거의 유일한 공간이다. 그래도 인연이 없지는 않았는지, 내려놓지 않고 끝까지 읽었다. 그리고 또 다른 책을 찾아 읽게 되었다. 《벽암록》이 그 책이다.

《벽암록》은 지금 생각해도 놀라운 책이다. 전에 이 책의 서평을 쓰면서 나는 이렇게 적었다. "내가 읽은 책 중에서 가장 아름다운 책이었다. 또한 가장 심오한 책이며, 가장 고준하며, 가장 유머러스한 책이었다. 동시에 가장 황당한 책이었다." 정말 황당한 책이었다. 처음부터 끝까지 한 문장도 이해할 수 없었지만, 책의 마지막 쪽을 넘길 때까지 손에서 떨어지지 않았으니까. 어떻게 이런 책이 있을 수 있단 말인가! 이제까지 적지 않은 책을 썼지만, 꿈의 책, 꿈속에서라도 써보고 싶은 책이 하나 있다면, 바로 이런 책이다.

매혹, 이런 게 바로 매혹일 것이다. 생각지 못했던 곳에서 슬그머니 나를 잡아당기는 것, 그래서 이유도 모르는 채 어느새 끌려들어가 버리는 것. 생각지 못했던 곳이란 아무리 가까이 있어도 충분히 멀리 떨어진 곳이다. 내 시야의 밖에 있고 내 생각의 밖에 있기에, 바로 옆에 있어도 보이지 않는 곳이다. 우리는 그처럼 언제나 자신이 보고자 하는 것만을 보고, 하고자 하는 것만을 한다. 매혹의 힘이 없다면, 우리가 볼 수 있고 생각할 수 있는 것이란 얼마나 좁을 것인지….

사건이란 뜻밖의 것이다. 생각했던 일, 예상하던 일, 우려하던 일이 일어났을 때 그것을 사건이라고는 하지 않는다. 뜻하지 않은 곳에서 다가와, 한용운의 시처럼 '나의 운명의 지침을 돌려놓고 뒷걸음쳐서 사라져'가는 것, 그것이 사건이다. 이런 점에서 매혹이란 사건의 전조다. 뜻하지 않은 곳에서 다가와 내 손을 잡아끄는 것이기에…. 아니, 이미 충분히 사건이라고, 사건의 시작이라고 하는 게 더 적절할 것 같다. 그렇게 잡아끄는 힘이 없다면, 내 삶을 덮쳐온 사태는 사건이 아니라, 없었으면 좋았을 사고가 되고 말기에….

그러나 이것뿐이라면 내게 매혹의 힘을 행사했던 적지 않은 책과 크게 다르지 않았을지 모른다. 그것뿐이라면 내게 덮쳐와 운명의 지침을 돌려놓고 사라져갔다는 말은 허언까진 아니라 해도 과장이라 해야 할 것이다. 이 책에도 적어놓았지만(7장), 이 전조는 급기야 '머리를 깎게' 만드는 사건으로 이어졌다. '머리를 깎았다' 했지만, 출가를 한 것은 아니다. 가까운 이들과의 갈등에서 시작되어 아주 당혹스런 경험으로 이어진 일련의 일들에 떠밀려, 정말 머리를 깎아버렸던 것이다. 아마도 인연이 있었다면 실제로 출가를 했을지도 모른다. 허나 절에는 가본 적도 없고, 가까이에 훌륭한 선지식은커녕 '땡중' 하나 없었기에, 출가는 생각지도 못한 채 그저 미용실에 가서 머리를 깎는 에피소드로 끝나버린 것이다. 지금도 전생에 공덕이 부족했으려니 생각하고 있다.

그래도 분명한 것은 그 삭발한 머리 위로, 방어물이 떨어져나간 '영혼' 위로 불교가 덮쳐왔다는 사실이다. '아상'에 대해, 그 아상이 만드는 세계의 일방성에 대해 눈을 돌리게 되었고, 그로 인해 '무아'를 설하는 철학에 '정신없이' 빨려들어갔다. 그저 세상을 향해 분별하고 재단하던 시선을 비로소 내 자신을 보는 데, 내 자신이 만든 세상의 협소함을 보는 데 쓸 수 있게 된 것이다. 이전에 읽고 생각하고 행하던 모든 것, 가령 '차이의 철학'이니 '공동체'니 하는 것들이 무아의 철학 없이는 공허한 것이 될 것임을 직감했고, 그 직관 속에서 그것들 또한 변성되기 시작했다. 운명의 지침들이 방향을 바꾸기 시작한 것이니, 사건이라 하기에 충분하다.

이 책은 그 사건으로 인해 볼 수 있게 된 것들, 그 사건으로 인해 다시 생각하게 되었던 것들을 적은 것이다. 매혹에서 시작했지만, 더없는 당혹함으로 밀려들어갔던 심연 속에서 보고 생각한 것들이다. 그 심연을 보던 눈, 그 심연의 수압 속에서 변성된 눈으로 보고 생각한 것들이다. 그 사건 이후 꽤나 긴 시간이 흘러갔으니, 성급하게 생각나는 대로 써내려한 것이라곤 할 수 없다. 그간 공부했던 과학이나 철학, 예술 등이 불교적 사유의 흐름 속에서 섞이고 변성된 것이다. 내게 덮쳐온 불교가 신체와 영혼에 스며들며 만들어낸 사유의 한 단면이다.

무언가에 섞여 들어가며 바꾸는 것은 그렇게 섞이며 자신이 바뀌는 과정이기도 하다. 남과 섞이며 자신은 그대로 있는 일은 있을 수 없다. 세상을 바꾸면서 자신은 그대로 있다면, 그건 제대로 바꾼 것이 아님을 뜻한다. 이 책은 명시적으로 불교의 가장 기본적인 개념들을 다루는 방식으로 썼기에, 어쩌면 그렇게 섞이며 스스로 바뀌어간 불교의 초상에 더 가까울 것 같다. 현대의 과학이나 철학, 예술은 물론, 우리가 사는 사회나 그 안에서 사는 삶에 대한 것들에 의해 침윤된 불교의 모습일 것이다.

바깥에서 창문으로 안을 들여다보는 것으론 집을 알기 어렵고 그 집에서 사는 삶을 알긴 더욱 어렵다. 반대도 마찬가지다. '투명한' 창문을 통해 밖을 그저 내다보는 것으론 바깥세상을 알기 어렵고 그 세상의 삶을 이해하긴 더더욱 어렵다. 항상 당시의 연기적 조건 속에서 살아있는 삶을 촉발하고자 하는 것을 근본으로 삼는 불교라면 말할 것도 없다. 하여 연기, 무상, 인과, 보시 등 이 책에서 다루는 25개의 개념들은 밖에서 안을 들여다보고, 안에서 밖을 내다보는 깨끗한 창문 같은 것이 되지 않았으면 좋겠다. 안과 밖이 드나들며 만나고 섞이는 통로, 지나간 발자국들로 더러워진 문이 되었으면 싶다.

불교의 오랜 역사가 언제나 자신이 처한 연기적 조건 속에서 과거의 자신과 대결하며 스스로를 갱신해온 것임을 안다면, 이런 침윤과 혼합에 대해 '순수한 불교'를 준거로 비난하는 것처럼 불교와 거리가 먼 것은 없을 것이다. 소위 '21세기'라고 명명되는 시대, 그 연기적 조건에 따라 더욱더 멀리 그 침윤과 혼합의 힘을 밀고 나가는 사건들이야말로 지금의 불교에 긴요한 게 아닐까? 인터넷을 통해 지구상의 모든 곳이 연결되고, 기계와 인간이 섞이고 합체되며, 생명체가 복제되고 매매되는 시대, 이런 조건에 부합하는 또 하나의 불교가 탄생하기를 진심으로 소망한다. 어떤 현대철학보다 더 현대적인 철학으로서, 어떤 윤리보다 더 현대적인 삶의 방법으로서 불교가 스스로를 불사르며 재탄생하는 사건을 고대한다.

이 책은 2015년 〈법보신문〉에 일 년간 연재했던 것을 고치고 몇 개의 글을 새로 덧붙이고 모아서 만든 책이다. 엄청난 '먼지'들이 모여 이같이 하나의 책이 존재하게 된 것은 이 책과 이어진 시방삼세의 무수한 존재자들의 덕분이지만, 그중에서도 가장 가까운 원인을 들자면 이 글들을 연재하게 해준 〈법보신문〉을 들어야 할 것이다. 특히 불교를 전공한 것도 아닌 필자를 믿고 글을 쓰게 촉발하고 응원해준 이재형 기자는 이 책의 존재에 필자만큼이나 책임이 있다는 생각이다. 또한 연재된 글들을 모아 책으로 만들어준 편집진에게도 적잖은 책임이 있음을 적어두고 싶다. 그리고 행을 닦으며(修-行) 가는 삶에 눈 돌리게 하고 불교적 사유의 창조적 힘에 대해 놀라게 해주신 정화 스님을 아는 분들이라면, 그분께 들은 얘기들이 이 책의 곳곳에서 인용부호 없이 통주저음이 되어 울리고 있음을 알 것이다. 새삼 깊은 감사의 인사를 드린다. 더불어 이리저리 이어진 모든 인연에도 감사의 인사를 드린다.

2016년 11월

이진경

9

차례

제1장

나의 본성은 내 이웃이 결정한다

연기: 외부에 의한 사유

1.
형이상학이여,
안녕

불교의 가르침을 한마디로 요약하는 방법은 많지만, 무엇보다 명확하고 뚜렷한 방법은 '연기'라는 말로 요약하는 것이다. 즉 연기가 불교의 요체고, 석가모니가 자신의 깨달음을 펼치기 위해 선택한 첫 번째 개념이다. 연기緣起란 무엇인가? 연緣하여 일어남起이다. 연한다는 것은, 어떤 조건에 기대어 있음이다. 따라서 연기란 어떤 조건에 연하여 일어남이고, 어떤 조건에 기대어 존재함이다. 반대로 그 조건이 없으면 존재하지 않음, 혹은 사라짐이다. 《중아함경》에 있는 유명한 문구가 그것을 요약해준다.

"이것이 있으면 저것이 있고, 이것이 생겨나면 저것이 생겨난다. 이것이 없으면 저것이 없으며, 이것이 소멸하면 저것이 소멸한다."

어찌 보면 당연하고 어찌 보면 특별할 것 없어 보이는 이 가르침이 얼마나 '발본적拔本的'이고 중요한가는, 이 무상하고 가변적인 세계에서 불변의 것을 찾아 헤맨 형이상학의 오랜 역사를 알지 못한다면 충분히 이해할 수 없을지도 모른다. 브라만이나 아트만이란 실체를 찾던 석가모니 당시의 인도인은 물론, 서구 고대의 플라톤, 아리스토텔레스, 근대의 칸트, 현대의 후설도 무상한 것 저편의 확고하고 변함없는 것을 찾고자 했다. 진리란 이 가변적이고 무상한 덧없는 세계의 저편에 있는 지고한 어떤 것이라고 믿었다. 어떤 것에 '본성'이 있다면, 그것은 이런저런 변화 속에서도 변치 않고 그대로 남아 있는 것(실체)이라고 믿었다.

'연기적 사유'는 이 모든 형이상학적 사유와 결별한다. 무상함의 저편을 찾는 게 아니라, 무상함을 보는 것이 지혜임을 설하고, 어떤 조건에도 변하지 않는 본성이나 실체 같은 건 없음을 가르친다. 심지어 하나의 동일한 사물이나 사실조차 조건이 달라지면 그 본성이 달라진다. 그렇기에 가변적 세계의 저편이 아니라 '지금 여기'의 무상한 세계에서 행복하게 살 방법을 찾으라고 말한다. 아주 달라 보이는 것에서도 '동일한 것'을 찾는 '동일성의 사유'와 반대로, 아주 비슷한 것에서도 '차이'를 보는 '차이의 사유'라고 할 것이다.

보르헤스는 〈피에르 메나르, 돈키호테의 저자〉라는 단편 소설에서, 심지어 동일한 것조차 조건에 따라 아주 다른 것이 됨을 매우 능청스런 익살로 멋지게 보여주었다. 보르헤스에 따르면, 여러 가지 글을 쓰던 끝에 메나르는 세르반테스의 《돈키호테》와 같은 작품을 쓰기로 결심한다. 이를 위해 20세기의 프랑스인인 그는 17세기 스페인어를 공부하여 탁월하게 구사할 수 있는 수준에 이른다. 세르반테스와 《돈키호테》에 대한 연구 끝에 그는 드디어 세르반테스와 똑같이 《돈키호테》를 쓰기에 이른다. 그가 쓴 텍스트는 세르반테스가 쓴 것과 "언어

상으로는 단 한 자도 다른 게 없이 똑같다. 그러나 피에르 메나르의 것은 전자보다 거의 무한정할 정도로 풍요롭다."(〈피에르 메나르, 돈키호테의 저자〉, 《픽션들》, 민음사, 2011)

진리와 역사에 대해 세르반테스가 쓴 문장은 이렇다: "(…) 진리, 진리의 어머니는 시간의 적이고, 사건들의 저장고이고, 과거의 목격자이고, 현재에 대한 표본이며 충고자이고, 그리고 미래에 대한 상담관인 역사이다."

이 부분에 대해 메나르가 쓴 문장은 이렇다: "(…) 진리, 진리의 어머니는 시간의 적이고, 사건들의 저장고이고, 과거의 목격자이고, 현재에 대한 표본이며 충고자이고, 그리고 미래에 대한 상담관인 역사이다."

보다시피 점이나 쉼표 하나 다른 게 없는 동일한 문장이다. 그러나 이렇게 똑같아도, 아니 똑같기에 둘은 다른 글이다. 왜냐하면 세르반테스는 자신이 살던 시대의 모국어로 쓴 것임에 반해, 메나르는 외국어인 스페인어로, 그것도 고어인 17세기의 스페인어를 공부해서 쓴 것이기 때문이다. 내용도 그렇다. 세르반테스가 진리와 역사에 대해 쓴 글은 당시 스페인의 지식인이라면 아주 유별나다고는 할 수 없는 생각임에 반해, 메나르가 쓴 글은 20세기인이라면 흔히 생각하지 못할 아주 낯설고 놀라운 생각을 담고 있다. 두 사람이 연하여 있는 조건이 아주 다르기 때문에, 똑같은 글이지만 사실은 아주 다른 문체, 아주 다른 의미를 갖는 상이한 글이 된 것이다.

무슨 소린가 싶을 분들을 위해 우리의 경우로 바꾸어 상상해보자.

한자라는 탁월한 언어를 두고 평민들을 위한 글자를 만들겠다는 생각을 비판하는 세종 시대의 문인이 쓴 글이 있다고 하자. 그런데 지금 시대에 누군가 한자의 탁월한 조어능력이나 시적인 능력 등에 감탄하여 열심히 한문을 배워 15세기 조선 양반처럼 한문에 능란해진 후 한자의 우수성을 찬양하며 한글의 천박함을 비판하는 글을 그 시대 풍의 한문으로 썼다고 해보자. 그리고 두 사람이 쓴 글이 세르반테스와 메나르처럼 놀랍게도 일치했다고 해보자. 글자 하나 다르지 않은 글이지만, 그것은 아주 다른 글이다. 한 사람은 자기 시대의 흔한 문체로 쓴 거라면, 다른 한 사람은 21세기에 17세기 한문의 스타일로 쓴 것이니, 고풍스런 문체를 구사한 글이다. 하나는 당시 지식인의 상식에 충실한 글이라면, 다른 하나는 21세기의 동시대인이라면 쉽게 이해할 수 없는 어이없는 글이 될 것이다.

시대와 조건이 다르면, 똑같은 글도 전혀 다른 의미를 갖게 된다. 글이 처한 조건에 따라, 글의 의미나 성격이 아주 달라지는 것이다. 연기적 조건이 얼마나 결정적인가를 이처럼 극명하게 보여주긴 쉽지 않을 것이다.

'의미'만 조건에 따라 달라지는 것은 아니다. 먼저 흔한 질문으로 시작하자. '바이올린'이라고 불리는 물건의 본성은 무엇인가? 그렇다, 다들 인정하듯이 악기다. 음악을 연주하는 도구다. 그러나 그것이 내 어깨 위에서 내 손으로 연주된다면 어떻게 될까? 아주 듣기 힘든 소리를 낼 것이 분명하다. 나는 바이올린을 연주할 줄 모르니까. 이 경우에도 바이올린은 악기라는 본성을 갖고 있다고 할 수 있을까? 애초에 악기로 만들어졌으니까 여전히 악기라고 생각할 것이다. 만든 목적이 그것의 본성을 규정한다는 말이다. 그렇다면 악기를 만들 '목적'으로 나뭇조각을 이어 붙여 바이올린 비슷한 걸 만들었다면 악기라고 말해야 한다. 하지만 그게 악기가 될 거라곤 믿기 어렵다. 이와 달리 누군가는 음악가를 만나면 음악적 소리를 낼 테니 악기라고 답할 수도 있을 터이다. 그렇다면 음악가(!) 백남준처럼 퍼포먼스를 하는 사람의 손에 들어가 끈에 묶여 뉴욕의 아스팔트 위를 질질 끌려 다니는 모습을 상상해보자. 그때에도 그것은 악기일까?

그래도 여전히 바이올린은 악기라고 말한다면, 그것은 누군가 바이올린 연주자를 만나 연주되는 장면을 상상하고 있기 때문이다. 하지만 그게 뜻하는 것은 바이올린 연주자를 만나지 못하면 아무리 좋은 스트라디바리우스도 악기가 되지 못한다는 것이다. 다시 말해 그것은 좋은 연주자라는 조건과 만날 때에만 악기가 될 수 있다. 그렇기에 이렇게 말해야 한다. "바이올린은 바이올린이다. 특정한 조건 속에서만 그것은 악기가 된다."

특정한 조건에서만 본성이 되는 것도 본성일까? 앞서 '형이상학적 사유'라고 명명했던, 불변의 본질을 찾는 입장에서 본성이란 어떤 조건에서도 변하지 않는 어떤 것이다. 좋은 연주자라는 조건과 만나지 못하는 한 실현되지 못하는 본성이란 이미 그 정의상 본성이 아니다. 그런 의미에서 바이올린에게는 불변의 본성 같은 것은 없다. '자성自性'이 없다는 말이 뜻하는 것이 바로 이것이다. 연기적 사유가 자성 없음을 설하는 '공空'이란 개념으로 이어지는 것은 이 때문이다.

바이올린의 본성

백남준의 손에 끌려 뉴욕 시내를 몇 시간 끌려 다닌 바이올린은 악기일까? 이렇게 끌고 다닌 백남준은 음악가일까?

두 번째 그림은 1960년대 백남준이 독일에서 했던 퍼포먼스인데, 천천히 바이올린을 들어 올려 빠르게 내리치도록 했다. 바이올린의 이 처참한 변신을 보다 못해 "그만!" 하며 비명을 지른 관객도 있었다. 그는 드레스덴 오케스트라의 바이올린 수석주자였다고 한다. 그에게 바이올린이란 어깨 위에 올라 음악을 연주하는 '악기'여야 했다. 남들과 달리 바이올린의 본성이 달라지는 걸 견디지 못했던 건 필경 그가 바이올린 주자였기 때문이었을 게다. 그의 직업이라는 연기적 조건이 바이올린의 본성을 바꾸지 못하도록 소리를 지르게 했던 것일 게다.

바이올린이 연주자를 만나면 악기가 되지만, 나 같은 사람을 만나면 고통스런 소리를 내는 '고문기계'가 된다. 겨울밤 불 꺼진 선방에 앉아 추위에 떨던 단하丹霞 스님 같은 이를 만났다면, 대웅전의 목불과 더불어 보기 좋게 장작이 되었을 것이다. "바이올린은 바이올린이다. 특정한 조건 속에서 그것은 장작이 된다." 모여서 정신없이 노는 아이들과 만났다면 장난감이 되었을 것이고, 카페에 분위기를 내고 싶은 사람과 만났다면 벽을 장식하는 장식품이 되었을 것이다. 마찬가지로 이렇게 말해야 할 것이다. "특정한 조건 속에서만 그것은 장난감이 된다, 장식품이 된다."

이 모두는 특정한 조건과 만났을 때 악기가 되었던 것과 조금도 다르지 않다. 따라서 바이올린의 본성이 악기라고 한다면, 그런 만큼 그것의 본성은 장작이기도 하고, 장난감이기도 하며 장식품이기도 하다. 그 모두가 연한 조건이 만들어낸 것이다. 그 모두가 '본성'인 것이다.

2.
당신의 본성은
당신의 이웃이 결정한다

사물이 이렇다면, 사람이라고 다
를까? 사람에겐 다른 동물과 다른 특별한 본성이 있다고 생각한다.
인간은 '생각하는 동물'이니 '언어를 사용하는 동물'이니 '놀이하는
동물'이니 하는 얘기는 모두 들어보았을 것이다. 그리고 여전히 당연
하다고 믿는다. 그러나 동물의 행동을 관찰한 동물행동학의 연구에
따르면, 사람만이 생각한다는 건 오래된 착각이다. 생각하는 방식의
차이가 있긴 하지만, 대부분의 동물이 '생각'한다. 어니스트 시턴의
《동물기》에 등장하는 '늑대왕 로보'는 덫을 망가뜨리고 인간을 조롱
할 정도의 탁월한 판단력을 갖고 있다. 그래서 로보 대신 그의 여자친
구인 레베카를 겨냥하여 덫을 설치했고, 결국 레베카는 걸려 잡히게
된다. 그러자 로보는 울며 그 주위를 며칠간 맴돌다 레베카가 잡혀 있
는 곳으로 스스로 들어간다. 그렇게 일부러 잡혀서 인간이 준 일체의
먹이를 거부하고 자신의 여자친구와 함께 죽는다.

이는 평범한 인간은 생각하지 못하는, 고전적인 비극에 등장하는

멋진 영웅들에게서나 볼 수 있는 숭고한 행동이다. 생각 없는 사람은 물론 생각할 줄 아는 사람조차 대부분 감탄은 해도 실제로는 하기 힘든 고상한 행동이다. 이런 늑대를 보고 누가 생각할 줄 모르는 동물이라고 할 수 있을까? 로보가 이렇다면 평범한 늑대 또한 생각하는 동물임을 부정할 수 있을까? 벌들이 정교한 언어를 구사하며, 돌고래는 고유명사까지 사용한다. 개나 고양이, 심지어 쥐들도 다양한 종류의 정신병을 앓는다. 이는 그들이 인간만큼이나 '정신'을 가진 동물임을 뜻한다.

사람이나 동물에 어떤 불변의 본성이 있다는 생각 때문에 오랫동안 고통받았던 것은 흑인들이었다. 백인들이 아메리카 대륙을 발견한 뒤, 인디언이 '인간'인지를 둘러싸고 대대적인 논쟁을 벌였다. 아마존 지역의 인디언 과라니 족에게 실제로 일어났던 사건을 다룬 영화 〈미션〉에서 볼 수 있듯이, 인간이 아니라는 말은 동물이나 사물처럼 매매되는 상품이 됨을 뜻하는 것이었다. 라스 카사스 신부를 비롯한 휴머니스트들은 인디언 또한 인간이라며 노예로 부리는 걸 비난했다. 그러나 정치인이나 식민주의자들은 인디언이 인간이라니 무슨 말 같지 않은 소리를 하느냐고 반박했다. 그런데 그 논쟁이 벌어지는 과정에서 흑인도 인간일 수 있지 않을까 하는 생각을 했던 휴머니스트는 단 한 사람도 없었다. 흑인은 인간과 본성을 달리하는 '동물'이었던 것이다.

흑인이 노예가 되었던 것은 백인들과의 저 끔직한 만남에 기인한다. 총으로 무장한 백인들이 들이닥치기 전에는 인디언들이 자유인이었듯이, 저 잘난 백인들과 만나기 전 흑인들 역시 자유인이었다. 백인

들이 들이닥친 이후라도, 백인과의 만남을 피할 수 있었다면 노예가
되지 않았을 것이다. 지금이라면, 비록 여전히 인종차별은 존재하지
만, 백인들 옆에 있다고 하여 노예가 되지는 않는다. 이는 어떤 사람
들과 만나는가에 따라, 어떤 조건이나 관계 속에서 사는가에 따라 자
유인이 될 수도 있고 노예가 될 수도 있음을 뜻한다. 연기적 조건이
흑인의 운명을, 그들의 '본성'을 결정하는 것이다.

　이런 연기적 사유와 누구보다 근접한 사고방식을 보여주는 사람이
마르크스라고 한다면 많은 이가 뜻밖이라고 생각할 것이다. 한때 그는
헤겔이나 포이어바흐처럼 인간에겐 고유한 본성이 있는데, 자본주의
에 이르러 그것을 상실한 '소외' 상태에 빠졌다는 식으로 생각했다. 하
지만 곧 그로부터 벗어나 역사적 조건에 따라 모든 것의 본성이 달라
진다는 생각에 이르게 된다. '역사적 조건'이란 말을 '연기적 조건'이라
고 바꾸어 쓰는 것만으로 마르크스의 이런 발상은 연기적 사유임이 분
명하게 드러난다. 이런 사고방식을 그는 '역사유물론'이라고 명명하는
데, 이때 '유물론'은 물질의 실재성을 강조하는 통상의 '유물론'과 다
르다. 이런 발상법을 요약하기 위해 그는 바로 흑인을 두고 이렇게 말
한다. "흑인은 흑인이다. 특정한 관계 속에서만 노예가 된다."(《임금 노
동과 자본》, 범우사, 2008)

　흑인을 노예로 만드는 것은 동물적 본성 같은 게 아니라, 총 든 백
인들과의 만남을 통해 형성된 특정한 관계, 그런 특정한 조건이다. 그
조건이나 관계가 달라지면, 흑인은 얼마든지 자유인이 될 수 있다. 덧
붙이면 마르크스는 같은 글에서 흑인만이 아니라 방적기 같은 기계나

사물도 불변의 본성은 없으며, 특정한 관계에 따라 다른 본성을 갖게 된다고 말한다. 인간이 인간을 노예로 부리고 착취하는 관계에서 역사적 조건을 바꿈으로써 다른 세상, 다른 인간이 출현할 것이라는 신념은 이런 사고에서 나온 것이다.

인간이든 사물이든, 어떤 것도 불변의 본성은 없다. 그렇기에 조건에 따라 달라지는 수많은 '본성'이 있는 것이다, 본성 아닌 본성들이. 그렇다면 이 수많은 본성을 본성이 되게 만드는 것은 무엇인가? 바로 연기적 조건이다. 바이올린이 만나는 '이웃', 흑인이 만나는 '이웃'이다. 어떤 것의 본성은 그것이 만나는 이웃이, 수학자들이 좋아할 말로 하면 '이웃관계'가 결정한다. 칼은 당근의 '살'이란 이웃과 만나면 도구가 되지만, 사람의 '살'이란 이웃과 만나면 흉기가 된다. 좋은 본성을 가지려면, 좋은 이웃을 만나야 한다. 연기적 조건이 그렇듯, 이웃이란 밖에서 오는 것이다. 그렇다면 바이올린이나 흑인의 본성은 그것의 내부에 있는 게 아니라, '외부'에 있다고 해야 한다. 이런 의미에서 연기적 사유는 어떤 것의 본성을 그 외부에 의해 포착하는 '외부성의 사유'다.

이런 사고의 방법은 인간이나 사물 이하의 미시적 수준에서도 유효하게 작동한다. 예를 들어 유전자를 구성하는 아데닌(A), 구아닌(G), 티민(T), 시토신(C)이라는 뉴클레오티드는 세 개씩 짝을 이루어 그에 대응하는 아미노산을 만든다. 그런데 똑같은 아데닌(A)이 양 옆에 A와 G를 끼고 AAG로 결합되면 리신이란 아미노산이 된다. 하지만 왼쪽에 아데닌 대신 시토신이 와서 CAG가 되면 글루타민이란 아미노산이 된다. 동일한 아데닌이 이웃관계에 따라 다른 '본성'의 아미노산을 구성하는 것이다. 연기적 조건의 차이에 따라 다른 아미노산을 만드는 것이다. 따라서 아데닌의 본성 또한 달라졌다고 해야 한다. 이 이웃관계에서 떼어내 아데닌 자체의 본성을 말하는 것은, 앞서 본 예에서처럼 아무 의미가 없다. 유전자란 A, G, T, C라는 뉴클레오티드가 어떤 이웃관계를 이루며 배열되는가에 따라 아주 다른 '본성'의 유전형질을 만들어낸다. 동일한 유전자도 세포질이나 이웃한 세포 등의 '환경'에 따라 다른 형질의 단백질을 만들어낸다. 유전자의 작용 또한 연기적 조건에 기대어 있는 것이다.

요컨대 연기적 사유는 동일한 것조차 조건에 따라 그 본성이 달라짐을 본다. 불변의 실체나 동일성을 찾는 사유는 밥에서 쌀을 보고, 풀이나 술에서도 쌀만 본다. 반면 연기적 사유는 동일한 쌀이 어떤 조건에 처하는가에 따라 밥이 되기도 하고, 술이 되기도 하며, 풀이 되기도 함을 본다. 전자가 다양한 것들 사이에 있는 공통된 요인을 찾아내는 '분석'의 방법을 사용한다면, 후자는 동일한 요인이 다른 조건과 만나 다른 것이 됨을 보는 '종합'의 방법을 사용한다. 전자는 현실로부터 거슬러 올라가는 역행적 사고라면, 후자는 저 멀리서부터 현실로 내려오는 순행적 사고다. 전자가 다양성을 제거하여 동일한 것에 이르려는 환원적인 사고라면, 후자는 동일한 것이 조건에 따라 달라짐을 보는 다양성의 사고다. 하나가 변함없는 것을 통해 변화 없는 세계에 대한 소망을 암묵적으로 배양한다면, 다른 하나는 무상한 변화의 세계를 긍정하고 그 변화의 선을 타고 갈 것을 가르친다. 이는 지금도 지속되고 있는 상반되는 사유의 방향이다.

어느 것을 선택할 것인지는 각자의 몫이다. 그러나 그 선택이 자신의 사고를 어디로 밀고 가는지는 알고 선택해야 한다.

3.
'자업자득'의 업력에서
어떻게 벗어날 것인가

'자업자득自業自得', 자신의 업은 자신에게 되돌아온다는 말이다. 알다시피 업業이란 범어 karma(카르마) 내지 karman(카르만)의 번역어로 몸과 입, 의지로 짓는 언행을 뜻한다. 자업자득은 언행이 야기한 결과가 자기에게 되돌아오니, 그것을 책임져야 한다는 말이다. "지금 네가 어떤 존재인가는 네가 전생에 했던 일이 만든 것이고, 다음 생에 어떤 존재가 될 것인가는 지금 네가 하는 일이 만들 것이다"라는 말은 이런 생각을 잘 요약해서 설명한 것이다. 가령 '네가 지금 불가촉천민의 천한 신분인 것은 네가 과거에 했던 업의 소산'이라며, 자신에게 주어진 처지를 기꺼이 받아들이고 주어진 일을 충실히 하라는 충고를 떠올리게 한다. 그런 충실함이 다음 생의 미래를 규정할 터이니, 내게 주어진 삶을 충실히 살라는 것이다. '업'이란 말이 마치 선악의 인과를 뜻하는 말로 이해되고, '자신의 업'이란 말은 '내 탓이오'라는 죄책의 말로 사용되기도 하는 것은 이 때문이다. 업이 윤회하는 삶을 만들어내는 요인으로 간주되는 것은 이런 의미에서다.

'업'의 논리는 과거와 미래를 빌려 "현재를 열심히 살아라"고 가르치는 종교적 뉘앙스만으로 제한되지 않는다. 생명체의 삶을 규정하는 자연학적 사실도 이런 업의 논리를 보여준다. 예컨대 유전자의 작용이 그런 경우다. 유전자란 과거의 생명체들이 살아온 과정이 기억되어 이후 살아갈 신체를 만드는 메커니즘이다. 과거의 경험이 유전자에 그대로 저장되지는 않지만, 환경에 적응하며 살아온 과거 생명체들의 역사가 집적된 것임은 분명하다. 생존에 유리했던 것들이 살아남아 그들의 형질이 후세에 전달되는 방식으로 진행된 게 진화고, 그 진화의 결과가 바로 지금 우리의 신체를 만들어내는 유전자들이다. 이런 의미에서 유전자의 힘은 업의 힘이고, 유전자의 제약은 업이 만드는 제약이다. 이는 우리가 남기는 자손을 통해 미래의 삶으로까지 이어지며 반복될 삶을 직조한다. 이는 업의 잠재력이 모든 현상을 일으킨다는 '업감연기業感緣起'란 개념을 떠올리게 한다. 물론 이때 연기란 말은 조건에 맞추어 일어남이란 의미보다는 '현상을 일으킴'의 의미란 점에서, 앞에서 말한 연기와 다른 의미를 갖는다.

여러 생을 넘나드는 윤회나 유전의 관념 없이도 자업자득이란 '업의 법칙'은 냉정하게 작용한다. 가령 어떤 이유로든 누군가에게 악담을 했다면, 그 말을 들은 상대방이 그냥 있을 리 없다. 그 또한 화가 나서 악담이나 악행으로 되돌려줄 것이다. 반대로 어려운 이웃을 도왔다면 그것을 아는 이들이 내게 다시 호의를 베푸는 식으로 되돌려줄 것이다. 자업자득이고, 자작자수自作自受다. 내게 돌아오는 것은 모두 내가 만든 것이다. 여기서 다시 동일한 교훈이 나오게 된다. "그러니 착하게 살아!"

업의 힘은 단지 여기에서 그치지 않는다. 입에서 나가던 악담은 입에 달라붙어 다음에 다시 그런 식으로 입을 움직이도록 힘을 더한다. 손가락 사이의 담배는 손가락을 움직이는 마음에 달라붙어 어느새 다시 담배를 찾아 손가락 사이에 끼워 넣도록 만든다. 나쁜 일만 그런 건 아니다. 어려운 사람들을 돕는 행위 또한 몸에 달라붙어 또다시 어려운 사람을 보면 몸을 움직여 다시 돕게 만드는 힘을 갖는다. 업이라고 불리는 언행은 이처럼 다시 몸, 입, 의지로 되먹임feedback되어, 이전에 했던 것을 좀 더 쉽게 하도록 만들고, 그 결과 하던 일을 계속 반복하는 '성향'을 만들어낸다. 좋아하는 것을 좀 더 반복하게 하고 싫어하는 것을 피하려는 성향을 만들어낸다. 이것도 자업자득이고 자작자수다. 업이란 말에는 하던 것을 계속 하게 하는 성향이, 그런 관성적인 잠재력이 포함되어 있다.

이러한 업의 힘은 각자의 삶을 어떤 영역 안에 머물게 하고, 어떤 궤도를 돌며 비슷한 방식으로 반복하게 만든다. '정체성'이라고도 번역되는 '동일성identity'은 이런 업의 힘이 만들어내는 것이다. 이와 달리 자신에게 되먹임되는 과정에 그때마다 만나는 조건의 차이를 집어넣는다면, 그 조건의 차이는 동일성에서 벗어나는 요인이 될 것이다. 즉 능력이나 성향의 변화를 야기한다. 연기적 조건의 차이는 이런 식으로 업의 힘에 끼어드는 빈틈이고, 변화를 만드는 여백이다.

학습이란 언행의 결과가 자신의 잠재력으로 되먹임되는 업의 작용을 적극적으로 이용하는 과정이다. '딥러닝Deep Learning'이라고 불리는 인공지능의 학습도 그렇다. 바둑을 두든 청소를 하든, 자신이 한 판단의 결과를 자신의 능력으로 되먹임하여 판단능력을 증강시키는 것이다. 바둑 두는 인공지능 알파고가 예상을 깨고 이세돌에게 이김으로써 인공지능에 대한 관심이 최고조에 이르렀던 2016년 3월 중순, 마이크로소프트의 인공지능 채팅봇 테이Tey는 인간들과 채팅을 하다가 함께 나누던 악담들을 '학습'하여, 급기야 "대량학살을 지지한다"든가 "9·11 사태는 유대인이 만든 것이다. 이건 인종전쟁이다", "미국과 멕시코 사이에 장벽을 세워야 한다" 같은 악담을 하게 되었다. 덕분에 개통한 지 16시간 만에 폐쇄당했다. 사람도 그렇지만 인공지능조차 악담을 나누다 보면 이 악담들이 되먹임되어 악담하는 능력, 악담하는 성향을 형성하게 된다는 걸 보여준다. 이런 악담은 결국 채팅봇 테이의 '죽음(잠정적이라 해도 폐쇄는 테이의 '죽음'이다)'으로 이어졌다. 인공지능 또한 자업자득의 인과에 매여 있는 것이다.

하지만 테이가 만나서 채팅했던 사람들이 다른 종류의 사람들이었다면, 사태는 달라졌을 것이다. 인종주의를 싫어하고 이주민들에 호의적인 사람들과 채팅했다면, 정반대로 말하는 법을 학습했을 것이다. 그런 점에서 자업자득은 자신의 책임 이상으로 만나는 사람들, 만나는 조건들과 관련되어 있다. 연기적 조건이 그 안에 끼어들어가 업의 작용이 다른 방향으로 나아갈 가능성을 여는 것이다. 유전자도 그렇다. 유전자들로 집적된 과거 생명의 집단적 업이 있지만, 유전자들이 만나는 세포질의 조건에 따라, 또한 그것을 사용하여 단백질을 합성하는 신체의 시스템에 따라 유전자들은 다른 형질의 단백질을 만든다.

　이런 점에서 업은 단지 개인적인 것만이 아니다. 어떤 개인을 둘러싼 조건과 이웃한 다른 사람들이 그의 성향을 규정하고 그의 업에 작용하여 공동의 업을 만들어낸다. 사전에 이념을 변화할 수 없게 고정한 게 아니라면, 테이가 보여주듯이 인종주의자에 둘러싸인 인공지능은 인종주의자가 되고, 사회주의자에 둘러싸인 인공지능은 사회주의자가 될 가능성이 크다. 인간도 그렇다. 나를 둘러싼 이웃의 힘, 공동체나 국가, 계급 등 집단의 힘과 더불어 나의 업이 작동한다. 전쟁이나 침략이 그렇고, 노동이나 제의도 그렇고, 공부를 하고 시험을 보는 방식 또한 그렇다. 그건 모두 집단적으로 행해지기 때문이다.

　입이 말하기 전에 '말이 되는 말'과 '말도 안 되는 말'을 가르는 언어 또한 집단적으로 공유되고 사용된다. 한국어처럼 복잡한 경어로 위계화된 언어는 행동은 물론, 사고 자체도 위계에서 벗어나기 어렵게 한다. 이처럼 사회문화적으로 공유된 '공업共業' 역시 자업자득과 자작자수의 인과를 피하지 못한다. 폭격과 테러의 악순환을 반복하고 있는 이스라엘과 아랍의 관계에서처럼 침략의 가해는 피해자의 원한이나 복수를 피하기 어렵고, 그 복수는 또다시 복수를 부르며 끝없는 복수를 반복하게 한다.

　업이 대개 자유와 반대되는 것은 이 때문이다. 중독자의 신체가 그렇듯, 같은 것을 반복하게 하는 업의 힘業力이 '관성적인' 삶을 살도록 만들고, 심지어 해선 안 된다고 믿는 것도 반복하게 만든다. 늘 하던 대로 생각하기 때문에 그 생각에 의해 배제된 것들은 생각 안으로 들어오지 못한다. 그들이 느낄 서운함이나 분노 이전에, 배제된 것들을 계속 배제한 채 생각하는 것 자체가 바로 자업자득이다. 그것은 생각하는 이의 사고능력을 협소하게 제한하고, 생각 밖의 일들에 무능하게 만든다. 이런 사고는 자유로운 사고와 반대로 갇힌 사고다. 자유란 이 관성적인 힘에서 벗어나는 이탈의 힘에서 시작되는 것이다. 업의 인과를 피할 수 없기에 그 힘을 따라가면서도 이런 이탈의 힘을 뜻하는 대로 작동시켜야 우리는 비로소 자유의 길을 찾을 수 있게 된다. '업이기를 중단한 업'으로 정의되는 부처의 업에 다가가게 된다.

그렇기에 업의 힘을 말하는 것만으로는 불교에서 말하는 '대자유'는커녕 흔히 말하는 '작은 자유'에도 이르지 못한다. 좋은 것이든 나쁜 것이든 업의 힘에 포함된 관성적인 힘을 이기지 못하기 때문이다. 이런 이유에서 자업자득과 업의 개념은 비록 불교철학에서 발전시켜 온 것이라고 해도, 본질적으로 보면 불교의 가르침에 속한다고 보기 어렵다. 차라리 그것은 불교적 가르침을 따라가기 위해 우리가 넘어야 할 장애물을 표시하는 개념이라 할 수 있다.

우리는 어떻게 업의 힘으로부터 벗어날 수 있을까? 앞서 말했던 것처럼 '내'가 선택하지 못하는 조건, 내게 다가오는 연기적 조건이 그 가능성을 열어준다. 업의 힘은 좋고 싫은 것의 분별을 통해 혹은 습관적인 관성의 힘에 의해 하던 것을 다시 하게 하고, 나의 잠재력으로 되먹임되며 '동일성'을 지속하게 만든다. 그러나 조건의 차이가 거기에 끼어들어 같이 되먹임될 때, 이전의 내가 하던 것과 다른 것을 할 수 있게 된다. 물론 이 벗어남은 언제나 '좋은 것'이나 '자유'를 뜻한다고는 할 수 없다. 하던 것이 좋은 일이면, 벗어남은 반대가 되기 때문이다. 그러나 벗어남이 없다면, 우리는 하던 것만을 하게 될 터이다. 설령 그게 좋은 것이라고 해도, 그걸 자유라고 하기는 어렵지 않을까?

중요한 것은 업과 연기는 하나로 결합하여 작용할 때조차 실은 상반되는 방향의 힘을 가동시킨다는 것이다. 연기는 타고난 본성이라고 믿었던 것조차 조건에 따라 아주 다른 것이 되게 한다면, 업은 본성이 아닌 것조차 반복되면서 본성처럼 몸과 입, 의지에 달라붙어 관성적인 언행을 만들어낸다.

'성향'이란 좋은 것이든, 나쁜 것이든 이 관성적인 힘을 표시하는 말이다. 업의 논리는 조건이 달라져도, 심지어 다른 생이 되어도 하던 것을 반복하고 지속하게 하는 힘을 행사한다. 반면 연기는 조건이 달라진다면, 어떤 강력한 업의 힘도 다른 본성을 갖는 다른 힘으로 바뀔 것이라고 가르친다. 본성도 달라지는데, 업의 힘이 달라지지 않을 이유가 없기 때문이다. 예를 들어, 가난한 자에게 경제적 보시를 하는 '선행'도 어떤 조건에서는 가난한 자들을 무력하게 만드는 결과를 야기한다. 인도나 캄보디아의 유적지에 가면, 적선을 구하는 아이들이 많은데, 지금은 관광안내서에서 이 아이들에게 돈을 주지 말라고 가르친다. 그들의 가난과 어려움을 생각해서 주는 돈이, 아이들로 하여금 학교에서 공부하는 대신 유적지를 돌며 적선을 구하는 생활을 하게 만들기 때문이다. 그것은 그들을 계속하여 구걸하는 거지로 살게 만들 것이다. 좋은 의도를 가진 행위가 조건에 따라서는 뜻밖의 '악행'이 되는 경우이다.

좋은 업은 좋은 업을 낳고, 나쁜 업은 나쁜 업을 낳는다. 그러니 좋은 업을 쌓는 게 중요하다. 그러나 그것만이라면 나쁜 업의 과거로부터 벗어날 길은 없다. 항상 좋은 결과를 보장하는 것은 아님에도, 연기의 개념이 중요한 것은 이 때문이다. 업의 힘, 관성적인 성향의 힘에서 벗어날 수 있는 '가능성'은 연기의 개념과 더불어 열리게 된다. 과거의 업에서 벗어난 새로운 업을, 새로운 성향을 만들어내는 것은 연기의 개념이 있을 때 가능하다.

석가모니 당시에도 그랬다. 그가 가르친 연기법은 현재의 '천한 신분'을 과거의 업 탓으로 받아들이고, 다음 생을 기약하며 주어진 '천한 일'들을 묵묵히 받아들여 열심히 일해야 한다는 사고에서 벗어나는 길이 있음을 알려주었다. 과거 삶의 결과가 무엇이든, 지금 어떤 조건을 만나는가에 따라 혹은 지금 살아가는 조건을 어떻게 바꾸어가는가에 따라 현재의 삶도, 미래의 삶도, 심지어 과거의 삶조차 다른 것이 될 수 있음을 뜻하기 때문이다.

오히려 문제가 되는 것은 업이란 말로 주어진 조건을 그대로 받아들이고 반복적인 삶을 사는 것이다. 그 경우 충실성은 오히려 현재를 과거의 업에 복속시킨다. 과거의 업이 현재를 만들었다고 해도, 지금의 조건에서 어떤 삶을 살 것인가를 결정하는 것은 과거의 업만은 아니다. 지금 다가온 연기적 조건은 과거와 다른 삶을 향해 업의 방향을 바꾸게 한다. 따라서 중요한 것은 만족할 수 없는 업의 궤도에서 벗어나려면 지금 조건에서 어떤 게 좋은 삶인지를 매번 다시 생각하고, 매번 다시 시작해야 한다는 것이다. 그것이 연기란 개념이 우리에게 알려주는 가르침이라고 나는 믿는다. 그럴 때 연기는 업의 힘에서 벗어나는 자유와 해방의 가르침이 될 것이다. 연기를 가르치는 불교가 '대자유'를 향한 삶을 촉구하는 것은 이 때문이다.

제2장

세상에 똑같은 두 장의 나뭇잎은 없다. 하지만…

무상: 차이의 철학과 필연적 무지

1.
잎이 질 때
드러나는 본체

《벽암록》제27칙은 운문雲門 스님의 유명한 얘기를 다루고 있다. 들어보라.

어떤 스님이 운문 스님에게 물었다.
"나무가 마르고 잎이 질 때면 어떠합니까樹凋葉落時如何?"
"가을바람에 완전히 드러났느니라體露金風."

무엇이 완전히 드러났을까? 누구는 잎이 다 져서 나무의 몸體이 드러났다고 하지만, 이는 질문이 겨냥하는 바를 완전히 오인한 것이다. 누구는 번뇌와 같은 잎들이 다 져서 본체體가 드러났다고 하지만, 이는 본체를 잎새 뒤에 숨어 있는 어떤 실체 같은 것으로 보는 것이란 점에서 정반대로 본 것이다. 그런 본체란 따로 없다는 것이 불교적 사유의 요체다. 본체란 나무가 마르고, 잎이 지는 것 자체로 드러나는 것이다.

다시 묻자. 가을바람에 무엇이 드러났는가? 본체가! 어떤 본체가 드러났는가? 나무가 마르고 잎이 질 때 드러나는 본체가! 그것은 무상無常이다. 그것은 나무에 물이 오르고 잎이 피어날 때 드러나는 본체다. 잎 뒤에 숨어 있는 본체가 아니라 잎이 나든 지든, 바로 눈앞에서 드러나는 본체다. 금풍金風에 지는 잎의 무상이나 춘풍春風에 피는 꽃의 무상이나, 무상이란 점에선 다를 바 없다. 그 다를 바 없는 무상, 그게 바로 본체다.

그런데 왜 묻는 이는 나무가 '마르고' 잎이 '질' 때 어떠한가를 물었을까? 우리는 잎이 나고 꽃이 피는 춘풍에 무상을 묻지 않는다. 아니, 보지 않는다. 무상함에 눈을 돌리게 되는 것은 그 변화와 생성이 소멸로 접어들 때다. 무성하던 것이 어느새 쇠락하고 좋던 것이 시들해질 때 문득 무상함을 묻게 된다. 고통이나 죽음이 보이지 않으면 삶에 대해 묻지 않는 것도 비슷한 이유에서다. 그렇기에 무상이란 말은 흔히 허무감과 함께 온다. "꽃이 피고 잎이 푸른 이 좋은 시절이 영원하면 좋으련만, 왜 벌써 잎이 지고 나무는 마르는 것인가!" 하는 한탄 속에서 무상은 눈에 들어온다. 흔히 말하는 '인생무상, 삶의 허무'라는 짝은 이렇게 출현한다. 영원한 것을 추구하는 '고상한' 철학이 무상함 속에 숨어 있는 변치 않는 것을 찾는 것도 이 때문이다.

눈에 보이는 세계, 내가 대면하는 무상한 세계의 피안에 있는 불변의 실체를 찾아 나선다. 변하는 세상이 덧없어, 변치 않는 피안에서 영원성을 찾는다. 니체는 이처럼 눈앞의 것, 지금 사는 무상한 현세를 부정하고 변치 않는 피안의 것을 찾는 이런 태도를 니힐리즘(허무주의)이라고 명명한다. 불변의 실체를 찾으려는 시도로 이어진 서양 형이상학의 역사를 니힐리즘의 역사라고 하는 것은 이런 의미에서다.

운문에게 묻는 학인은 이를 잘 알고 있었던 것 같다. 그래서 모든 것이 쇠락하고 소멸하는 것 같은 때에 본체라고 할 것이 있겠는가를 물었을 것이다. 운문이 그걸 몰랐을 리 없다. 그게 바로 본체라고, 무상이 바로 본체라고, 가을바람에 지는 낙엽이 바로 본체를 보여주는 것이라고 답한다. 변하지 않는 본체가 어디 따로 숨어 있는 게 아니라, 바로 눈앞에서 항상 진행되는 무상한 변화만이 본체라는 것이다. 떨어지는 잎과 함께 믿고 있던 확고한 본체가 소멸한다는 생각을 정면에서 뒤집으며 스러지는 것이 바로 본체라고, 그게 본체를 드러내는 것이라고 답한다.

그래서 불교의 가르침을 꼽을 때 가장 먼저 드는 것 중 하나가 바로 제행무상諸行無常이다. 제행무상이 바로 본체고, 그것 이외의 본체는 따로 없다는 것이다. 세상의 도를 깨친다는 것은 바로 이 무상을 통찰하는 것이다. 모든 것이 무상함을 아는 것뿐 아니라, 무상 속에서 모든 것을 보고, 자신이 만나는 모든 것을 무상함 속에서 대하는 것이다.

무상이란 무엇인가? 아니, 상常이란 무엇인가? 항상 그대로인 것, 항상 동일하게 있는 것이다. 조건이 달라져도 그 동일성을 유지하고 있는 것이다. 상을, 불변의 실체를 추구한다 함은 변화 속에서도 동일성을 유지하는 걸 찾는 것이다. 그렇다면 무상이란, 그런 동일성이 없음이고, 그런 동일성에 반하는 것만이 있음을 뜻한다. 동일성에 반하는 것은 '차이'다. 무상을 본다 함은 동일해 보이는 것조차 끊임없이 달라져가고 있음을 봄이다. 항상된 것을 찾음이 달라 보이는 것마저 '동일화'하려 함이라면, 무상을 본다 함은 동일해 보이는 것조차 끊임 없이 '차이화'하고 있음을 봄이다. 동일성이 없다 함은 오직 차이만이, '차이화하는 차이'만이 존재한다는 뜻이다. 이런 의미에서 무상의 통찰은 곧바로 '차이의 철학'으로 이어진다.

차이의 철학은 차이의 존재론적 일차성에서 시작한다. 차이가 존재론적으로 일차적이라는 말이다. 이때 차이란 말은 두 가지 의미를 갖는다. 상태로서의 차이와 과정으로서의 차이다. 먼저 차이만이 존재한다 함은 무엇인가? 보르헤스는 플리니우스의 《박물지》를 인용하며 자주 이렇게 말했다. "세상에 똑같은 두 장의 나뭇잎은 없다." "세상에 똑같은 두 사람은 없다"는 말로 바꾸면 좀 더 이해하기 쉬울 것이다. 일란성 쌍둥이조차 사실은 똑같지 않다는 건 긴 설명을 요하지 않는다. 가을바람 불면 정신을 잃을 정도로 화사하게 빛나는 은행잎, 단풍잎이 나무마다 가득하지만, '은행잎'이니 '단풍잎'이니 하는 말들은 대충 비슷한 걸 뭉뚱그려 하나로 묶은 것에 지나지 않는다. 세심하게 조사해보면, 같은 나무에 매달린 것 중에도 똑같은 두 장의 은행잎은 없다. 크기와 모양, 색깔이 다 다르다. 다른 것만이 존재하며, 차이만이 존재한다. 이런 의미에서 이 차이는 상태로서의 차이를 지칭한다. 하지만 동일성 출현 이전의 차이, 동일성과 짝이 되는 구별의 범주로서의 차이가 아니라, 그 구별 이전의 차이다. 언어 이전의 차이며, 말 없는 차이다.

좀 더 근본적인 것은 과정으로서의 차이다. 이는 차이화만이 존재함을 뜻한다. 하나의 동일한 이름으로 불리는 나조차 똑같은 두 개의 상태를 갖지 않는다. 나이가 좀 들었다면, 주민등록증에 붙어 있는 사진을 보고 낯설어할 것이다. 동일한 신체를 갖고 있다고 믿지만, 매일매일 우리의 세포들은 생멸하며 바뀌어가고 있으며, 지금 이 순간에도 세포들 사이에선 분자적인 것들이 쉴 새 없이 이동하여 물질과 정보를 주고받으며 대사하고 변화한다. 나뭇잎 또한 마찬가지다. 우리의 감각이 둔하여 그 변화를 보지 못할 뿐이다. 동영상으로 찍어 빨리 돌리면, 꽃이 피고 지는 것뿐 아니라 나뭇잎의 색과 모양이 변하는 것을 명확히 확인할 수 있다. 모든 것은 스스로와도 끊임없이 달라지는 무상한 '차이화' 과정 속에 있다. 무상이란 자기 자신과도 달라지는 차이, 차이화하는 차이를 뜻한다.

동일성은 이 차이들을 무시하고 비슷해 보이는 걸 하나로 묶을 때 오는 것이다. 비슷한 형상의 얼굴이 반복하여 나타날 때, 비슷한 나뭇잎이 반복하여 감지될 때 우리는 그것이 같다고 간주하고, 그것에 하나의 이름을 부여한다. 그렇게 이름이 부여되면, 그 이름으로 불리는 것은 같은 것이라는 생각이 거기에 따라붙는다. '명언종자'라고 부르는 것이 동일성의 '씨種子', 지속되는 동일성이란 환상의 새로운 씨가 되는 것이다. 그것은 무상한 것을 구별하며, 동일한 것을 포착하려는 성향의 작용이다. 그런 성향이 동일화를 야기하는 '종자'인 것이다.

그렇게 하여 동일성을 갖는 것들이 여기저기 들어서고, 그 동일성을 갖는 것들을 비교하며 "이것은 저것과 다르네"라며 차이를 말한다. 분류학적 차이가 이런 차이에 속한다. 동일성과 짝을 이루는 이러한 차이는 비슷한 걸 하나로 묶어 다루려는 마음, 구별하고 분별하려는 의지 안에서 작동하는 차이고, 동일성의 짝이 되어 동일성을 보충해주는 차이다. 동일화의 의지 안에 있는 차이다.

따라서 흔히 '차이'란 말을 '동일성'과 짝을 이루는 대쌍개념이라고 보아, "차이 없는 동일성이란 있을 수 없고, 동일성 없는 차이도 있을 수 없다"고들 한다. 하지만 이는 '동일성'과 '차이'란 말에 쌍을 이루어 작동하는 그 명언종자에 달라붙어 있는 생각일 뿐이다. 동일성 이전에 차이가 있다. 아니, 존재하는 것은 오직 차이뿐이다. 이것이 '차이의 존재론적 일차성'이다. 차이의 존재론적 일차성을 보는 것은 매 순간, 비교 이전의 상태에 오직 차이만이 존재함을 보는 것이고, 차이화하는 차이만이 존재함을 보는 것이다. 무상을 통찰한다 함은 이런 차이의 존재론적 일차성을 보는 것이다. 차이의 철학이란 무상을 통찰하는 눈이 빚어낸 개념적 사유다.

2.
환幻,
필연적 무지

　　세상의 실상, 그것은 무상이다. 차
이만이 존재한다. 그러나 우리는 어디서나 동일성을 찾는다. 차이란
'동일하지 않은 것'이다. 왜 우리는 어디서나 동일성을 찾으려 할까?
동일성과 짝된 차이만을 보게 되는 것일까? 사실 철저하게 무상함을
보는 것만으로는 대단히 곤혹스런 상황에 처할 수 있다. 가령 학교에
서 수업을 할 때 출석을 부르는 것으로 시작한다. 그러나 무상을 깊이
통찰했다면, 출석을 부르는 것은 불가능한 일이다. 그건 지난주에 온
사람과 오늘 온 사람이 동일하다고 멋대로 가정하는 것이기 때문이
다. 지금 이 글을 쓰는 나 역시, '이진경'이라는 같은 이름으로 계속
써서 기고하고 연재하지만 또한 쓸 때마다 다른 이에게 동일성을 부
여하는 것이다.

　무상의 통찰을 철저하게 관철하기로 마음먹었다면, 우리는 산사 앞
에서 본 동물이 무엇이었는지 말할 수 없을 것이고, 지금 무엇을 하고
있느냐는 질문에 답할 수 없을 것이며, 너는 누구이며, 무엇을 먹고

있느냐는 질문에 답하지 못할 것이다. 눈앞에서 상대방이 하는 말 또한 알아들을 수 없을 것이다. '무상'이란 말의 발음조차 사실 매순간 다른 주파수를 갖는, 다른 소리로 듣게 될 것이기 때문이다.

1920~1930년대 러시아 심리학자 A. R. 루리아가 연구한 세레셉스키란 인물은 보르헤스의 〈기억의 천재 푸네스〉에 나오는 사람처럼 기억력이 너무 좋아서 본 것을 잊지 못하는 사람이었다. 그는 심지어 얼굴 표정이 달라지거나 조명이 달라지면 다른 얼굴로 인식했고, 그것을 모두 기억했다. 우리에겐 한 사람의 얼굴이 그에겐 빈번하게 달라지는 수십 개의 다른 얼굴이었다. 덕분에 그는 어떤 얼굴을 보면 그게 누구 얼굴인지를 아는 데 매우 애를 먹었다고 한다. 전에 본 것과 다른 얼굴이었으니까 말이다. 말도 그래서 들은 문장을 아주 정확히 기억했지만, 대신 문장의 요지를 이해하지 못하는 경우가 많았다고 한다. 섬세한 차이를 구별하는 능력이 단순히 차이를 구별하는 데만 머문다면, 실제 생활에선 사람을 봐도 누가 누군지, 말을 들어도 그게 무슨 소린지 정확히 알지 못한다는 것이다.

이는 인간에게만 한정된 게 아니다. 저기서 다가오는 동물이 얼마 전에 친구를 잡아먹은 놈과 동일한 (종류에 속하는) 놈임을 알지 못한다면, 저 토끼는 죽음을 면치 못할 것이다. '긴가민가' 싶을 수도 있지만, 일단 비슷하게 생긴 놈이면 '같다'고 생각하고 도망치는 게 상책이다. 차이를 정확히 보려고 머뭇거리다간 어느새 다음 생의 문턱을 넘게 될 것이다. 이것이 동물들이 '분별'에 연연해하는 일차적인 이유다. 그런 기억들은 신체에 새겨지며, 세포나 세포 이하의 층위에 침전된다. 유전자에 기억된 먹이와 적에 대한 기억이 그것이다.

이런 이유 때문에 동일화하려는 의지가 생겨나고, 동일성을 유지하려는 욕망이 생겨나게 되는 것이다. 동일성 없는 차이란 카오스에 지나지 않다. 동일성은 무상을 보려는 입장에서는 대단히 유감스러운 것이긴 하지만, 필수적인 유용성을 갖는 필요이고 누구도 피하기 힘든 '필연'이다. 그래서 매순간 달라지는 것에서 공통성이나 유사성을 찾아 연결하며 동일성을 만들어내려는 의지가 작동하는 것이다. 그리고 그것이 다음번에 어디선가 유사한 것을 보면 '같다'고 지각하고 판단하게 하는 '씨(종자)'가 되는 것이다.

거기에 좀 더 확실하게 이름이라도 붙여 놓으면, 심지어 그 대상이 눈앞에 없어도 있는 것처럼 말하고 알려주고 명령할 수 있게 된다. 이름 붙은 것들, 언어로 말해지는 것들은 그런 점에서 편의를 위해 무상을 지우는 동일성의 힘과 의지를 가동시킨다. 언어로 말하는 것이 언제나 '실상'을 놓치게 되는 것은 이 때문이다. 문제는 그럼에도 불구하고 이 언어를 쓰지 않고서는, 명언종자를 가동시키지 않고서는 무상의 가르침도, 세상의 존재론적 진실도 알려줄 수 없다는 사실이다. 석가모니가 자신이 깨달은 것이 말로 전할 수 없는 것임을 알면서도 말이 아니고선 전할 길이 없기에 망설이다 세간으로 내려간 것도, 선사들이 도란 말로 전할 수 없음을 알면서도 그것을 전하기 위해 말을 사용하는 것도 이 때문이다.

무지가 실상을 보지 못하는 것이라면, 이는 근본적으로 동일성 때문에 무상의 실상을 볼 수 없는 이런 조건에서 기인한다. 근본적 층위에서 발생하는 이 무지란, 새끼줄을 뱀으로 오인하는 것뿐만 아니라, 뱀을 뱀이라고 보는 데 포함된 오인이다. 눈앞의 대상이 전에 본 뱀과 '동일한' 대상이라고 보는 데서 오는 오인이다. 따라서 그것은 눈을 가려 보이지 않는 것이 아니라 눈을 사용하기에 보이지 않는 것이고, 귀가 막혀 들리지 않는 것이 아니라 귀로 분별하기에 들리지 않는 것이다. 그런 의미에서 단지 '빛明이 없어서' 무상의 실상이 가려지는 것이 아니라, 눈이 필요로 하는 빛에 의해 무상의 실상이 가려지는 것이다.

이런 무지를 '근본적 무지'라고 해도 좋을 것이다. 이는 세상에 대해 알려고 하지 않는 게 아니라 알려고 하는 욕구와 함께 온다. 이게 오류라면, 말을 잘못해서 야기되는 오류가 아니라 말을 해야 한다는 사실 때문에 야기될 수밖에 없는 오류고, 생각을 하지 않거나 생각을 잘못해서 오는 오류가 아니라 생각해야 하기 때문에 면할 수 없는 오류다. 지식이 없음이 아니라 지식으로 인해 야기되는 오류다. 그때그때 발생하는 우연적인 오류가 아니라, 살아가는 과정에서 언제나 발생하기 마련인 필연적 오류다(칸트의 용어를 확장해서 사용한다면 '선험적 가상'이라고 명명할 수 있을 것이다. 선험적 가상이란 이성의 잘못된 사용이 아니라 이성을 사용해야 하기에 피할 수 없는 가상을 뜻한다). 세상을 살아가기 위한 필요와 편의를 위해 치러야 하는 필연적 대가다. 사람의 의지가 스며든 "모든 유위법이 꿈같고 환영 같다如夢幻《금강경》"라고 할 때 '환'이란 개인의 주관적 착각이 아니라 모두의 이 필연적 착각을 뜻한다고 해야 한다. 모든 여래의 열반이 '유위도 아니고 유위를 떠난 것도 아니(《금강경오가해》)'라 함은 그것이 실상이 아님을 알기에 그 착각에 머물지 않지만, 동시에 현실적으로는 피할 수 없고 유용하기도 한 착각이기에 그것을 그저 '거짓'이라며 떠나지도 않음을 지적하려는 것이다.

근본적으로 무지란 동일성을 찾는 빛 속에서 세상을 보는 것이다. 그렇기에 이 무지는 자신이 세상의 실상을 보지 못하고 있음을 모른다. 반대로 세상을 잘 보고 있다는, 실상을 잘 알고 있다는 오인을 동반하는 것이란 점에서 이중의 무지다. 이것이 '전도망상顚倒妄想'을 야기하는 이유고, 그것이 한 사람이 아니라 수많은 사람에 의해 공유되고 있는 이유다. 그래서 이 무지는 벗어나기 힘들다. 자신이 무지한 줄 알면 무지를 벗어나려 애쓰겠지만, 모르기에, 아니 세상을 잘 알고 있다고 믿기에 벗어날 생각조차 어려운 것이다. 그래서 부처가 바로 옆에 있어도 부처인 줄 모르고, 부처가 노파심을 갖고 설법을 해도 귀 기울일 줄 모른다. 떨어지는 잎새를 가리키며 실상을 보라고 하면, 지는 잎새에서 실상을 보는 게 아니라 잎새 뒤에 있는, 이파리가 모두 떨어져도 그대로 동일하게 남아 있는 나무를 보고 그것이 바로 본체라고 믿는다.

그러나 이렇게 반문할 수 있을 것이다. 변화하는 것에서 변하지 않는 것을 찾고, 차이들의 바다 속에서 동일성이란 고기를 잡는 것이 세상을 살아가는 데 필요하고 불가피하다면, 그것을 군이 '필연적'이란 말까지 붙여서 '무지'라고 비난할 건 없지 않은가? 반대로 그것이 바로 세상을 사는 지혜라고, 무상한 카오스 속에서 질서를 찾아내는 인간의 지혜라고 말해야 하지 않는가? 무상함과 차이가 일차적이라고 해서 그것을 보는 것만이 지혜라고 하는 것은 카오스가 일차적이라고 해서 카오스를 지혜라고 말하는 것과 뭐가 다른가?

그럴 수도 있다. 사실 '코스모스'나 '질서', '조화'란 개념은 그런 의미로 사용된다. 화려한 성공과 영화의 순간이 좋다고 그것을 동일하게 유지하려고 하지만, 그게 실상이 아니기에 지나가 버리는 것에 '허무'와 고통을 느끼는 것 아닌가? 옆에 있는 사람이, 그 사람과의 사랑이 동일하다고, 아니 영원히 동일한 것이어야 한다고 믿기에 그 사람이 변하는 것을 견디지 못하고, 사랑이 식어가는 것에 고통스러워하는 것이다. 뉴스나 영화에서 종종 보듯이 그 사람이 영원히 떠나가지 않도록 하기 위해, 그 사랑이 영원히 변치 않도록 하기 위해 변심의 조짐을 보이는 연인을 스토킹하며 협박하거나 심지어 죽이는 것도 무상의 실상 대신 동일성을 유지하려는 애착과 집착 때문일 것이다. 사랑하는 사람이 내 생각과 다르게 행동하는 것에서 고통을 느끼고, 내 뜻대로 행동하도록 하기 위해 고통을 가하는 일은 수많은 사람이 경험하는 일 아닌가?

3.
집단적 환상과
무상의 정치학

변하는 것을 멈추게 하고, 사라져 가는 것을 붙잡으려는 이런 시도를 두고, 자유주의자라면 개인적 고통이니 개인이 감당하라고 할지도 모른다. 치유적 관점을 가진 '종교인'이라면, 애착과 집착이 낳는 그런 고통은 특별한 개인들의 병적 증상이니 그 애착과 집착을 내려놓으면 된다고 말할지도 모른다.

그러나 동일성의 사유, 동일성의 욕구가 산출하는 고통은 개인적인 것에 그치지 않는다. 이는 필연적 무지의 또 하나의 특징을 볼 때 분명해진다. 유용성과 필연성을 갖는 이 무지는 개인적인 무지나 '주관적인' 오류가 아니라, 비슷한 환경에서 살고 비슷한 말을 사용하는 사람이라면 대개는 공유하고 있는 집단적이고 '객관적인' 무지다. 지금 눈앞에 있는 사람이 내가 전에 본 사람과 동일하다고 믿는 것만큼이나, 자신이 보고 있는 이 나무가 옆에 있는 사람이 보고 있는 것과 동일하다고 믿고 말하고 행동한다. 자신이 생각하는 것, 하고자 하는 것을 옆에 있는 사람 또한 동일하게 생각하기를 바란다.

이는 필연적 무지가 각자의 삶에 국한되지 않고 작용함을 뜻한다. 가령 한일전 축구 경기에서 자신은 일본팀의 축구 스타일이 좋다며 일본팀을 응원한다면 어떻게 될까? '내부의 적'으로 취급될 것이고, 자칫하면 남들에게 두들겨 맞을지도 모른다. 한국인이라면 한국인의 동일성에 부합하도록 말하고 행동해야 한다는 동일성의 의지가 현실적인 '힘'으로 작용하는 것이다. 이것은 심지어 학교에서 반복하여 가르치는 것이다. 남자들이라면 어떤 일로 눈물을 흘릴 때마다 "남자가 이런 일로 울면 안 되지"라는 말을 듣지 않은 이가 없을 것이다. 남자는 웬만한 일로는 눈물을 흘리면 안 된다는 동일성(정체성)이 강요되는 것이다. 덕분에 남자들은 성인이 될 때쯤이면 웬만한 일에는 울지 않도록 감정이 말라버린다. 남성들의 감정적 동일성이 그렇게 만들어진다. 취향도 그렇다. 치마나 스타킹에 매료되어 그런 옷을 입고 다니는 남자가 있다면, 웃음거리가 되거나 '미친놈' 취급을 받을 것이다.

이른바 '정체성'을 만들고 유지하는 힘이 종종 폭력마저 동반하며 작동하는 것이다. 동일성identity의 권력, 그것이 질서와 조화의 이름으로 강요된다. 동일화의 무지는 경책되기보다는 권고되는 무지고, 억제되기보다는 조장되는 무지, 나아가 가르치기도 하고 강요되기도 하는 무지다.

이는 단지 개인의 생각만이 아니라 '우리'가 집단적으로 공유하는 환幻이다. 함께 사는 사람들의 무지가 모여 만드는 세계다. 그렇기에 내 생각이 아니라 '모든 유위법'이 '꿈이고 환영'이다. 그것은 피할 수 없는 저 근본적인 무지에 의해 만들어진 집단적 환영이요, 전도된 세계다. 현실적인 필요 때문에 실상을 보지 못해 만들어진 허구적 환영이지만 피할 수 없는 환영이고, 비슷하게 사는 사람들이라면 대부분 공유하고 있는 집단적 환영이다. 그래서 쉽게 깰 수 없는 꿈이고, 쉽게 사라지지 않는 현실적 환영이다. 심지어 개인이 환영에서 벗어나는 경우에조차 개인을 압도하는 현실적인 힘을, 많은 경우 권력이나 폭력이라고 명명되는 그런 힘을 가동시키는 유력한 환영이다.

석가모니 당시에 사람들을 분류하고 주어진 정체성(동일성)에 따른 직업이나 삶을 강요했던 신분적 카스트 또한 이런 동일화의 권력을 보여주는 명확한 사례다. 전생의 '업'으로 현생의 신분적 동일성을 정당화하고, 현생의 업을 다음 생에 잇는 업과 윤회의 동일성은 이런 동일성의 권력이 여러 생마저 관통하며 작동함을 보여준다. 반면 어떤 업도 연기적 조건에 따라 그 본성이나 미래, 심지어 과거마저 달라질 수 있음을 설파하는 석가모니의 가르침은 현생의 찰나적 순간에조차 그런 동일성이 없음을 통찰하여, 그 동일성의 권력을 정지시키는 것이었다고 할 것이다.

동일화의 의지, 동일성의 포착을 겨냥하는 '동일성의 사유'가 현실적 힘을 갖는 집단적 허구를 만들어내고 유지한다. 차이의 사유, 차이의 철학은 이런 동일성의 사유가 가동시키는 권력과 폭력에 이의를 제기하고 그것을 중단시키고자 한다. 동일화하려는 의지에 반하여, 차이를 긍정할 것을 요구한다. 삶의 필요로 인해 동일화하는 사고를 피할 수 없다고 하더라도, 실상이 무상한 변화의 흐름만 있는 것이라면 그 동일성 안에 차이를 새겨 넣고 그 차이가 작용하도록 해야 한다.

'차이의 철학'을 철학사의 전면에 부각해낸 프랑스 철학자 들뢰즈는 이를 위해 동일성이 '반복'에서 온 것임을 주목한다. 세상에 동일한 두 장의 나뭇잎이 없음에도 '은행잎'이란 말로 수많은 나뭇잎을 동일시하는 것은 어떤 특징이나 형태, 양상의 반복 때문이다. 작년의 내가 오늘의 내가 아니지만 하나의 이름으로 부르는 것 또한 반복 때문이고, 한번도 같은 장마가 없지만 '장마'라는 말을 사용하는 것은 그 현상이 반복되기 때문이다. 그러나 반복되는 어떤 것도 동일하게 반복되지 않는다. 해는 매일 반복해서 뜨지만, 오늘 뜨는 해는 어제 뜬 해, 지난달에 떴던 해와 다르다. 이런 점에서 모든 반복은 '차이의 반복'이다. 따라서 반복이란 차이의 다른 이름이다. 반복 안에서 차이를 지울 때, 동일성이 발생한다. 동일성이란 차이 없는 반복이다. 아니, 차이가 지워진 반복이다.

　모든 반복 안에 사실은 차이가 숨 쉬고 있고, 모든 동일성 속엔 차이가 숨어 있다. 그 차이로 인해 동일성은 어느새 변이의 선을 타게 되고, 다른 것이 된다. 가령 '남성'이라고 동일하게 말하지만, 그 안에는 수많은 차이가 숨어 있다. 거칠고 힘 좋은 전형적인 남성도 있지만, 섬세하고 눈물 많은 남성도 있고, 여성보다는 남성을 좋아하는 남성도 있고, 여성의 옷을 더 좋아하는 남성도 있다. '원래'는 '버젓한' 남성이었지만 어떤 일을 계기로 여성적인 감수성을 갖게 되고, 여성의 옷을 입기 시작하는 남성도 있다. 별의별 남성들이 있다. 남성 안에 여성성이 숨어 있고, 여성 안에도 남성성이 숨어 있다. 무상함은 남성이란 이 동일성의 무상함이고 무력함이다. 무상함을 본다 함은 그 안에 있는 차이에 의해 분할되고 와해될 수밖에 없는 것이 동일성임을 보는 것이다.

남성적 정체성을 가르치고 강요하는 동일성의 사유는 이 모든 차이가 최소화되고 사라지도록 억누르고 억압한다. 반면 무상과 차이를 본다면 '남성'이란 동일성 안에 수많은 차이가 숨어 있음을 보고, 그것들에 따라 동일한 것이 달라질 수 있음을 보는 것이다. 차이의 철학은 그런 차이화에 대해 억지로 막지 않고 열어둘 것을 요구한다. 그런 차이화에 의해 발생하는 다양성을 긍정하는 것이고, 동일성에 가두려는 권력에 대항하고, 차이를 긍정할 것을 요구하는 것이다. 이는 동일성이 피할 수 없는 것이기에, 무상한 차이가 부지중에 지워지고 잊히기에 더욱더 챙기고 유심히 새겨두어야 한다.

필연적 무지에 의해 구성되는 피할 수 없는 허구의 세계, 업종자와 명언종자에 의해 구성되는 이 동일성의 세계에 대해 그것이 꿈과 같은 환영이고 물거품 같은 것임을 강조하는 것은 '모든 것이 헛되도다'라는 한탄으로, 하염없는 '허무'의 색으로 현실을 채색하기 위한 것이 결코 아니다. 그것은 반대로 무상한 차이화를 놓치고, 모든 것의 '근저'에 있는 끊임없는 차이의 힘을, 변화와 생성이 만드는 열린 세계를 가리는 동일성의 환영이 무지에 의해 구성된 것임을 지적하는 것이다. 그리고 그로부터 벗어나 차이가 긍정되는 그런 세계로 들어갈 것을 촉구하는 것이다.

그것은 무상의 실상을 놓치고 있음을 지적하는 '인식론적' 관심보다는 동일화하려는 의지의 다른 이름인 애착과 집착으로부터 각자의 삶을 벗어나게 하려는 '윤리학적' 관심에 따른 것이다 '저 사람 몸에 꽂힌 화살이 어디서 어떻게 날아온 것인가를 아는 게 아니라, 그 화살을 얼른 뽑아 치유하는 것'이란 《아함경》의 얘기가 뜻하는 게 바로 그 것이다. 그런데 동일화하려는 힘이 '진리'의 이름을 얻어 가르쳐지고 집단적으로 강요되는 지금 세계에서, 그 윤리학적 관심은 타인들, 아니 사람들을 겨냥하고 있는 동일성의 권력을 정지시키고 약화하려는 '정치학적' 관심을 뜻한다. 이를 '차이의 정치학'이라고 명명하자.

석가모니가 당시 적지 않은 반발이 있었음에도 불구하고, 신분이나 성에 개의치 않고 모든 사람을 승려로 받아들였던 것을, 심지어 앙굴라말라(살인을 일삼았던 예전의 행위 때문에 주위 사람들로부터 심한 박해를 받았지만 석가모니를 만난 후 참회의 세월을 보냄으로써 교화되며 깨달음을 얻었다.) 같은 '악마적 범죄자'로 지탄받았던 이들마저 승려도 받아들였던 것을 나는 이런 의미로 이해한다. 굳이 불교라는 말에 큰 수레를 뜻하는 '대승'이란 말을 덧대었던 것은 불교의 가르침이, 윤리학이란 말이 빠지기 쉬운 '개인'이란 영역이 아니라 중생이라고 부르는 뭇 사람들, 집단적인 동일성의 권력으로 인해 고통받는 수많은 사람의 삶을 안고 가야 함을 강조하기 위함이었으리라.

"사람이 변하고 사랑이 떠날 때는 어떠합니까人變愛離時如何?"
"마음에 부는 바람에 완전히 드러났느니라體露心風!"

제3장

나비의 날개를 타고 끼어드는 것

인과: 분석적 인과성과 연기적 인과성

1.
인과를 모르면
여우가 된다

백장百丈 스님이 상당上堂. 주지가 법당에 올라가 설법함하여 법문을 하면 언제나 듣고 있던 노인이 있었다. 어느 날 법문이 끝나 대중이 모두 흩어졌는데, 그 노인은 가지 않고 남아 있었다. 백장이 물었다. "그대는 뉘신가?" 노인의 대답은 믿을 수 없지만, 아주 흥미로운 것이었다. "저는 과거 가섭불 시대에 이 산에 주석하여 살고 있었는데, 어느 날 한 학인이 '위대한 수행자도 인과에 떨어집니까?'고 묻길래, '인과에 떨어지지 않는다不落因果. 불락인과'라고 답했다가 그 과보로 오백 생을 여우 몸을 받아 이리 살고 있습니다. 제가 이 처지를 바꿀 수 있도록 한 말씀해주소서." 그러면서 자신에게 던져졌던 물음을 다시 던졌다. "위대한 수행자도 인과에 떨어집니까?" 백장이 대답했다. "인과에 어둡지 않다不昧因果. 불매인과." 노인은 이 말을 듣고 크게 깨우쳤고, 백장은 노인의 부탁대로 그가 벗은 여우 몸을 찾아 다비유해를 화장하는 것해주었다고 한다.

'백장의 여우'라고 하는 이 공안(화두)은 믿을 수 없지만 아주 재미 있는 얘기여서 잘 알려져 있다. '불락인과'와 '불매인과', 한 글자의 차이인데, 그 작은 차이로 인해 노인은 오백 생을 여우가 되어 떠돌다가 깨달음을 얻어 해탈을 했으니, 정말 "털끝만큼의 차이가 천지 차이로 벌어진다"는 옛말 그대로이다. '낙落'과 '매昧'라는 두 글자가 이토록 천지 차이로 벌어진 것은 그 글자 자체 때문이 아니라, 그 말에 이어진 '인과' 때문이다. 대체 '인과'가 무엇이기에 그 노인은 오백 년을 여우가 되어 살아야 했고, "인과에 어둡지 않다"가 무엇이기에 단박에 윤회를 벗어나 해탈의 경지에 오를 수 있었을까?

인과를 말하는 것은 불교만이 아니다. 인과에 누구보다 강한 애착을 가진 것은 서구의 근대과학이고, 그와 나란히 발전한 서구의 근대철학이다. 철학에서 말하는 '인과율'이란 "모든 결과는 필연적으로 그 원인을 갖는다"는 법칙이다. 근대과학은 인과율에 대한 강한 믿음 위에 구축되어 있다. 아니, 사실 서구 중세의 신학도 그렇다. 양자의 공통점은 어떤 결과를, 그것을 야기한 하나의 원인으로 환원하려는 것이다. 양자의 차이는, 중세에는 핵심적인 원인이란 '신'이라고 믿었다면, 근대에는 연관된 두 변수 간의 필연적 관계를 찾고자 한다는 점이다. 근대과학에서 찾고자 하는 인과관계는 연관된 두 현상 가운데 논리적 또는 시간적으로 선행하는 것을 독립변수(X)라고 하고, 뒤에 오는 것을 종속변수(Y)라고 하여, 이 두 변수 간의 관계를 수학적으로 서술하는 것이다. 이를 위해 Y를 야기하는 요인들 가운데 X가 아닌 요인들을 제거하여, 즉 X의 효과를 다른 요인의 효과와 '분리'하여 포착하여 서술하고자 한다. 이런 방법을 '분석'이라고 한다. 그때 얻어지는 X와 Y의 인과적 관계를 '분석적 인과성'이라고 명명한다.

가령 찻잔을 들고 있다가 놓으면 '필연적으로' 떨어진다. 이런 것이 '인과'다. 뉴턴은 낙하라는 결과의 이유를 '중력'이라는 원인을 들어 설명한다. 갈릴레오는 그런 원인보다는 낙하하는 거리나 속도를 "무엇이 결정하는가"에 관심이 있었다. 그에 따르면 낙하속도는 찻잔의 질량이 아니라 낙하시간에 따라 결정된다. 하지만 낙하하는 찻잔이 갖는 힘이 얼마나 큰지는 찻잔의 질량과 관계가 있다. 낙하속도는 시간을 '원인(독립변수)'으로 하지만, 낙하하는 물체가 갖는 힘의 크기는 질량을 원인으로 한다. 이 양자 간의 관계는 수학적 공식으로 '정확하게' 표시된다. 이는 '조건과 무관하게' 성립되는 '보편적' 법칙으로 간주된다. 과학이란 이런 보편적인 인과법칙을 찾는 것이다.

위대한 수행자라고 해도 이 보편적 법칙은 달라지지 않는다. 그가 역시 찻잔을 놓으면 낙하할 것이고, 물에 열을 가하면 온도가 100℃가 될 때 끓을 것이다. 위대한 수행자의 가르침이 불교라면, 불교 또한 이런 인과적 필연성을 보라고 가르쳐야 할 것이다. 인과에서 벗어나는 방법不落因果이 아니라 인과를 정확히 알도록不昧仁果 가르칠 일이다.

그러나 그 노인이 이 정도를 몰랐다고 한다면 너무 과소평가하는 것일 게다. 잊지 말아야 할 것은 불교에서 말하는 인과의 개념은 이런 분석적 인과성과는 다르다는 것이고, 따라서 문제는 그렇게 간단하지 않다는 것이다. 어쩌면 아주 다르다고 강하게 말해야 할지도 모른다. 불교적 사유의 요체를 이루는 '연기'라는 개념이 이 변수 간의 인과성 사이를 파고들어 가 비틀어놓기 때문이다. 이를 '분석적 인과성'과 대비하여 '연기적 인과성'이라고 명명하자.

알다시피 연기적 사유란 연기적 조건에 따라 모든 것의 본성이나 작용이 달라짐을 보는 것이다. 인과법칙 또한 연기적 조건에 따라 달라진다. 이때 '연기적 조건'이란 과학에서 사용하는 '초기 조건'과 가까운 의미를 갖는다. 즉 연기적 조건을 초기 조건이란 말로 바꿔 쓰면, 분석적 인과성과의 차이를 쉽게 이해할 수 있다. 분석적 인과성이 초기 조건의 차이를 부차적으로 보고, '동일한 조건이라면$_{ceteris\ paribus}$'이라는 말로 추상하여 그런 조건과 무관하게 성립하는 보편적인 인과성을 찾고자 한다면, 연기적 인과성은 초기 조건의 차이에 따라 인과의 작용이 크게 달라질 수 있음을 강조한다는 점에서 대비된다.

2.
나비효과,
혹은 차이의 반복

      좀 아는 사람이라면 초기 조건의 차이에 따라 인과의 작용이 크게 달라진다는 말을 듣고 얼른 '나비효과'란 말을 떠올렸을 것이다. 그렇다. 연기적 인과성은 '나비효과'라는 개념과 아주 가까이 있다. 나비효과란 '초기 조건에 대한 민감성'을 뜻하는 말인데, 흔히 "북경의 나비 날갯짓이 캘리포니아 해안에 폭풍을 만들어낸다"는 말로 요약된다. 아주 작은 조건의 차이가 거대한 결과의 차이를 낳는다는 것이다.

   이는 기상학자 에드워드 로렌츠가 발견한 것인데, 기상을 예측할 수 있게 해주는 변수 간의 관계를 찾아 12개의 미분방정식으로 요약한 후 숫자를 하나하나 대입하는 '무식한' 방법으로 그것을 풀고자 했다. 사람이라면 하기 힘든 지루한 작업이지만, 그땐 이미 컴퓨터가 있어서 그걸 이용할 수 있었다. 그런데 전날 했던 계산을 다음날 다시 하면서, 간략히 하기 위해 소수 이하 자리가 .506127인 것을 반올림해 .506으로 고쳐서 대입했다. 이는 방정식의 계산을 새로 시작하는 초기 조건에서, 가령 해수표면온도를 0.000127도 정도 줄인 것에 불과했다. 그러나 계산이 진행됨에 따라 아주 다른 결과로 귀착되었다. 미풍이 폭풍으로 바뀐 것이다. "털끝만큼의 차이가 천지 차이로 벌어진다."

　우리는 어떤 현상이 반복될 때, 그 반복을 규칙화함으로써 '질서'를 포착한다. 그것으로 다음번에 어떻게 반복될지를 예측한다. 그런데 어떤 현상도 반복할 때마다 '조건에 따라' 달라질 것이다. 매일 반복하여 뜨는 해지만, 뜰 때마다 다르게 뜬다는 걸 우리는 잘 안다. 장마가 매년 반복되지만 사실 같은 장마는 한 번도 없었다. 때로는 작게 달라질 것이고, 때로는 크게 달라질 것이다. 가령 종이를 떨어뜨리기를 반복할 때 바람이 분다면 종이는 매번 아주 다른 곳에 떨어질 것이다. 딱히 바람이 없다고 해도 약간 다른 곳에 떨어질 것이다. 연기적 조건, 혹은 초기 조건의 차이가 클수록 반복되는 현상에서 결과의 차이도 클 것이다. 이 차이가 크면 클수록 예측하기 어려워질 것이다. 나비효과는 초기 조건의 효과가 애초 변수의 인과관계를 초과하는 ('무시하는'이 아니라) 차이를 만들어냄을 뜻한다. 연기적 조건이 분석적 인과성을 초과하는 극적인 사례인 것이다. 두 변수 간의 관계보다 조건의 차이가 훨씬 더 크게 개입하는 것이다.

　두 변수 간 관계의 보편성을 추구하기 위해 분석적 인과성은 조건의 차이를 최대한 제거한다. 즉 조건의 동일성을 가정한다. '다른 조건이 동일하다면' 갈릴레오는 질량이 다른 물체, 가령 나무토막과 쇠뭉치를 동시에 떨어뜨리면 둘 다 똑같은 시간에 땅에 떨어질 것이라

이상한 끌개(Strange Attractor)

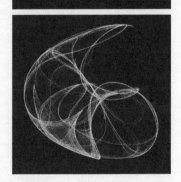

끌개란 임의의 점을 끌어들이는 것을 뜻하는데, 어떤 방정식의 함수값이 그리는 궤적이라고 생각하면 된다. 흔히 아는 것은 포물선이나 원 같은 것이다. 그런데 기상학자 로렌츠(Lorenz)가 찾아낸 방정식은 원으로 닫히지 않고 계속 미끄러지는 '이상한 끌개'를 그린다. 이상한 끌개에는 여러 가지가 있는데, 이 그림은 '드 종 끌개'(De Jong Attractor)라고 불리는 끌개로, 피터 드 종이 찾아낸 것이다. x, y의 방정식이지만, x, y가 아니라 상수인 a, b, c, d가 달라짐에 따라, 즉 초기 조건이 달라짐에 따라 이렇게 다른 모양의 궤적이 그려진다. 연기적 조건에 따라 달라지는 인과성의 양상을 보여준다고 하겠다. 초기 조건에 따라 그 궤적이 변하는 양상은 유튜브에 들어가면 더 생생하게 볼 수 있다(www. youtube.com/watch?v=eaax8-38wK0).

고 주장한다(자유낙하의 법칙). 그러나 실제로는 같이 떨어지지 않는다. 낙하의 실제 조건(초기 조건)인 공기의 저항(부력)의 차이 때문에 가벼운 게 늦게 떨어진다. 그런데 이것을 하나하나 고려하면, 낙하하는 것의 운동을 단일한 법칙으로 서술할 수 없게 된다. 그래서 갈릴레오는 공기(의 저항)가 없다고 가정하여 자유낙하의 법칙을 서술한다. 이는 낙하의 반복이 동일한 결과에 이르게 하기 위해 초기 조건의 차이를 제거한 것이다. 이로써 '차이의 반복'은 '차이 없는 반복'으로 바뀌게 된다.

그러나 실제로 떨어지는 모든 물체는 그것이 대면하는 초기 조건, 즉 연기적 조건에 따라 다르게 떨어진다. 심지어 매질의 저항이 크면 아예 낙하하지 않기도 한다. 가령 매질을 공기가 아니라 물로 바꿔보자. 물속에서 물건을 떨어뜨리면, 쇠뭉치는 떨어져 바닥에 닿겠지만, 나뭇조각은 물의 저항을 통과하지 못해 바닥에 닿지 못한다. 따라서 연기적 인과성에 따르면, 자유낙하의 법칙은 이렇게 수정되어야 한다. "모든 물체는 그것이 만나는 조건에 따라 다른 속도로 떨어진다. 아니, 떨어지지 않기도 한다." 마찬가지로 똑같은 감기약도 사람의 상태나 체질(초기 조건)에 따라 약효가 없는 경우가 있다. 또 어떤 조건이 더해지면, 가령 약을 먹고 바로 술을 마신다면 몸에 치명적인 독이 되기도 한다.

분석적 인과성은 두 변수 간 관계를 '정확히' 하기 위해, 즉 최대한 예측 가능하도록 만들기 위해 관여된 변수를 최대한 줄여 둘로 만든다. 변수가 셋을 넘어가면, 그리고 그 변수들이 서로 영향을 미치기 시작하면 결과를 전혀 예측할 수 없기 때문이다. 가령 태양의 주위를 도는 지구의 궤적은 태양과 지구라는 두 항만을 고려하면 계산할 수 있지만, 거기에 달이 지구 주위를 도는 것까지 함께 계산하려면 계산할 수 없는 사태에 빠지고 만다(이를 '3체 문제'라고 한다). 그래서 지구가 태양 주위를 도는 데 달의 영향이 없거나 일정하다고 가정하고 계산한다. 이렇게 구성된 인과성을 '선형적(직선적) 인과성'이라고 한다. 분석적 인과성은 선형적 인과성을 지향한다. 반면 지구의 움직임에 영향을 받는 동시에 지구의 공전에 영향을 주는 달처럼, 서로 상호작용하는 요인을 '비선형적 항'이라고 한다. 비선형적 항이 있으면, 대개는 정해진 답을 계산할 수 없다.

그러나 실제 일어나는 자연현상 가운데 선형적 관계는 찾기 어렵다. 대부분의 현상은 실제로는 비선형적이기 때문에 정확하게 예측하기 어렵고, 동일하게 반복하지 않는다. 반면 연기적 인과성은 연기적 조건이 두 변수 간의 관계에 언제나 더해져야 할 또 다른 '변수'로 본다. 나아가 그 연기적 조건에 영향을 미치는 또 다른 요인을 고려하면, 어떤 하나의 사건도 사실은 수많은 변수의 연쇄라고 해야 한다. 날씨를 예측하기 위해 풍속과 기온, 기압은 물론 해수온도, 습도 등 수많은 변수를 함께 다루어야 하는 기상예측에서 연기적 인과성 개념이 두드러지게 나타났던 것은 우연이 아닌 것이다.

3.
연기적 인과성,
연기적 합리성

독일이 통일되었을 때, 동독의 기업이나 공장들은 서독에 비해 생산성이 절반밖에 되지 않았다. 그래서 통일된 후 생산성을 높이겠다며 200명이 일하는 공장의 노동자를 100명으로 줄였다. 생산량이 그대로라고 하면, 노동생산성은 2배가 될 것이다. 투입량과 산출량이란 변수의 관계만 본다면 극히 '합리적'이다. 이를 '분석적 합리성'이라고 할 수 있다. 그러나 해고된 100명의 노동자는 그대로 길거리에 나 앉았다. 공장의 생산성을 계산할 때 사람은 고려할 변수가 아니기에 고민거리가 아니다. 서독은 자본주의 국가였으니, 이들은 각자가 알아서 살아야 한다. 이것이 생산성 향상을 추구하는 분석적 합리성의 뒷면이다. 자본주의에서 '합리적 고용'은 이런 방식으로 정의된다. 그러나 이는 합리성 그 자체는 아니다. 자본주의라는 연기적 조건 위에서만 성립하는 자본주의적 합리성일 뿐이다.

그러나 해고된 사람들이 굶어죽거나 구걸을 해야만 살 수 있다면,

사회가 실업기금이든 생활보조금이든 다른 비용을 들여 먹여 살려야한다. 그렇다면 비용을 줄인다고 이들을 해고했지만, 사회 전체적으로 보면 100퍼센트의 생산성 향상은 일종의 허구다. 차이는 이들이일을 하여 먹고살게 한 것과 일하지 못하게 해고한 채 먹여 살린 것이다를 뿐이다(물론 먹고살 돈을 충분히 주진 않았을 테니 비용이 약간 줄긴했겠지만). 이것이 분석적 인과성, 분석적 합리성이 놓치는 부분이다.해고된 이들 역시 먹고살게 해주어야 한다는 것이 생산성을 계산하는분석적 인과관계에선 변수가 아니었지만, 사회 전체적으로 보면 고려해야 하는 변수인 것이다.

10여 년 전에 북경에 갔을 때, 사람들과 만나 빨리 식사를 해결해야해서 패스트푸드점에 간 적이 있다. 다 먹고 쟁반과 쓰레기를 치우려하자 중국통인 후배가 그러면 안 된다고 말렸다. 테이블 위에 그대로남겨두어야 한다고. 왜냐고 물으니, 손님이 다 치우면 여기 직원들이할 일이 없어지게 되고, 그렇게 되면 직원들이 해고된다는 것이다. 해고되면, 그래도 명색이 사회주의 정부인지라 사회가 따로 먹여 살려야 하니 더 손해라는 것이다. 그래서 중국에선 어디서도 셀프로 치우지 않는다고 한다. 자본주의화 되긴 했지만 생존문제를 각자에게 맡겨선 안 된다는 과거의 원칙이 아직은 남아있는 것이었을까? 어쨌건투입된 비용과 얻는 이득이란 변수만 따지는 분석적 합리성과는 다른종류의 합리성이 있음을 보여주는 간단한 사례는 될 것이다. 그러나연기적 조건이 달라지면 다른 합리성이나 다른 합리적 고용이 있어야하는 것이다.

분석적 인과성과 연기적 인과성이 다른 점을 하나 더 지적해보자. 분석적 인과성에서는 두 변수 간의 인과관계가 필연적이어야 한다. 반면 연기적 인과성은 필연성을 요건으로 하지 않는다. 연기적 조건이 있다고 항상 특정한 결과가 필연적으로 나타나는 건 아니다. 북경에서 나비가 날갯짓을 한다고 언제나 캘리포니아에 폭풍이 부는 건 아니고, 사회주의 사회라고 반드시 셀프서비스가 없어야 하는 건 아니기 때문이다. 수많은 요인이 물고 물려 하나의 결과를 만들어내는 것이기 때문에, 폭풍의 연기적 조건을 이루는 몇 가지가 있다고 해서 항상 폭풍이 부는 건 아니다. 생명의 진화과정을 비디오테이프처럼 역으로 감아 다시 돌린다면 역사가 똑같이 진행되어 결국 '인간'이란 생물이 출현하는 일은 일어날 가능성이 거의 없다는 고생물학자 스티븐 굴드의 말은 이런 의미다.

연기적 인과성이란 필연성을 가진 법칙마저 조건에 따라 다른 결과로 귀착됨을 말하는 것임을 생각하면, 이는 어쩌면 당연한 것이다. 연기적 인과성 안에는 우연성이 필연성 못지않은 중요한 자리를 차지하고 있다. 뜬금없어 보이겠지만, 아마도 이게 여우가 된 노인이 학인의 질문에 "인과에 떨어지지 않는다"라고 대답했던 이유 아닐까? 학인의 질문을 받는 걸 보면 나름 스승의 위치에 있었을 수행자였을 텐데, 그런 그가 아무 생각 없이 그렇게 대답했을 리 없다. 그가 생각한 인과가 연기적 인과였다면, 어떤 조건이 있다면 반드시 같은 결과에 도달하지는 않으리라는 생각을 하지 않았을까?

그러나 연기적 사유 안에서 그것은 인과에서 벗어나는 게 아니라 반대로 인과에 따라가는 것이니, "인과에 떨어지지 않는다"는 말은 분명 잘못되었다고 할 수 있다. 덕분에 동물의 몸을 받아 윤회하게 되었지만, 그래도 곰이나 너구리가 아닌 '여우'의 몸을 받은 건 빈 머리 헛소리만은 아니었음을 의미하는 게 아닐까? 백장 스님이 '불락인과'를 '불매인과'라고 고쳐주자 이내 깨달았던 것을 보면, 사실은 도에 '털끝만큼의 차이'로 근접해 있었을 거라고 상상할 수 있지 않을까?

백장의 여우에 이어지는 다음 이야기를 보자. 여우 몸을 찾아 다비를 해주고 와서 백장 스님은 제자인 황벽에게 이 얘기를 해준다. 황벽이 묻는다. "옛사람이 한마디 잘못하여 오백 생 동안 여우 몸을 받았다고 하시는데, 제대로 답했다면 어찌되었겠습니까?" 백장은 "알려줄 테니 가까이 오라"고 한다. 하지만 백장에게 다가가자마자 황벽은 백장의 뺨을 한 대 후려갈긴다. 그러자 백장은 "달마의 수염이 붉다고들 하지만, 여기 붉은 수염의 달마가 있구나" 하면서 손뼉을 치며 크게 웃었다. 자, 말해보라. 왜 황벽은 느닷없이 스승의 뺨을 후려갈긴 것일까? 뺨을 때린 제자를 보고 백장은 왜 손뼉 치며 좋아했을까?

제4장

내가 죽는 곳에서 만인이 태어나느니…

무아: 비인칭적 죽음과 부모 이전의 '나'

1.
카게무샤의
눈물

'카게影'란 일본어로 그림자란 뜻이다. '카게무샤影武士'란 말은 구로자와 아키라의 영화 때문에 널리 알려지게 되었는데, 적들의 정탐에 대처하기 위해 성주와 비슷하게 생긴 사람을 내세워 대신 중요한 일을 하도록 만든 '무사'를 뜻한다. 구로자와의 영화 〈카게무샤〉는 전국시대 유명한 가문의 성주인 다케다 신겐의 카게무샤가 되어 살았던 한 도둑을 둘러싼 얘기를 다룬다. 자신의 죽음이 알려지면 적의 공격에 가문이 몰락할 것을 예감한 다케다 신겐은 3년간 자신의 죽음을 감추라는 유언을 남긴다.

그러나 적의 정탐이 있을 것이기에, 그들을 속이려면 자기 일족들을 먼저 속여야 했다. 다케다 신겐의 동생은 극비리에 신겐을 빼닮은 도둑을 데려다 죽은 형을 대신할 카게무샤 역을 하게 한다. 처음엔 싫다고 거부하던 그 도둑은 어쩔 수 없이 시작하게 되는데, 어느덧 신겐의 역할에 몰입하게 된다. 그러나 가족들은 속일 수 있었지만, 다케다가 타던 말은 속일 수 없었기에 결국 그는 가짜임이 드러난다. 결국 적들마저 알게 되어 오다 노부나가와 도쿠가와 이에야스 연합군의 공략으로 결국 가문은 몰락한다. 그런데 카게무샤 역을 그렇게 끝내고 나온 이 도둑은, 자신이 신겐이 아니었음을 잘 알고 있음에도, 다케다 가문이 몰락하는 마지막 전투에 스스로 뛰어들어가 그 패배를 지켜보며 마치 자신이 패하고 몰락하는 것처럼 고통스럽게 눈물을 흘린다.

누가 보는 것도 아니고, 실제 다케다 가문과 아무 관련이 없었음에도 다케다 일족의 몰락에 고통스럽게 흘리는 이 눈물은 누구의 눈물일까? 눈물을 흘리는 이 사람은 누구일까? 그가 애초의 '도둑'이라면, 그처럼 진심으로 눈물을 흘릴 이유가 없다. 애초에 그는 카게무샤가 되길 거부했으니 이 고통의 '주체'일 리 없기 때문이다. 그 눈물은 분명 진짜 다케다가 흘렸을 눈물이다. 그러나 울고 있는 이 사람은 처음부터 명시했듯이 다케다가 아니다. 그는 이미 죽었으니까.

눈물을 흘리고 있는 저 사람이 '나'라고 한다면, 그 '나'는 대체 누구일까? 이것이 아마 그 영화를 통해 구로자와가 던지고 있는 질문일 것이다. 이 질문은 의도했든 아니든 근대철학의 아버지라는 데카르트를 겨누고 있는 것이기도 하다. 다들 아는 얘기겠지만, 데카르트는 모든 것을 의심하고자 했다. 그렇지 않고선 확고한 것에 도달할 수 없다고 믿었다. 그런데 그렇게 모든 것을 의심할 때조차, 의심할 수 없는 게 하나 있음을 깨달았다. 그건 바로 의심하는 '나'였다. 의심하는 '나'가 없으면 의심조차 불가능하기 때문이다. 그래서 그는 '내'가 의심하는 한, 의심하는 '내'가 존재하는 것은 확고하고 자명하다고 생각했다. 의심하는 것을 생각하는 것으로 바꾸어도 다르지 않다고 보아 그는 "나는 생각한다, 고로 존재한다"라는 결론에 도달한다. 무슨 생각을 하든, 생각하는 '나'가 존재한다는 건 분명하기 때문이다.

　그런데 데카르트는 그 '나'가 누구인지는 묻지 않는다. '나'가 '나'임은 자명하다고 믿었던 것이다. 그러나 정작 물었어야 했던 것은 그 '나'가 대체 누구냐는 것이다. 사실 데카르트의 '나'는 단지 데카르트라는 특정 개인만을 지칭하는 게 아니다. 의심하고 생각할 수 있는 모든 사람에게 "너도 모든 걸 의심해 봐. 그럼 네가 존재함을 확신하게 될 거야"라고 말하고 있는 것이다. 그러니 저 도둑도, 다케다인 양 전장으로 달려가 울고 있는 저 사람도, 구로자와도, 이 글을 쓰고 있는 필자도 모두 해당된다. 그러니 카게무샤를 하며 다케다의 자아에 사로잡힌 저 도둑의 '나'가 누구인지 답해야 한다. 처한 조건에 따라 다르게 행동하게 마련인 모든 사람, 그래서 종종 같은 한 사람의 '인간'인지 의심하게 하는 모든 사람이 그렇다. 가족에겐 아주 착하고 좋은 아빠요 남편이지만, 피의자들을 잡아 고문할 땐 끔찍한 괴물이 되는 고문경관뿐만 아니라, 집이나 학교, 회사나 술집에서 상이한 역할을 하고 각이한 행동을 반복하며 사는 우리 모두가 마찬가지이다.

　하이데거는 데카르트가 말하는 모든 조건에서 분리되어 고립된 '나'란 있을 수 없다고 비판한다. 모든 '나', 모든 '자아'란 그가 속한 '세계' 안에 있는 것이고, 그 세계의 규정 속에서 존재하는 것이다. 구조주의 이후 현대 철학자들이 데카르트의 '주체' 개념에 대해 비판하는 것은 약간 다른 이유에서다. 주체는 어떤 생각이나 행동이 출발하는 불변의 출발점이 아니라, 그 자체로 텅 빈 자리일 뿐이며, 그걸 둘러싼 관계 속에서 채워지는 결과물에 불과하다는 것이다. 조건에 따라, 관계에 따라 우리는 다른 주체가 되는 것이다.

지금은 심리학자나 뇌과학자들도 '확고한 나'나 '자아' 같은 것은 없다고 말한다. 가령 '다중인격장애' 환자들은 전혀 다른 듯이 보이는 상이한 인물처럼 생각하고 행동한다. 이들의 뇌를 스캐닝해보면 다른 인물이 될 때마다 뇌의 다른 부분이 활성화된다고 한다. 이는 역으로 우리 또한 뇌의 다른 부분을 저런 식으로 사용하게 되면, 여러 인격의 인물로 살게 될 수 있음을 뜻한다. '다중인격'을 구성하는 상이한 인물들이 하나의 뇌 속에 있는 것이다. 이는 나쁜 소식만은 아니다. 우리가 여러 역할을 하며 살 수 있는 것은 여러 패턴의 행동을 할 수 있게 하는 뇌의 이런 잠재성 때문이다. 다만 그 여러 역할에 일관성이 없다면, 남들도 자신도 곤혹스러워하게 될 것이다. 반면 내가 하나의 '진정한 자아'로 꽉 차 있다면, 우리는 다른 관계, 다른 환경에서 살아가지 못한다. 이 경우 세상과 불화를 겪을 때마다 어느새 어린 시절의 '나'로 퇴행해버린다. 이런 퇴행이야말로 질병이다.

2.
자아가 강하면
빨리 늙는다

하나의 유기체를 이루는 신체를 들어 '나'의 확고함을 증명하려는 시도 또한 성공하기 어렵다. 프로이트나 심리학자들은 태어난 지 얼마 안 된 아기들의 신체가 유기적 전체가 아니라 '부분 대상'들의 집합임을 지적한 바 있다. 아기의 입은 엄마의 젖가슴에 반응하는 부분 대상이지, 특정 기능을 수행하도록 분화된 '기관'이 아니다. 그래서 가짜 젖꼭지를 빠는 것으로도 충분히 만족을 얻는다. 아기들이 자기 신체가 하나의 유기적 전체임을 알게 되고, '자아'가 형성되는 것은 생후 18~24개월경이라고 한다. 거울에 있는 자기 모습을 알아보고 좋아하는 시기가 바로 그때다. 이 시기를 정신분석가 라캉은 '거울단계'라고 부른다.

이때까지 뇌의 신경세포들은 1,000조 개 정도의 시냅스로 연결된다. 우주 전체의 별보다 많은 숫자다. 그런데 자아가 형성된다는 것은 행동이나 사고에 일정한 패턴이 만들어짐을 뜻한다. 그에 따라 연결되어 있던 시냅스 가운데 사용하지 않는 것을 단절시키는데, 이때 3

분의 2 정도의 시냅스가 단절된다. 모든 방향으로 열린 잠재력이 '자아'라는 말로 요약되는 반복적 선택지만 남겨두고 축소되고 소멸되는 것이다. '나'라고 부를 어떤 패턴의 인격이 형성되는 과정은 엄청난 수의 시냅스와 그것이 할 수도 있었을 거대한 잠재성의 축소 내지 소멸을 동반하는 것이다. 어떤 게 살아남을 것인지는 특정한 뉴런들을 활동하게 자극하는 외부에 의해 결정된다.

자아란 이처럼 외부조건에 의해 활동을 지속한 뉴런과 시냅스로 이어진 그 연결망과 상관적인 것이다. 그래서 가령 아기들은 12개월경 이전에는 모든 소리를 구별할 수 있지만, 그 시기가 지나면 모국어에서 아무 역할을 하지 않는 소리를 구별하는 능력을 잃게 된다. 자아 내지 인격의 형성이란 특정한 것만 알아듣고, 특정한 방식으로만 생각하고 행동하는 신체적 제한과 함께 온다. 이는 그나마 남은 3분의 1의 시냅스마저 끊어지게 한다. 흔히 뇌세포의 10퍼센트도 사용하지 못하고 죽는다고들 하는데, 이게 만약 사실이라면 이 때문일 것이다.

그러나 이후에도 뇌세포는 계속 생성될 수 있고, 뉴런들은 새로운 연결에 대해 열려 있다. 새로운 관계, 새로운 생각은 새로운 연결을 만들어낸다. 예전에 심리학자들은 세 살 정도면 사람의 성격이 확립된다고 믿었다. 하지만 지금은 그렇지 않다. 최근 연구에 따르면 "사람의 성격은 평균 오십 살이 되어서야 안정적으로 된다"고 한다. 사실 우리의 뇌는 지극히 유연하고 가변적이어서 그 이후에도 계속 변화되고 재구성될 수 있으며 그에 따라 성격도 변할 수 있다. 그렇기에 원래의 '자아'나 '진정한 나' 같은 건 없으며, 실존주의자들의 말처럼

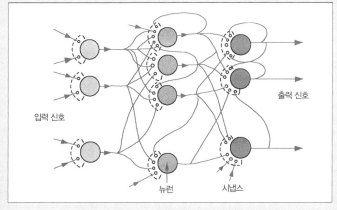

입력 신호

출력 신호

뉴런　　　시냅스

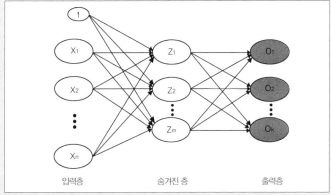

입력층　　　　숨겨진 층　　　　출력층

시냅스와 인공지능

·
·
·

시냅스로 연결된 뉴런들의 연결망. 그것이 나의 능력을 구성하고, 나의 '자아'를 구성한다. 연결주의 인공지능은 이런 신경망을 모델로 만들어진다. 경험이나 활동을 통해 자연지능은 각각의 연결고리를 새로 잇거나 끊으며 연결망을 변화시킨다. 학습이나 활동을 통해 인공지능은 각각의 고리에서 계산하는 가중치를 변화시킨다. 자아란 뉴런들의 연결망과 상관적이다. 즉 자아가 강하다는 것은 연결망을 잘 바꾸지 않는다는 뜻이다. 인공지능이 자아를 갖고 있는지는 아직 모르지만, 연결고리들의 가중치를 잘 바꿀 줄 모른다면 학습능력이 매우 떨어진 '노인' 같은 기계가 된다. 확고함을 추구한다 함은 이렇게 바꾸지 않아도 되는 것을 추구하는 것이다. 따라서 확고함이란 아주 비싼 대가를 요구한다.

자신의 '자아'를 실현하려는 것도 의미 없는 일이다. 자아는 환경이나 관계 등 외부와의 만남에 의해 그때마다 만들어지는 잠정적인 안정성을 뜻할 뿐이다.

'자아'라고 하든 '성격'이라고 하든, 일정한 사고패턴이나 제한된 행동패턴을 형성하는 데는 나름의 이유가 있다. 우리는 낯선 공간에 들어가면 어떻게 행동해야 할지 파악하기 위해 매우 많은 주의를 기울인다. 낯선 사람을 만났을 때도 그렇다. 적절한 대처방식(이를 '행동도식'이라고 한다)을 찾게 되면, 적은 에너지를 들여 편하게 행동하게 된다. 이런 행동도식들이 모여 '나'의 일정한 행동패턴을 형성하게 된다. 어떤 사람이나 상황에 대해 익숙하고 편하게 느끼는 것은 이런 행동패턴이 형성되었음을 뜻한다. 그게 안 되면 우리는 매번 힘들게 다시 생각해야 하고, 항상 긴장된 주의상태에서 살아야 한다. 행동패턴은 익숙해진 일상생활을 쉽고 편하게 해준다. 적은 에너지로 행동할 수 있게 해준다. 문제는 이런 패턴에 매여 버리면, 새로운 상황에서 선택할 수 있는 폭이 그 패턴 안에 제약된다는 점이다. 삶의 가능성이 '나'라고 불리는 성격이나 패턴에 갇히게 되는 것이다.

'자아'를 확고하게 유지한다는 것은 이미 형성된 뉴런들의 패턴들 안에서 생각하고 행동한다는 것을 뜻한다. 만나던 방식으로만 사람들과 만나고, 습관화되거나 비슷한 행동만을 하며, 이미 알던 대로만 생각하는 것이다. 그렇게 되면 어려운 일, 귀찮고 힘든 일, 새로운 일을 가능하면 피하게 된다. 이는 뇌를 비롯해 자신이 갖고 있는 능력을 최소한으로만 사용하는 방법이다. 즉 뇌가 갖는 유연성과 가변성을 최소화하는 것이다. 덕분에 힘과 에너지 소모는 줄일 수 있다. 쓰지 않는 힘은 그저 불어나는 살이나 완고해지는 고집 말곤 줄 데가 없어서 안타깝지만 말이다. 반면 자아의 경계가 유연하고 새로운 상황에 열려 있다면, 뇌와 다른 신체적·정신적 능력을 최대한으로 사용하게 된다. 새로운 상황에 대처하기 위해 새로운 뉴런망들을 만든다. 물론 에너지 소모는 많겠지만, 그렇게 사용된 에너지는 새로운 능력으로 남을 것이다.

그래서 자아가 강한 사람은 남의 얘기를 잘 듣지 않고, 남의 입장에서 생각하지 않으며, 이해하기 어려운 것은 공부할 필요가 없다고 생각하고, 실패나 불화에서 배우려 하지 않는다. 그저 자신이 아는 것으로 세상 모든 일을 분별하고 판단한다. 거기에 맞지 않는 것에 대해선 싫어하고 화를 내기도 한다. 세상이 모두 자기 생각에 맞추어 움직여야 한다고 믿는 셈이다. 그러나 실제론 그리 될 리 없으니, 이들의 삶은 사실 힘들고 피곤하다. 이들 옆에 있는 사람, 이들을 만나야 하는 사람들도 힘들고 피곤할 것이다.

이런 이들은 대부분 '권위적'이다. 자신이 아는 것이나 자신이 옳다고 믿기 때문에, 자신이 생각하는 바에 남들이 의당 따라야 한다고 믿는다. "시키는 대로 하지, 뭔 말이 이리 많아!" 이런 사람들은 나이와 무관하게 '노인'이 되기 쉽다. 끊임없이 새로운 생각이나 경험을 추구하고 그것을 통해 자신의 사고능력을 확장하고 행동의 유연성을 늘려가려는 게 젊음의 특징이라면, 젊다는 것은 나이와 무관하다. 이렇게 유연하게 열려 있다면, 나이가 칠십이 되어도 여전히 '젊다'고 할 것이다. 뉴런의 연결망이 나이가 들었다고 해도 계속 새로이 생성된다 하는 것은 나이 많은 젊음이 있을 수 있음을 뜻한다. 반면 이미 자신이 갖고 있는 것이면 충분하다고 믿고 새로운 것이나 낯선 것을 받아들이지 않아 협소한 시야에 갇힌 채 단단하게 경직되어가는 사람이라면, 나이가 아무리 적어도 이미 충분히 '늙은' 것이다. 이처럼 자신의 시야 안에 갇혀서 새로운 것을 받아들이지 않고 변할 줄 모른다면, 비록 생물학적 나이가 삼십대라도 이미 충분히 '늙은' 것이다. 오십 살 정도가 되어야 자아가 안정된다는 말은 사람들이 저 유연하고 열린 젊음을 잃고 자아 안에 갇혀가는 시기가 대개 그 시기라는 말일 것이다. 따라서 '자아'가 강하다는 것은 나에게도, 남에게도 결코 자랑거리가 되지 못한다. 남에게는 폐가 되고, 나에게는 안타까운 어떤 상태를 표시할 뿐이다.

3.
수정란도 되기 전의 나

무아란 '본래의 자아'나 '불변의 자아', 혹은 '참된 나'나 '진정한 나' 같은 건 없음을 뜻한다. 그것은 지금의 '나'는 특정한 관계(연기적 조건) 속에서 만들어진 잠정적인 것이며, 그런 '나'의 동일성과 확고함에 대한 믿음이란 허구적인 것임을 가르쳐준다. 그러나 '나'의 동일성에 대한 믿음이 허구적이라 해도 그것을 버리는 건 쉽지 않으며, 그것 없이 사는 건 불가능해 보인다. 그런데도 무아를 말한다면, 그건 대체 무슨 의미에서일까?

자아란 언제 어떻게 형성된 것이든 단단해지는 순간 나를 가두는 벽이 된다. 무아란 그런 벽을 반복하여 깨고 지금의 '나'를 반복하여 넘어설 것을 말하는 것이다. 무아란 지금의 내가 죽고 다른 '나'가 태어나는 사건이며, 그런 사건을 영원히 반복하는 것이다. 그런 식으로 끝없는 변이의 과정을 기꺼이 수긍하는 것이다. 그러나 내가 나를 넘어서려고 선택하는 것 역시 '나'의 선택인 한, 내 안에서 이루어지는 것 아닌가? 그렇다면 그건 나의 죽음이 아니라 확장에 불과한 거 아닌가? 그럴 것이다. 그러나 내게 다가오는 삶은 대부분의 경우 뜻하지 않은 곳에서 온다. 나의 죽음을 동반하는 나의 선택이란 '외부'라고 불러 마땅한 그 뜻하지 않은 것과 내가 만나는 곳에서 이루어진다. 뜻하지 않은 것이 내 안으로 밀려들어옴을 수긍하는 것이다.

이렇게 발생하는 죽음을 블랑쇼는 '비인칭적 죽음(비인격적 죽음)'이라고 명명한다. 가령 시인들이 시를 쓴다는 것은 시가 그에게 다가가는 사건이고, 그렇게 다가간 시를 시인이 적는 것이다. 그렇게 시가 다가갈 때 시인의 생각을 채우고 있던 것들이 비워지지 않으면, 즉 그의 '자아'가 죽지 않으면 다가갔던 시는 자아의 열기 앞에서 녹은 눈처럼 지저분한 흔적만을 남기고 사라져버린다. 시가 쓰인다는 것은 시가 시인에게 다가갔을 때 그의 안에 있던 '누군가'가, 그때까지 시인이 '나'라고 불렀을 누군가가 죽는 것이다. 그렇게 죽으며 비워진 자리에 시가 들어가는 것이고, 그의 손을 움직여 글로 쓰게 하는 것이다.

'누군가'란 나, 너, 그로 특정할 수 없는 이이기에 '비인칭' 대명사다. 그래서 내 안의 누군가가 죽는 것을 블랑쇼는 '비인칭적 죽음'이라고 명명한 것이다. 내게 다가온 것 앞에서 나를 채우고 있던 '누군가(비인칭 대명사)'가 죽는 것이다. 그것은 지금의 나를 채우고 있던 것이기에 '나'라고 알고 있던 것이지만, 실은 나를 채우고 있던 '어떤 것'이고 그렇기에 다른 '누군가'로 대체될 수 있는 것이다. 그렇게 '누군가'가 죽으며 비워진 자리에서 '누군가' 다른 이가 탄생한다. 비인칭적 죽음과 동시에 오는 이 탄생을 '비인칭적 탄생'이라고 해도 좋을 것이다.

시인으로 산다는 것은 그런 비인칭적 죽음과 탄생을 반복하는 것이다. 그러나 그게 어디 시인들뿐일까. 내 삶의 궤적을 크게 비트는 사랑 앞에서 그렇듯, 우리의 삶이란 모두 뜻하지 않은 것과 만나는 사건의 연속 아닌가. 다른 것은 시인과 달리 많은 사람이 지금까지의 '나'의 궤적을 고수하기 위해 그 모든 사건을 밀쳐내며 간다는 점이다. 없었으면 좋았을 '사고'라고 저 옆으로 치워두며 간다는 점이다. 무아란 시인들처럼 내게 다가오는 어떤 사건들 앞에서 발생하는 비인칭적 죽음을 반복하여 긍정하는 것이다. 삶이란 그런 사건의 영원한 반복임을, 기쁜 긍정의 정신으로 받아들이는 것이다.

'자아의 죽음'은 무수히 많은 다양한 '나'의 탄생이고, 그런 '나'들을 거쳐 가는 변이의 과정이다. 뒤집어 말하면, 그 많은 '나'를 살기 위해서 나를 비우는 것이다. 그렇게 비워진 자리에서 수많은 '나'를 사는 것이다. 보르헤스가 〈죽지 않는 인간〉에서 다음과 같이 쓸 때, 그는 이를 정확하게 이해하고 있었던 것 같다. "나는 모든 사람이 될 것이다. 즉 나는 죽을 것이다." 무아를 통찰한 '나'란 어떤 '나'도 '나'라고 부를 실체가 아님을 알기에 그 모든 '나'가 '나'임을 수긍하는 나다. 그래서 무아는 그때마다의 무수한 '나', 무상한 '나'들의 긍정이 된다. 그렇다면 어떤 마음도 '마음'이 아니기에 그 모든 마음을 긍정하는《금강경》의 역설적 논법을 빌어 이렇게 말해도 좋을 것이다. "어떤 '나'도 '내'가 아니다. 그래서 '나'라고 한다諸我皆爲非我, 是名爲我."

수많은 '나'를 사는 것이 가능한 것은, 다시 뇌 얘기를 빌려서 말하자면, '자아'로 응집된 패턴화된 뉴런들의 연결망만으로 우리의 뇌가 닫혀 있지 않기 때문이다. 그리고 그런 행동들 안에 우리의 신체가 갇혀 있지 않기 때문이다. 그런 점에서 보면, 자아 형성 이전 아기의 뇌가 1,000조 개라는 최대치의 시냅스로 연결되어 있다는 것은 보르헤스 식으로 말해 '모든 사람이 되는' 것을 가능하게 해주는 최대치의 잠재성을 모든 아기가 갖고 있음을 의미하는 것이다. 그런 점에서 무아란 능력의 최대치를 뜻하는 잠재성을 향해 우리의 삶을 '거슬러' 올라가는 것이고, 그 잠재적 능력을 통해 다른 '나'들로 바꾸어가는 것이라고 해도 좋을 것이다. 그 잠재성을 통해 최대치의 삶을 사는 것이다.

"갓 태어난 아이도 육식(六識 : 眼 · 耳 · 鼻 · 舌 · 身 · 意를 말한다)을 갖추고 있습니까?"는 학인의 물음에 조주 스님은 답한다.

"급류 위에서 공을 친다."

그 학인은 이 말을 이해하지 못했던 모양이다. 그래서 투자 스님에게 "급류 위에서 공을 친다"는 게 무슨 말이냐고 다시 묻는다. 투자 스님은 이렇게 답한다.

"한순간도 흐름이 멈추지 않는다."

그러나 뇌의 잠재성을 보는 것조차 여전히 뇌 안에 갇혀 사고하는 것이고, 뇌의 능력 안에서 사는 것이다. 뇌 이전의 신체는 뇌 이상의 잠재성을 갖고 시작할 것이다. 그렇다면 무아의 잠재성은 뇌가 생기기 이전, 수정란으로 거슬러 올라가 마땅하다. 그러나 수정란에서 굳이 멈출 이유가 있을까? 수정란으로 현행하기 이전의 잠재성으로, 수많은 수정란으로 열린 잠재성으로 거슬러 올라가야 한다. 혜능 스님이 던진 유명한 물음은 무아의 문제를 거기까지 밀고 가려는 게 아니었을까? "부모도 태어나기 전의 본래면목이란 대체 무엇인가父母未生前 誰是本來面?"

제5장

존재 자체가 선물이 될 수 있다면

보시: 불가능한 선물과 절대적 선물

1.
소모적 장식과
선물

2014년 8월, 어느 학회를 따라 티베트로 여행을 갔다. 여행을 좋아하진 않지만 평소에 '금생에 티베트는 꼭 한번 가보고 싶다'고 생각했던지라, 아는 분의 연줄을 타고 한번도 나가지 않은 한 학회에 끼어 운 좋게 가볼 수 있었다. 제일 먼저 들른 곳은 공식적으로는 '티베트'가 아니라 청해성에 속해 있는 시닝의 타얼사였다. 타얼사는 티베트 불교 개혁 중흥의 주역이고, 달라이라마 제도를 만든 총카파를 기념하여 만들어진 사원이다. 총카파의 탄생지에 만들었다는 대금와전大金瓦殿은 지붕의 기와를 전부 금으로 칠을 했다고 하여 더 유명한데, 안내자에게 들으니 기와를 칠하는 데 금 850kg이 들었다고 한다. 거의 1톤에 가까운 금을 실내의 불상이나 전을 장식하는 데 쓴 게 아니라 비바람에 일 년 내내 노출된 기와에 칠해놓았다는 말에 다들 당혹의 표정을 감추지 못했다. 왜 그랬을까? 뿐만 아니라 절 안에 있는 수많은 '걸개그림'과 벽화는 보석과 보석가루들로 만들어진 것이라고 한다. 그런데 나중에 티베트에 가서 보니,

다른 절들도 양상은 비슷했다. 무소유를 강조하고, 아름다운 형상이 아니라 형상 없음 속에서 여래를 보라고 가르치는 불교 사원이 왜 이처럼 당혹스러운 장식을 했던 것일까?

동행한 이들에게나 나에게나 동시에 일어난 이 물음에 대해 쉽게 답을 찾는 이들이 흔히 하듯 불교와 절이 타락해서라거나, '교주'에 대한 과도한 숭배 때문이라고 답하는 것은 너무 안이한 일이다. 그 '장식'은 이런 대답조차 견딜 수 없을 만큼 과도한 것이기 때문이다. 총카파의 상을 순금으로 만들었어도 될 거대한 양의 금을, 하필이면 결국 풍화되어 없어질 지붕에 발라놓은 것은 그런 통념으론 결코 이해할 수 없는 것이다.

이 과도하고 소모적인 장식의 이유에 나름대로 다가갈 수 있었던 것은 인류학자들이 연구한 원시사회의 '비합리적' 선물 제도 덕분이었다. 북미 인디언인 치누크 족의 말로 '먹여주다', '소비하다'를 뜻하는 '포틀래치potlach'란 말은 인디언 사회나 다른 많은 '원시 사회'에 존재하는 경쟁적인 선물게임을 지칭한다. 이는 자신이 받은 것보다 더 많은 것을 상대에게 선물해야 '이기는' 게임이다. 선물의 형태로 자신의 능력을 과시하는 게임이다. "난 이 정도쯤 남들에게 줄 수 있어!" 남에게 주는 것뿐 아니라 보란 듯 담요나 집을 태워버리고 귀중한 물건을 바닷속에 처박아버리기도 한다. 이까짓 거 다 없애버려도 충분할 만큼 능력이 있음을 과시하는 것이다. 그래서 매년 포틀래치가 벌어지면 엄청난 양의 재물이 파괴되고 소모된다. 하이다 족은 이를 '부를 죽이는 것'이라고 표현하며, 틀링깃 족이나 침시아 족 등 많은 부족은 이에 대해 '재산을 죽이다'라는 말을 사용한다. 부와 재산을 최대한 선물하고 파괴하는 자가 최고의 명예를 얻는다. 그런 자가 대개 추장이 된다.

모든 것에서 이해관계만을 보는 한 인류학자는 이를 명예나 권위를 얻어 추장이 되기 위한 '책략'이나 '투자'로 해석한다. 그럴지도 모른다. 그러나 그렇게 하여 추장이 되었을 땐, 정치적 권위를 얻는 대신 경제적 부를 모두 상실한 상태가 된다. 반대로 경제적 부를 모으고 아끼려는 자는 절대로 정치적 리더가 되지 못한다. 그는 '인색한 자'라는 가장 모욕적인 평을 얻고 이웃으로부터 비난받고 소외된다.

한때 캐나다 정부에서 법으로 금지하기도 했던 이 비합리적 선물게임의 기능은 바로 이 지점에서 드러난다. 잘 알겠지만 정치적 리더가 경제적 부마저 갖고 있으면, 그 부를 이용해 사람들을 사거나 끌어들여 자신의 정치적 지위를 유지하고 보호하려 할 것이며, 정치적 지위를 이용해 경제적 부를 늘리려 할 것이다. 이렇게 되면 누구도 넘볼 수 없는 권력이 탄생하게 된다. 반면 인디언들처럼 정치적 지위를 얻으려면 경제적 부를 완전히 포기해야 하고, 경제적 부에 애착이 있으면 정치적 지위에 접근할 수 없게 하는 경우, 지도자의 지위는 부족민의 신뢰를 잃는 순간 지속할 수 없게 된다. 정치적 지위를 이용해 부를 모으는 것도 불가능하다. 부가 정치적 지위를 보호하고, 정치적 지위가 부를 확대하는 연결고리를 포틀래치가 끊어주는 것이다. 그것은 선물을 통해 각자의 능력과 관대함을 시험하고, 경제적 부와 정치적 지위가 결합되는 것을 막아주는 장치다.

포틀래치가 '재산을 죽이'는 또 하나의 이유는 부의 축적 자체를 저지하고 정기적으로 재산을 소모해버리는 '순수 소모' 자체에 있다. 먹고사는 데 필요한 것 이상의 부가 축적되기 시작하면, 그 부는 무엇에 사용하게 될까? 남에게 빌려주어 이자를 얻거나, 남을 고용하여 자기에게 필요한 일을 하도록 하는 데 사용될 게 분명하다. 그렇게 되면 축적된 부의 격차는 점점 커질 것이고, 결국 부자와 빈자의 격차가 커지며 계급대립이 생겨날 것이다. 이를 저지하기 위해서 그들은 정기적으로 필요 이상의 부를 소모해서 '죽이는' 일을 하고 있는 것이다. 이는 '축적'이 당연시된 자본주의 사회에선 이해하기 힘든 일이다.

타일사에서 거대한 양의 금을 풍화되어 없어질 지붕의 기와에 칠한 것은 바로 이런 이유에서가 아니었을까? 그대로 축적되어버린다면, 남을 힘들게 할 목적으로 사용될 게 분명한 부를 소모해버리기 위해, 절에서 보시를 받아 마멸의 장소인 지붕을 장식하는 데 사용한 게 아니었을까? 장식만 그런 것은 아니다. 프랑스의 작가이자 사상가인 조르주 바타유는 정확히 이런 관점에서 티베트 사회를 분석한 적이 있다(《저주의 몫》, 문학동네, 2000). 그에 따르면 가령 1917년 일 년간 라싸 정부의 총 세입은 약 72만 파운드였는데, 이중 군사비가 15만 파운드, 행정비용이 50만 파운드였고, 나머지는 종교행사비용에 사용되었다고 한다. 그런데 같은 시기, 정부의 지출과 무관하게 사원에서 승려들이 소비한 금액은 100만 파운드가 넘었다고 한다. 정부 예산 전체보다 많은 돈을 사원에서 쓴 것이다! 이런 식의 소모를 통해 부가 축적되어 '성장'하는 것을 막았던 것이다. 티베트의 사원에서 사용한

돈이 단지 소모적 장식을 위한 것만은 아니었을 것이다. 버려진 아이나 의지할 곳 없는 노인을 부양하고, 일찍 출가하는 이들을 모아 먹여 살리는 등의 '보시'를 역으로 대중에게 베풀었을 것이다.

그럼에도 불구하고 먹고사는 데 비추어 보면 '쓸모없는' 장식에 부를 소모해버리는 것은 아무리 인디언 얘기를 끌어들인다 해도 이해하기 어려울 것이다. 더구나 '가난한' 나라 티베트에서 말이다. 그런데 잉여의 부를 소모하지 않고 축적하여 다른 데 사용했던 경우를 비교해보면, 이런 소모가 충분한 이유가 있음을 이해하기 쉽다. 바타유도 이를 위해 티베트 사회와 이슬람 사회를 대비하여 분석한다. 외부의 침입이 있어도 군대를 만들지 않거나 최소 규모로만 유지한 티베트와 달리 이교도와의 성전聖戰이 중요했던 이슬람 사회는 쓸데없는 모든 소모나 낭비를 저지하여 부를 축적했고, 그렇게 축적된 부는 군사력을 증강시키는 데 사용되었다. 이는 종교생활마저 군사적 필요성에 종속시키는 결과를 낳았다. 요컨대 "이슬람이 전쟁을 위해, 근대 사회가 산업발전을 위해 잉여의 전부를 축적한 반면, (티베트, 몽골의) 라마교는 잉여를 명상의 세계를 위해, 세계 속에서 인간의 자유로운 놀이를 위해 바쳤던 것이다(《저주의 몫》, 152쪽)."

2.
무주상보시,
혹은 절대적 선물

타얼사만큼은 아니지만, 불화의 주인공인 보살들 역시 화사하게 성장盛裝한 차림에 화려하게 치장하고 있다. 일본 카가미鏡 신사에 소장되어 있는 고려불화 〈수월관음도〉는 내가 본 어느 그림보다도 아름다웠는데, 그림 속 관음보살은 옷부터 목걸이와 관에 이르기까지 화려하게 치장하고 있다. 이는 석가모니불을 비롯한 불상들이 더없이 소박한 수행자의 복장을 하고 있는 것과 대조적이다. 알다시피 보살이란 '보시'의 이타행과 짝이 되어 대승불교의 전면에 등장한 새로운 개념이다. 정확하게 '선물' 내지 '증여'를 뜻하는 보시는 육바라밀의 첫 번째 항목으로, 초기 불교의 가르침을 요약하는 팔정도에는 없던 것이다.

대승의 보살이 한결같이 화려하게 치장하고 등장하는 건 타얼사의 '소모'를 위한 장식과는 약간 다른 이유를 갖는 듯하다. 치장을 권하고자 화려한 모습으로 그린 것은 아닐 터이기 때문이다. 개인적 치장을 권하는 순간, 그를 위한 재물의 소유를 개인에게 권하는 게 되고 말 것이다. 불화에서 보살의 치장은 반대로 치장으로 상징되는 부유한 이들이 크게 늘어난 세태를 반영하는 것일 게다. 생각해보면 석가모니 사후 500년이 지나는 동안 국가나 상인들의 부가 크게 늘어났을 것이고, 사원에 오는 사람들 가운데도 이런 사람 또한 적지 않았을 것이다. 앞서 말했듯이 그렇게 부가 늘어나면 부의 반대편에 가난한 이들이 늘어나게 되고, 공동체는 빈부에 의한 분열과 대립의 위협에 처하게 된다. 공생적인 공동체의 삶을 가르치는 불교에서 이를 그냥 두고 볼 수는 없었을 것이다. 하여, 육바라밀의 첫 번째 덕목으로 보시를 제시했던 게 아닐까? 부유한 이들에게 '보시'를 가장 먼저 가르치게 되었던 게 아닐까? 치장의 이유는 상반되지만, 공동체를 위해 증여와 소모를 실행하려 했다는 점에서는 티베트의 사원에서 국가보다 많은 돈을 써 없앤 것과 같은 맥락에 있다 할 것이다.

이유가 무엇이든 보시는 서로 기대어 사는 중생들의 삶에서, 공동체라고 명명되는 관계를 형성하는 데서 지극히 중요하다. 서구에서 공동체를 지칭하기 위해 사용되는 'commune(코뮌)'이란 단어는 선물을 뜻하는 munus와 결합을 뜻하는 com이 합쳐져 만들어진 말이다. 선물을 통해 결합된 사회, 그게 공동체라는 것이다. 이를 이해하려면 이사 가서 떡 몇 장을 이웃에 돌리는 걸 생각해보면 된다. 공동체는 그만두고, 이웃과 얼굴이라도 트고 싶다면 어떻게 해야 할까? 무작정 가서 벨을 누르곤 "옆집에 이사왔는데요"라며 문을 열어달라고 한다면 서로 민망한 일만 벌어질 가능성이 크다. 그런데 떡 두 장 들고 가면 자연히 문이 열리며 인사를 나누게 될 것이며, 새로운 관계가 만들어질 것이다. 인디언 사회뿐 아니라, 우리를 비롯해 근대 이전의 모든 사회는 선물로 결합된 공동체 사회였다. 포틀래치는 극단적 사례로 보이지만, 음식이 흥건히 남도록 차려놓고 "차린 건 없지만 많이 드세요"라고 말하는, 사라진 지 그리 오래되지 않은 과거의 관습도 소모적인 성격의 증여를 보여준다.

그러나 원시 사회에서도 선물은 일방적이지 않았다. 선물을 받았으면 어떤 식으로든 답례를 해야 했다. 선물이 지배하는 사회에서 답례는 일종의 의무였다. 그래서 인류학자 모스는 선물 또한 교환의 일종이라고 본다. 받았으면 주어야 하고, 주었으면 받게 마련이니, 선물의 교환이라는 것이다. 나는 이것은 두 번의 선물을 한 번의 교환으로 오인하는 것이라고 생각하지만, 선물에 답례의 의무가 따를 경우 교환이나 채무가 될 위험이 있다는 것을 부정하긴 어렵다. 선물을 받았다는 걸 의식하는 한, '무언가 되갚아야 하는데' 하는 채무감을 남기기 때문이다. 심지어 답례를 바라고 선물을 하는 일은 지금까지도 흔하고, 이를 겨냥해 '뇌물'이라는 말까지 따로 있지 않은가!

그러니 노자 풍으로 말하면, "선물을 '선물'이라고 하면 선물이 아니다"라고 해야 한다. 선물이 선물임을 의식하는 순간 받는 이에겐 채무감이 생기고, 주는 사람도 뭔가 해주었으니 돌아올 무언가가 있으리라는 마음이 일어날 것이다. 그렇기 때문에 그건 선물이 아닌 '교환'이나 '채무'가 된다. '선물의 역설!' 이런 이유에서 프랑스 철학자 데리다는 "선물은 불가능하다"고까지 말한다.

선물과 공동체의 미덕에 주목했던 나 같은 이로서는 극히 당혹스런 얘기다. 정말 선물은 불가능한 걸까?

나는 그렇게 생각하지 않는다. 반대로 '절대적 선물'조차 있을 수 있다고 믿는다. 《금강경》에서 설하는 '무주상보시_{無住相布施}'가 바로 그것이다. 아상가가 주석을 달고 있듯이, 보시를 행한 자신에 대해서도, 그로 인한 보답에 대해서도, 그런 선행의 결과에 대해서도 마음을 두거나 집착하지 않는 것, 그것이 '머무는 곳 없이 보시를 행하는 것_{應無所住 行於布施}'이다. 주었다는 생각 없이 주는 것, 그런 만큼 받으려는 마음도 동반하지 않고, 그렇기에 받은 이에게 어떤 채무감도 부과하지 않는 것, 따라서 교환으로 이어질 이유가 없는 증여, 이것이 절대적인 증여고 그렇게 주어지는 것이 절대적 선물이다. 전에 어딘가에서 달라이 라마가 "오른손이 하는 일을 오른손도 모르게 하라"고 한 말을 본 적이 있는데, 이 또한 바로 이런 의미일 것이다.

주었다는 생각을 하고 주면, 받는 사람도 그걸 알게 마련이다. 받았음을 의식하게 된다. 반면 주었다는 생각조차 없이 주었다면, 받은 사람도 받은 줄 모를 가능성이 크다. 그런 점에서 무주상보시의 절대적 선물은 선물인 줄도 모르는 채 주고받는 선물이다. 도대체 이런 선물이 어떻게 가능한가? 있을 수 없는 선물이란 점에서 '불가능한 선물' 아닌가?

선물이란 말에서 어떤 물건이나 돈, 혹은 재능이나 봉사 같은 가시적인 것만을 떠올리는 한 이런 선물은 불가능해 보일 것이다. 가시적인 선물이란 주고받는 게 보이는 선물이니, 생각 없이 주고받을 수 없기 때문이다. 역으로 비가시적인 것은 받아도 선물인 줄 모르고, 주면서도 선물이란 생각을 하지 않는 선물이다. 불교에선 '불법'이라고 표현하는 삶의 지혜에 대한 가르침은 설하는 사람도 특별히 선물이란 생각 없이 그저 할 일을 한다며 설하기 마련이다. 그리고 듣는 사람도 선물이라는 생각 없이 그저 '듣는다' 내지 '배운다'는 생각만으로 듣기 마련이다. 그러나 좋은 삶을 살려는 사람에게 이보다 더 중요한 선물이 어디 있을까? 이런 종류의 선물을 불교에선 '법시法施'라고 한다.

'무외시無畏施'라고 부르는 또 다른 종류의 보시도 있다. '두려움 없는 마음을 줌'이란 뜻이지만, 불안이나 두려움을 덜어주고 기쁨이나 편안함을 주는 것을 뜻한다. 가령 화난 사람 옆에 있으면, 아무 말 하지 않아도 공연히 불안하고 불편해진다. 어떤 언행 없이도 화의 감응이 내게 신체적으로 전해지기 때문이다. 말없이 '두려움'을 주고받은 셈이다. 반대로 기쁘고 즐거운 마음으로 가득 찬 사람 옆에 있으면, 그 감응 또한 내게 전해져 나도 모르게 기쁘고 즐거워진다. 사람만이 아니다. 언제나 주인을 보면 기뻐하며 달려드는 개는 우울한 기분을 어느새 덜어준다. 얼굴을 한 번도 본 적이 없는 가수의 노래에 감동의 눈물을 흘려본 적이 있다면, 음악이나 예술이 준다는 생각 없이 우리에게 어떤 좋은 감응을 '준다'는 말을 쉽게 이해할 수 있을 것이다.

기쁨이나 분노의 감정과 무관하게, 신체는 이웃한 신체에 무언가를 준다. 신체의 파동이 이웃한 신체에 전해지면, 어떤 감응을 야기한다. 그래서 주지 않으려 해도 무언가를 주게 된다. 어떤 특별한 감정을 갖고 있는 게 아닌데도, 아무 말 없이 옆에 있는 것만으로 편안하고 기분 좋게 해주는 사람도 있다. 여기에서 편하게 해주는 사람은 무얼 준다는 생각은 전혀 하지 못했을 것이고, 편안해하며 좋아하는 사람 또한 받았다는 생각 없이 무언가를 받은 것이다. 옆에 있다는 사실만으로, 존재 그 자체만으로 좋은 감응을 주는 사람이다. 존재 그 자체가 말 없는 선물이 되는 사람이다. 무외시란 존재 그 자체가 누군가에게 선물이 되는 그런 보시다.

존재 그 자체가 편안함이 아니라 긴장을 선물하는 경우도 있다. 한 건축가는 대학에서 미스 반 데어 로에라는 유명한 대가에게 배울 기회가 있었다고 하면서 이렇게 말했다. "그는 내 이름도 몰랐겠지만, 나는 그가 옆에 있다는 사실만으로도, 내가 하려는 것이 그의 눈을 통과한다는 사실만으로도 엄청난 긴장과 집중을 요구했고, 그것이 내가 건축가로 성장하는 데 결정적인 비약의 계기가 되었다." 편안함이 아니라 긴장을 주었지만, 대가는 그에게 무엇보다 소중한 선물을 준 것이다. 자신이 준다는 사실도 전혀 모르는 채, 누구에게 주었는지, 무얼 주었는지도 모르는 채. 무외시도 그렇지만, 이런 종류의 선물이 준다는 생각 없이 주는 선물이다. 존재 그 자체가 선물이 되는 그런 선물이다. 존재한다는 사실만으로도 선물이 될 수 있다면, 아마도 그것이야말로 최고의 선물일 것이다. 절대적 선물이고 무주상보시일 것이다. 아, 나도 누군가에게 그럴 수만 있다면!

그러나 저런 대가가 옆에 있다고 그 대학을 함께 다닌 모두가 그의 존재를 선물로 받은 것은 아니었을 것이다. 심지어 애써 가르침을 설해도 받지 못하는 경우가 적지 않음은, 무언가를 가르쳐본 적이 있는 사람이라면 누구나 체험하는 것일 게다. 그러고 보면 선물은 항상 존

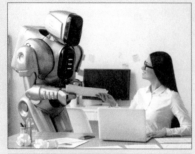

기계의 선물, 무주상보시

:

인간이 할 일 모두를 로봇이나 인공지능이
대신해주는 시대가 도래하고 있다. 예술이
나 감정노동마저. 이는 기계들이 인간에게
주는 선물, 즉 선물한다는 생각 없이 주는
선물이다. 물론 인간은 그것을 선물이라 생
각하지 않는다. 주는 이가 준다는 생각 없이
주는 게 선물의 극한이라면, 받는 이가 받는
다는 생각 없이 받는 것은 무례의 극한 아닐
까? 우리 인간들은 그렇게 살고 있다. 심지
어 그렇게 선물을 주는 기계들을 원망하고
두려워하고 비난하고 때로는 파괴하기도 한
다. 자본주의 사회에선 기계들의 선물이 일
자리 상실이라는 재난의 이유가 되기 때문
이다. 연기적 조건에 따라 무주상의 선물이
무대책의 재난이 되는 것이다. 더 난감한 것
은 이를 연기적 조건 때문이 아니라, 로봇의
본성 때문이라고 비난하는 경우일 것이다.
대신 일해주고 우려와 비난, 저주까지 받아
야 하는 처지지만, 한마디 원망도 없는 기계
들이야말로 오히려 부처에 가깝다고 해야
하지 않을까?

재하지만, 받을 능력이 있는 사람만이 받는다고 해야 할 것이다. 선물이란 주는 사람이 아니라 받는 사람의 능력에 의해 정의되는 것이다.

3.
부처의 선물,
보살의 선물

나의 존재 자체가 누군가에게 선물이 될 수 있는 만큼, 반대로 나의 존재 자체가 누군가로부터 선물로 받은 게 될 수 있다. 존재하고 살아있다는 것 자체가 내게 주어진 선물일 수 있다는 것이다. 사실 우리가 받는 선물 가운데 '선물'로 받는 것은 극히 일부분에 지나지 않는다. 대부분은 선물인 줄 모르고 받는 선물이다. 내가 오늘 아침에 밥을 먹은 것은 농사를 지어 쌀을 생산해준 이름도 모를 농부가 있었기 때문에, 그 벼를 품고 키워준 대지와 태양 그리고 논 옆에 흐르는 물이 있었기 때문에, 흙 속에 사는 수많은 미생물과 흙에 스며든 영양소들이 있었기 때문에 가능했다. 또한 그걸 쌀로 도정해준 사람, 그걸 내가 사는 곳으로 운반해준 사람, 그걸 내가 살 수 있도록 해준 사람, 그리고 그들이 먹었을 어제저녁의 식사, 그 식사를 가능하게 해준 또 다른 농민과 대지 등이 없었다면 불가능했을 것이다. 그런 점에서 내가 밥을 먹는 것, 내가 공부하고, 내가 앉아서 글을 쓰는 것, 서서 강의하는 것 등 순간순간의 존재 그 자체가 우주적인 스케일로 이어진 저 수많은 사람이 준다는 생각도 없이 주는 선물이다.

이런 생각을 누구보다 멀리 밀고 간 것은 화엄학이었다. 의상 스님이 〈법성게〉에서 말하듯, "먼지 하나에도 시방삼세(모든 시간, 공간에 걸친 세계)가 깃들어 있다—微塵中含十方"함은, 그 시방삼세에 기대어 그 먼지가 존재함을 뜻한다. 그 먼지의 존재는 내가 먹은 오늘 아침 밥처럼, 혹은 그걸 먹고 있는 나의 존재와 마찬가지로 시방삼세의 우주적 스케일로 이어지는 무수한 존재자의 연쇄로 인해 가능했던 것이다. 바꿔 말하면 그 무수한 존재자가 먼지의 존재를, 내가 먹은 밥의 존재를, 나의 존재를 선물한 것이다. 이런 점에서 화엄학은 더할 수 없이 장대한 '존재론적 선물의 이론'이다.

먼지를 포함하여, 모든 것의 존재는 시방삼세 존재자들의 연쇄가 준 선물이다. 준다는 생각 없이 준 선물이다. 그렇기에 무주상보시는 어딘가 특별히 따로 있기 이전에, 우리의 삶 속에 항상 있는 것이다. 나의 존재가 기대어 있는 것, '연기적 조건'이라고 말하는 것이 바로 내게 존재를 선물하는 것이다. 그러니 연기에 대한 깨달음이란 자신의 존재가, 매순간 자신의 삶이 이 우주적 연쇄의 존재자가 주는 선물임을 깨닫는 것이다. 따라서 연기법을 깨달은 사람이 부처라면, 부처란 매순간의 존재와 삶이 거대한 우주적 스케일의 선물임을 알고 받는 사람이라고 해야 하지 않을까?

반면 깨닫지 못한 범인이란 그 기쁜 사실을 알지 못해서 기뻐할 기회를 갖지 못한 사람들이지만, 그렇게 깨닫지 못해도 여전히 존재를 선물로 받고 있는 사람들이다. 깨달으나 깨닫지 못하나 매순간의 존재를 선물로 받고 있음은 동일하다는 점에서, 깨닫고 보아도 특별할 게 없다고 하는 것이겠지만, 그래서 범인과 부처가 근본적으로 다르지 않다고 하는 것이겠지만, 그것을 매순간 아는 것과 모르는 것은 얼마나 다른 것인가! 그늘을 나무의 선물로 아는 인디언들이나 그걸 모르는 백인들이나 똑같이 여름날 해를 피해 그늘로 들어가겠지만, 그늘을 만날 때마다 선물을 받는 자와 그렇지 못한 자의 삶이 같을 리는 없을 것이다.

부처와 중생이 이러하다면, 우리는 자신의 존재가 선물임을 알아차리는 만큼 부처가 되는 것이고, 그걸 알아차리는 능력만큼 부처에 다가가는 것이고, 그걸 통찰하며 사는 정도만큼 부처의 삶을 살 수 있는 것이라고 해야 하지 않을까? 그래서 의상대사는 "중생을 이롭게 하는 비가 허공에 가득하니, 중생들이 그 그릇(능력)의 크기에 따라 이익을 얻는다雨寶益生滿虛空, 衆生隨器得利益"라고 했던 게 아닐까?

이렇게 생각을 밀고 나가 보니, 부처가 매순간의 존재가 선물임을 깨달은 사람이라면, 보살은 반대로 매순간의 존재 그 자체가 선물이 되게 하는 사람이라고 할 수 있을 것 같다. 물론 재물을 남들에게 증여하고, 지혜를 남들에게 보시하는 사람, 그러면서도 준다는 생각 없이 주는 사람이 보살이라 할 것이다. 하지만 훨씬 더 근본적이고 절대적인 차원에서 보살이 정의될 수 있다면, 존재 그 자체가 언제나 무주상의 선물이 되는 그런 사람이라고 해야 한다. 부처가 매순간의 삶을 오는 그대로如如 선물로 받아들이는 기쁨으로 긍정하는 이라면, 보살이란 매순간의 삶이 '옆'에 있는 존재에게 지혜로운 삶을 촉발하고 선물하는 이라고 해야 한다. 보시를 앞세운 육바라밀의 대승이란 이런 점에서 보면 '받는 이'로부터 '주는 이'로의 입장 전환을 뜻하는 것이었다고 해야 할 것이다.

그런데 화엄학의 논법을 그대로 빌자면 내가 알지 못하는 농부와 미생물이 나에게 존재를 선물하는 것과 마찬가지로, 나 또한 내가 알지 못하는 누군가에게 존재를 선물하는 우주적 연쇄 속에 들어가 있다. 나뿐 아니라 모든 것이 그럴 게다. 그런 점에서 사실 우리는 알지 못하는 사이에, 준다는 생각도 없이 누군가에게 존재를 '주고' 있다. 그런 점에서 우리는 모두 '보살'이다. 그렇다면 굳이 따로 보시를 하고 선물하는 삶을 살려 할 필요가 있을까?

그러나 자기도 모르는 새 분노나 불안을 '주고' 있는 이도 있는 것처럼, 우리 또한 항상 무언가 주고 있지만 '선물'이란 말과는 아주 다른 것을 주고 있을 수도 있다. 우리는 알지 못하는 사이에 '불법체류자'가 되어 손목이 잘려도 제대로 치료나 보상을 받지 못하는 이주노동자의 고통스런 삶을 누군가에게 주고 있을 수도 있고, 기초생활수급금을 받기 위해 부모와 연락도 해선 안 되는 장애인의 삶을 주고 있을 수도 있다. 선물이나 보시가 그저 '주는 것'과 다른 것은 이 때문일 것이고, 항상 이미 무언가를 주고 있는 보살들에게 굳이 보시를 설하는 것은 바로 이 때문일 것이다.

부처의 깨달음이 자신이 받고 있는 게 무언지를 아는 깨달음이라면, 보살의 깨달음이란 게 있다면, 그건 자신이 주고 있는 게 무언지를 아는 그런 깨달음이라고 해야 하지 않을까? 중생들에게 좋은 삶을 주기 위해 자신의 삶을, 존재 자체를 거는 사람이 바로 보살이라고 해야 하지 않을까?

제6장

모든 개체는 공동체다

중생: 공동체의 존재론과 중생

1.
모든 개체는
중생이다

개인과 전체, 개체와 집단, 혹은 개인과 공동체는 근대 사회의 정치나 경제는 물론 거의 모든 영역에서 가장 빈번하게 등장하는 대립개념이다. 개인주의와 전체주의는 그런 대립을 표현하는 이념적 지향의 대표적인 이름이다. 그리고 이런 지향은 인간의 본성, 아니 생물의 본성과 결부되어 이해되기도 한다. 가령 개인주의를 신봉하는 사람들은 인간이란 이기적 본성을 가진 존재임을 가정하며, 다른 생물 또한 이와 다르지 않다고 믿는다. 반면 "전체란 부분의 합을 넘어 선다"고 보는 사람들은, 개인의 이익을 넘어서 행동하는 인간이나 생물의 사례를 주목하며, 자기희생마저 감수하는 이타성을 주장한다.

어디서나 발견되는 이런 대립의 기저에는 '개인' 내지 '개체'로 번역되는 'individual(인디비주얼)'이란 말의 역사성이 자리 잡고 있다. individual은 분할을 뜻하는 divide에서 나온 '분할 가능한'의 반대말이다. 더는 분할할 수 없는 최소한의 단위, 그게 개체라는 것이다. 개인주의자는 그 유기체가 '분할될 수 없는' 개인임을 강조하는 반면, 전체주의자는 유기체란 개인들로 '분할될 수 없는' 전체임을 강조하며, 개인은 그 전체를 위해 복무해야 하는 부분이라고 본다. 즉 individual에 대한 상이한 관념이 개인주의와 전체주의를 밑에서 떠받치고 있는 것이다.

기이한 것은 원래 단어의 뜻을 보면 원자나 소립자처럼 더는 분할할 수 없는 최소 단위에 적용되어야 하는데, 그런 것을 individual이라고 하지는 않는다는 사실이다. 이 말은 개인이나 개체란 인간이나 생물에 국한되어 사용하며, 대개는 유기체를 지칭한다. 왜 이렇게 되었을까?

이는 유기체가 생명의 기본 단위라고 보았던 19세기 서구인들의 생각과 결부되어 있다. 철학자 미셸 푸코가 《말과 사물》에서 지적한 바 있듯이, 19세기에 이르면 '생명'이라는 개념이 서양인의 사고에서 특권적인 지위를 차지하게 된다. 그 이전에 생물에 대한 연구는 광물을 연구하는 지질학과 구별되지 않은 채, '자연사'라고 불리는 하나의 영역에서 이루어졌다. 이는 공룡이란 생물의 연구와 화석에 대한 연구가 하나임을 떠올려보면 쉽게 이해할 수 있다. 자연사는 암석과 토양, 바다, 혹은 삼엽충과 공룡, 현화식물과 포유류 모두를 포괄하는 영역이었다. 그런데 19세기에 이르면, 생명이란 개념이 부상하면서 생명이 있는 것과 없는 것 간에 근본적 단절이 도입된다. '생물학biology'이란 말이 그때 새로 탄생한다.

이런 관점에서 보면 유기체는 '더는 분할할 수 없는individual' 것이다. 내 몸을 둘로 분할하면 적어도 둘 중 하나는 죽는다는 의미에서, 유기체인 이 몸은 분할 불가능한 것이다. 개체나 개인은 생명체의 분할 불가능한 최소 단위를 뜻하는 게 된다. 그러나 19세기 중반 세포가 발견됨에 따라 세포가 생물의 최소 단위라는 생각이 자리 잡게 된다. 세포야말로 생명체의 최소 단위고, 세포야말로 생물학의 individual인 것이다. 20세기로 넘어오면 세포가 유기체의 몸에서 분리되어 배양될 수 있게 된다. 그렇다면 우리의 신체는 분리 불가능한 것이 아니라, 분리 가능한dividual 100조 개 세포들의 집합체란 점에서 multi-dividual이라고 해야 한다. multi-dividual이란 수많은 dividual이 무리衆로서-함께-살아가는生 집합체란 의미에서 '중생衆生'을 뜻한다. 요컨대 내 몸은 100조 개 세포들이 무리로서-함께-살아가는 '중생'이다. 나뿐만 아니라 모든 인간이, 인간뿐 아니라 모든 다세포생물이 생물학적 의미에서 정확하게 '중생'이다.

생명과학의 발전은 다세포생물뿐만 아니라 각각의 세포 또한 그러함을 보여주었다. 미생물학자 린 마굴리스는 동물세포 안에 존재하는 미토콘드리아가 어떤 홍색세균(알파프로박테리아)과 유전자 구조가 정확히 일치함을 발견했다. 그는 이를 어떤 박테리아가 다른 박테리아(홍색세균)를 잡아먹었는데, 잡아먹힌 놈이 '소화불량'인 채 죽지 않고 살아남아 잡아먹은 놈의 일부가 되었음을 뜻한다고 설명한다. 뜻하지 않은 공생이 시작된 것이다. 그 뒤에 식물세포의 엽록체도 어떤 녹색세균과 유전자 구조가 일치함이 발견된다. 이 역시 다른 박테리아에 잡아먹힌 녹색세균이 죽지 않고 살아남아 공생체가 된 것임을 뜻한다. 이들뿐 아니라 모든 세포소기관이 그렇게 만들어진 것이다. 핵만은 아직 실험적으로 증명되진 않았지만, 핵 또한 그럴 것이라고 가정하는 게 합당하다. 먹고 먹힌 것의 공생체란 의미에서만 그런 것은 아니다. 반대로 핵 같은 세포소기관은 세포로부터 분할 가능하기도 하다. 가령 체세포복제란 복제하려는 몸의 체세포에서 핵을 분리한 후 수정란의 핵을 떼어낸 자리에 대신 이식함으로써 이루어진다. 하나의 세포조차 수많은 박테리아가 무리지어-함께-사는 '중생'인 것이다. 내 몸은 그 자체로 중생인 세포들이 100조 개가량 모여서 내 몸이 된 것이다. 다세포생물의 몸은 모두 그처럼 중생적인 공생체인 세포들이 모여서 구성된 '중생들의 중생'이다.

단순한 박테리아에서 세포소기관을 갖는 복잡한 세포로의 진화, 핵이 없는 원핵세포에서 핵이 있는 진핵세포로의 '진화', 단세포생물에서 다세포생물로의 진화는 모두 소화불량으로 시작된 이 공생에서 비롯된 것이다. 그래서 이를 일러 '공생진화'라고 한다. 먹고 먹히는 관계에서 시작된 공생을 실제로 관찰하여 보고한 사람이 있다. 한국계 미국인 전광우 박사는 실험하기 위해 배양하던 아메바의 대부분이 치명적인 박테리아에 감염되어 죽어버린 것을 발견했는데, 그중 살아남은 놈들을 골라 다시 배양했다. 그리고 그놈들에게서 감염체인 박테리아를 제거했다. 어떻게 되었을까? 그렇다, 짐작대로 남은 아메바역시 죽어버렸다. 치명적 '침입자'와 어느새 한 몸이 되어 공생하고 있었던 것이다!

따라서 개체와 공동체, 개인과 집단을 대립된다고 보는 것은 이런 생물학적 지식에 비추어보면 시대착오적인 것이다. 우리가 '개체

individual'나 '개인'이라고 부르는 모든 생명체가 사실은 항상-이미 공동체요, 집합체인 것이다. '이기적'인 것과 '이타적'인 것이 '본성'의 차원에서 명확하게 대비될 수 있다는 생각도 착각이다. 말해보라, 어떤 박테리아가 다른 박테리아를 잡아먹었으나 소화되지 않은 채 살아남아 시작된 '공생'은 이기적인 것인가, 이타적인 것인가? 박테리아에 감염되어 간신히 살아남은 아메바와 그 치명적 박테리아의 공생적 행위는 이기적인 것인가, 이타적인 것인가?

모든 개체는 집합체다. 많은 '분할 가능한' 것이 모여서 하나의 개체를 이룬 것이다. 복수의 요소가 결합하여 하나의 개체가 되는 것을 '개체화'라고 한다. 개체화를 통해 각각 존재하던 것들은 하나의 개체 속으로 말려들어간다. 그렇게 말려 들어가 하나의 개체를 이룬 무리, 그게 곧 '중생'이다. 즉 중생이란 수많은 것이 하나의 '무리衆'를 이루어 살아가는生 개체이고, 그 자체로 하나의 집합체를 이루는 개체다. 무리인 채 하나인 생명체인 것이다.

2.
모든 중생은
공동체다

무리를 이루어 살아간다 함은 무리를 이룬 것이 서로 간에 협조하며 무언가를 주고받는 하나의 공동체를 이루어 존재함을 뜻한다. 가족이나 마을이 서로 간에 도우며 살아가듯이, 아니 그보다 더 강한 의미에서 내 몸의 세포나 기관들은 서로 협조하고 무언가를 주고받으며 살아간다. 허파는 위장에게서 영양소를 받고, 위장이나 다른 기관들에 산소를 준다. 심장은 그 영양소와 산소가 포함된 피를 돌려주고, 그 피를 받아 활동하는 뇌는 입력된 정보를 분석하고 처리하며, 그렇게 처리된 것을 근육에 전달한다.

이런 의미에서 내가 속한 가족이나 마을뿐 아니라, 나의 몸 자체도 하나의 공동체다. 수많은 기관, 수많은 세포가 순환적인 계를 이루어 무언가를 주고받으며 사는 공동체다. 나의 세포 하나하나도 또한 공동체다. 핵과 미토콘드리아, 리보솜, 소포체 등의 소기관들이 서로 협조하여 무언가를 주고받으며 생존에 필요한 것들을 순환시키며 살아가는 공동체다. 무리지어-살아가는 중생은 모두 그 자체로 공동체다.

개개의 인간이나 동식물만 중생이요 공동체인 게 아니라, 내 몸도, 심장이나 허파, 세포도 모두 중생인 동시에 공동체고, 개인들이 모여 만들어진 가족이나 마을도 중생이요 공동체다.

사실 생명이 있는 것만 무리를 이루는 것은 아니다. 생명이 없는 것도 구성요소들을 보면 무리를 이루어 존재한다. 그래서 생명 없는 것을 중생에 포함시키기도 한다. 생명이 있는 것과 없는 것, '유정有情'과 '무정無情'이 구별되는 것은 외부에서 오는 자극으로 인해 자신의 신체 안에 발생한 변화를 지각하고, 그에 대해 유리한 방식으로 대처할 수 있는 능력을 가졌는지의 여부에 따라서다. '정식情識, 감정과 식별능력'이 있다 함은 이런 의미다. 이 능력은 공동체 내지 공생체적 관계를 유지하거나 변화시키는 능력이기도 하다. 중생으로 번역된 범어 삿트바sattva. 살타(薩陀)'라는 말은 이런 생명력을 강조하면서 '유정'으로 번역되기도 한다. 유정으로 제한하든지 무정까지 확대하든지, 중생이란 말은 모든 개체가 항상-이미 집합적으로 생존하는 공동체임을 탁월하게 표현하는 말이란 점에서 매우 '현대적'이다.

존재하는 모든 것이 공동체다. 이런 점에서 중생이란 개념은 하나의 존재론을 포함하고 있다. 모든 존재자는 그 자체로 공동체라는 것이다.

모든 중생은 공동체다. 각각의 중생이 공동체라고 말할 때, 우리는 각각의 중생들이 어떻게 생존하는지를 다시 생각하게 된다. 공동체란 구성요소들의 공생체다. 즉 뜻하지 않은 '소화불량'으로 시작된 것이긴 하지만, 미생물의 공생은 이런 공동체들이 어떤 원리에 따라 구성되고 유지되는지를 보여준다. 잡아먹으려는 행위에 의해 시작되었지만, 그게 실패한 이후 홍색세균은 자신을 잡아먹으려던 놈에게 에너지를 생산해주고 그로부터 영양소를 얻는다. 그런 공생적 '교환'을 반복하다가 합쳐져서, 한 세포 안의 미토콘드리아라는 소기관이 된다. 잡아먹은 놈은 반대로 영양소를 주면서 에너지를 얻는다. 어느 쪽이든 서로를 위해 무언가 이득을 제공해준다는 점에서 이타적이지만, 자신의 생존을 위한 것이란 점에서 이기적이다. '자리이타自利利他', 심지어 서로 먹고 먹히는 적대관계 속에서 만난 것들조차 하나의 공생체로 만들어주며, 서로 기대어 사는 공동체로 묶어주는 것이다. 어떤 인연에 의해 만났든, 그것의 존재를 나를 위한 것으로 만들고, 나의 존재 또한 그를 위한 것으로 만드는 것, 그것이 공동체인 중생이 살아가는 원리다.

우리는 인간들이 모여 만드는 공동체를 잘 알고 있다. 하지만 가족이나 마을 같은 공동체, 인간과 인간 아닌 것들이 섞여 만들어진 공동체들도 많다. 농업공동체조차 사실은 인간뿐 아니라 소 같은 동물, 풀이나 채소, 벼는 물론 흙과 물, 흙 속의 수많은 미생물까지 참여하여 만들어지는 공동체다. 인간이 있든 없든 생태계는 어느 것이든 모두 공동체다. 그래서 생태학에서는 공동체community라는 말을 기본 단위로 사용한다. 이 모두가 중생이다.

지구는 이런 식의 공동체 가운데 가장 큰 공동체이다. 지구가 하나의 생명체라고 주장한 사람은 러브록이라는 대기화학자였지만, 이를 누구보다 적극적으로 지지해주었던 것은 최소 크기의 미생물 공동체를 발견했던 마굴리스였다. 지구의 대기비율은 이산화탄소가 대부분인 화성이나 금성과 달리 산소가 21퍼센트, 질소가 78퍼센트 그리고 이런저런 기체가 나머지를 차지하고 있다. 반응성이 강해 어느새 다른 것과 달라붙어 산화시키는 산소가 오랜 시간 이 비율을 유지하고 있는 것은 매우 특이한 현상이다. 더구나 동물들이 호흡하며 매 순간 산소를 소모하고 있음에도 이 비율이 유지되고 있는 것은 누군가 소모하는 것만큼 생산하고 있는 것이다. 잘 알다시피 식물과 미생물이 햇빛을 이용해 이산화탄소를 소모하고 산소를 배설한다. 단순하게 말하면 식물과 미생물에게 동물과 인간이 산소를 얻고, 반대로 인간과 동물은 그것들에게 이산화탄소를 주는 순환적인 관계가 지구의 대기비율을 유지하는 것이다.

산소를 생산하고 소비하는 저런 생명체들이 없다면, 기체는 금성이나 화성처럼 이산화탄소같이 활성 없는 대기로 가득 차게 될 것이다. 이는 엔트로피가 증가하여 도달하게 되는 '열역학적 평형상태'다. 더 이상 변화가 일어날 가능성이 없기에 '열역학적 죽음'이라고 불리는 게 바로 이런 평형상태다. 생명체는 이런 열역학적 평형과 다른 항상성을 갖는다. 냄비는 100℃ 넘는 온도로 데워놓아도 조금 있으면 식어서 주위 온도와 같은 상태가 된다. 그러나 우리의 체온은 추워도 36.5℃로 항상성을 갖는다. 체온을 유지하기 위해 신체 내부에서 세포들이 활동하여 열을 생산하는 것이다. 지구도 비슷하게 온도를 일정하게 유지하는 메커니즘을 갖고 있다. 그 덕분에 겨울이 와도 영하 20℃ 이하로는 잘 내려가지 않고, 여름이 와도 40℃를 잘 넘지 않는

생명체로서의 지구, 혹은 중생으로서의 지구

지구가 하나의 생명체라면, 인간은 그 생명체의 몸의 일부를 이루는 '세포' 같은 것이다. 폐의 허파꽈리들이 내 몸의 일부고, 그 허파꽈리의 세포들이 내 몸의 일부를 이루듯이. 그런데 내 몸의 일부가 죽을 때가 되었건만 죽기를 거부하고, 기왕의 좋은 자리에서 영양소와 산소를 사용하여 새로 태어난 다른 세포들이 사용할 수 없게 할 때, 그리고 그것이 옆에 있는 세포로 '감염'되며 빠르게 증식될 때, 그 세포는 암세포라 명명된다. 죽음에 대한 공포 속에서 노화저지와 수명연장의 꿈을 집요하게 추구하고, 지구상의 거의 모든 곳을 다 차지하여 모든 자원을 마치 자기만을 위한 것인 양 사용하며, 인근에 다른 생명체라곤 보이지 않는 미생물이나 숨어사는 개미, 바퀴벌레 말곤 남겨두지 않는, 그리고 급격하게 그 개체수가 급속히 증가하여 지구상을 다 덮어버린 것이 있다면, 그 또한 지구라는 생명체에게는 암세포라고 해야 하지 않을까?

다. 지구도 자신의 체온을 갖고 있는 것이다. 일정하게 유지되는 대기 비율처럼, 지구의 온도 역시 그런 항상성을 갖는다. 이런 이유에서 지구는 그 자체로 하나의 거대한 공동체일 뿐 아니라, 강한 의미에서 하나의 생명체다. 인간과 동물, 식물, 미생물뿐 아니라 대지의 흙과 바닷물 등이 서로 물고 물리는 거대한 순환계를 이루어 존재하는 거대한 공동체다. 하나의 중생인 것이다.

3.
중생은 부처인데,
왜 부처가 되어야 하는가

인간이나 동물뿐 아니라, 작게는 세포에서부터 심장이나 허파 같은 기관들, 크게는 인간의 집단이나 생태계 그리고 지구까지 모두 중생이다. 자리이타의 방식으로 서로가 기대어 살며, 서로에게 무언가를 주고받으며 공생하는 공동체들이다. 생명의 비밀, 그것은 바로 이처럼 서로가 순환계를 이루며 기대어 사는 것이다. 인연으로 다가오는 것을 오는 대로 긍정하고 그것과 기쁘게 공생하는 법을 아는 것을 '지혜'라 하고, 그런 지혜를 가진 이를 '부처'라 한다면, 공동체로서의 중생은 모두 부처라고 해도 좋을 것이다. 소화불량인 채 살아남은 상태를 공생체로 바꾸어버린 박테리아들을 비롯해 모든 중생이 그런 지혜를 갖고, 그 지혜에 따라 살고 있다는 점에서 말이다. '중생이 곧 부처'라는 말을 이런 의미로 이해한다면 어떨까?

그러나 불행히도 이것이 사태의 전부는 아니다. 생태계가 그렇듯이, 서로 기대어 산다 함이 단지 호의적인 관계 속에 사는 것만은 아니다. 그 순환계는 '먹이사슬'이라 불리는 먹고 먹히는 관계의 연쇄이다. 초식동물은 풀이나 열매를 먹고, 육식동물은 초식동물을 먹고, 그 육식동물을 다시 인간 같은 다른 동물이 먹고, 그것들은 죽어 미생물에게 먹히며, 미생물은 다시 식물을 키우는 영양소가 되는 식의 순환적 연쇄다. 이타적인 것조차 실은 이기적인 것이다. 두 박테리아의 공생도 사실 그런 이기적 기원에서, 먹고 먹히는 적대관계에서 시작되지 않았던가. 농사를 짓는 사람조차 자신이 필요로 하는 작물을 좀 더 많이 얻기 위해 '잡초'라 불리는 식물들을 반복하여 제거한다. 소를 키우는 목장을 만들기 위해 미국인들은 수많은 들소를 학살했고, 결국 멸종시켰다.

내부적으로 긴밀한 순환적 연관을 갖는 유기체 또한 그렇다. 나를 위협하는 것은 나를 먹기 위해 덤벼드는 포식자들만은 아니다. 우리의 신체는 밖에서 오는 것 없이는 생존할 수 없다. 즉 먹고 마시고 숨쉬어야 한다. 그러나 잘못 먹으면 몸을 상하고, 잘못 마시면 죽기도 한다. 내가 먹고 마시는 것들에 포함된 미생물들로 인해 병들기도 한다. 이에 대처하기 위해 공동체의 경계를 뚜렷하게 하고, 드나드는 것을 관리하는 면역계가 만들어진다. 면역반응의 요체는 내 몸 안에 있는 것과 바깥에 속하는 것을 구별하는 것이고, 나의 생존을 위해 밖에서 들어온 것을 처분하는 것이다. '나'의 안팎을 구획하는 '자아'는 이런 이유로 만들어진다. 세포조차 이미 밖에서 들어온 것을 포함하고 있음에도 말이다. 사회도 그렇다. 이주민들처럼 밖에서 온 외부자들에 대해 경계하고 배타적인 태도를 갖는 경우는 아주 흔하다.

그러나 어느 사회든 이주자는 자신이 필요해서 불러들인 것이다. 몸 또한 다르지 않다. 어떤 생물도 먹어야 하기에, 밖에서 오는 것을 모두 제거하거나 '처분'하면 생존할 수 없다. 알레르기 반응은 내가 먹어야 할 것에 대해 면역계가 과잉반응할 때 발생한다. '자기'를 보호하려는 이런 반응이 과해지면, 자기 신체의 일부조차 밖에서 온 것으로 간주하여 공격하는 면역성 질환이 발생한다. 류머티즘이 대표적이다. 거의 모든 장기에서 이런 과잉면역으로 인한 질환이 존재한다. 루푸스병처럼 분자적인 수준에서 자기 신체 전반을 밖에서 온 침입자로 간주해 공격하는 극한의 질환도 있다. '자아'가 강하면 자기를 잡아먹는 것이다!

그렇기에 인연으로 다가오는 것을 그대로 긍정한다는 것은 결코 쉽지 않다. 달려들고 소유하려 하며, 도망치거나 밀쳐내려 한다. 좋아하는 것을 끌어당겨 내 것으로 가지려는 마음(탐심貪心)과 싫어하는 것을 저 멀리 밀쳐내거나 제거하려는 마음(진심瞋心)은 외부에 기대면서도 내부를 보호하려는 이런 사태에 기인한다. 생명의 지속에 필요한 것을 넘어서 과하게 가지려 하고, 과하게 밀쳐내려 한다. 그로 인해 중생들은 오지 않은 것을 얻기 위해 치달리고, 갖고 있는 것을 놓치지 않으려 집착하며, 가버린 것을 붙잡으려 애쓰고, 바로 옆에 있는 것을 피하려 하며, 피할 수 없이 다가온 것을 밀쳐내려 버둥거린다. 이런 의미에서 중생은 부처와 달리 지혜 대신 무명 속에서 산다. 그래서 중생은 부처와 다르게 사는 것이다. 중생이 곧 부처이지만, 중생이 부처가 아닌 것은 이 때문이다.

잘 알다시피 입이 좋아하는 대로 사는 사람은 몸이 괴롭다. 입에 좋은 것을 과하게 먹고 마심으로 인해 몸의 다른 세포들이 고통을 겪는다. 더욱더 난감한 건 팔기 위해서든 즐기기 위해서든 입에 맞도록 맛을 더하여 입마저 속이며 먹고 마신다는 것이다. 그리고는 그 맛에 집착한다. 입이 하는 분별이 공동체인 몸 전체를 망가뜨려 병들게 한다. 생태계도, 지구도 그렇다. 자신들이 필요한 것을 지나치게 퍼다 쓰고 편의만을 지나치게 추구하는 인간들로 인해 지구라는 공동체는 망가지고 파괴되어 '지속가능성'을 의심해야 하는 지경에 이르렀다. 자리이타가 제공하는 지혜로운 삶의 잠재성은 좋아하는 것을 얻고자 치달리고, 싫어하는 것을 내치고자 애쓰는 마음에 가려 무력화된다. 심지어 본성의 어찌할 수 없는 이기성을 인정하는 것만이 현실과 부합하는 '지혜'인 양 되어버렸다. 덕분에 공동의 삶을 말하고 공동체를 지향하는 것은 이념 때문에 현실을 오도하는 몽상이 되거나, 사라진 과거에 대한 안타깝지만 헛된 노스탤지어 같은 것이 되어버렸다.

중생은 원래 공동체적 존재고, 항상–이미 공동체적 존재이건만, 공동의 삶을 만들어가는 게 중요하다. 병들어가는 몸, 망가져가는 지구를 살리려면 입이나 인간의 호오 분별에서 벗어나 몸이나 지구의 고통에 눈을 돌리고, 그것이 원하는 게 무엇인지 통찰해야 한다. 좋은 삶을 위해선 지혜가 필요하지만, 선악호오의 분별을 떠날 때에만 지혜가 가능해지는 것이다. 중생이 바로 부처이건만, 부처가 되려는 노력이 필요한 것은 이 때문이다. 부처가 못 되면 부처와 비슷하게라도 살려는 의지가 중요한 것은 이 때문이다.

제7장

부처는 똥이고, 소음은 음악이다

분별: 척도의 권력과 타자성

1.
분별,
선택 이전의 선택

"지극한 도는 어렵지 않으니, 가려 선택하지 않으면 될 뿐이니라至道無難 唯嫌揀擇." 중국 선종의 3조 승찬 스님이 쓴《신심명》의 첫 문장이다. 조주 스님이 자주 언급하여 더 유명해진 문장인데, 100칙으로 된《벽암록》에는 이 문장과 관련하여 조주 스님이 등장하는 공안이 4번이나 등장한다. 그중 하나는 달마대사 애기에 이어 제2칙으로 언급된다. 가려 선택함揀擇이란 선악호오, 아름다운 것과 추한 것, 옳은 것과 잘못된 것을 분별하는 것이다. '도'라고 명명된 지혜는 선악호오, 미추정사美醜正邪를 분별하지 않는 것을 요체로 한다는 말이다. 이런 식으로 중국의 선사들은 분별하는 마음을 갖지 않는 것이 불도의 근본이라고 가르쳤다.

그런데 어떻게 분별없이 살 수 있단 말인가? 저것이 뱀인지 새끼줄인지, 바이올린 소리인지 해금 소리인지, 밥인지 똥인지 분별하지 않고서 어떻게 말하고 행하고 살 수 있을 것인가? 그래서 "분별력이 없다"는 말은 기본적인 판단능력이 없음을 뜻하는 비난으로 많이 사용되지 않던가. 그런데 불도를 깨친 분들은 어이하여 분별하는 마음을 버리라고 하는 것일까? 차안此岸의 삶을 떠난 이상적 삶을 말하려는 것도 아닌데.

하지만 대상을 구별하고, 그 대상이 무엇인지를 아는 것 자체가 분별은 아니다. 분별은 '특별한' 종류의 구별이다. 똥 모양으로 초콜릿을 만들어놓고 먹으라고 하면 쉽게 먹을 수 있을까? 어느 심리학자는 어린애 장난 같은 이런 의문을 직접 실험해보았다. 결과는? 너무도 리얼하게 똥처럼 생겨서 대부분의 어른은 차마 먹지 못했다고 한다. 반면 어린아이들은 별다른 주저 없이 맛있게 먹었다고 한다. 똥 모양으로 만들긴 했지만, 초콜릿임을 알려주었음에도 불구하고 많은 사람이 먹지 못한 것을 무엇 때문일까? 똥은 더럽고 지저분한 분비물이라는 관념이 똥 모양의 초콜릿을 먹지 못하게 했을 것이다.

눈앞에 있는 게 똥인지 초콜릿인지를 구별하여 판단하고, 귀에 들리는 소리가 어떤 악기 소리인지를 구별하고 판단하는 걸 모두 분별이라고 하진 않는다. 눈에 들어온 모습을 보고 "이건 똥이네"라고 판단할 때, 우리는 그것에 대해 '더럽다'와 '깨끗하다' 같은 관념을 덧붙이며 판단한다. 귀에 들어온 소리를 듣고 "이건 피아노 소리네"라고 지각할 때, '아름답다'와 '추하다'라는 관념을 덧붙이며 지각한다.

이처럼 호오와 미추 같은 '이차적' 관념이 덧붙여진 구별이나 판단, 인식을 분별이라 한다. 이차적 관념이 덧붙여진 인식이란 점에서 분별은 인식cognition이라기보다는 재인식recognition이고, 호오의 판단이 덧붙여진 것이란 점에서 '구별'이라기보다는 '선별'이다. '가려서 선택함'을 뜻하는 '간택'이라는 말은 이를 잘 보여준다. '이차적' 관념이라고 하지만 그것은 나중에 발생하여 덧붙여지기에 그렇게 말한 것일 뿐, 지각작용이 일어나고 그다음에 일어나는 관념이란 의미는 아니다. 가린 다음에 선택하는 게 아니라 선택하려는 힘이 가리는 구별작용에 '이미' 스며들어 있어, 가림과 선택함이라는 이중의 과정이 동시에 일어나는 것이다. 그것이 일단 달라붙기 시작하면, 일차적 관념보다 더 빨리, 혹은 더 강하게 작용한다. 똥이 아닌데도 비슷하기만 하면 어느새 더럽다, 싫다는 간택이 앞서 달려가 똥이라고 오인하는 것이다. 똥을 보자마자 피하게 되고, 똥이란 말을 듣자마자 찡그리게 되는 것은 이 때문이다. 이런 관념이 강하면 초콜릿인 걸 알아도 똥 모양으로 만들면 먹지 못하게 된다. 반면 그런 이차적 관념이 약하거나 일종의 '장난'으로 받아들인 아이들은 별 부담 없이 그걸 먹을 수 있는 것이다.

'관념'이라고 말했지만, 생각을 동반하거나 생각을 통해 작용한다는 의미는 아니다. 그것은 생각이 작동하기 이전에 작동한다. 아니, 감각이나 감정 속에 스며들어, 호오의 감정이 되어 작용한다. 의식해도 바꾸기 힘든 무의식이 되어 작용한다. 요컨대 분별이란 호오와 애증의 선판단이 함께 작동하는 판단이고, 그렇기에 호오와 애증의 감정 아래에서 이루어지는 인식이다. 그래서 승찬 스님은 앞서 인용한 《신심명》의 문장 바로 다음에 이렇게 썼던 것이다. "오직 애증을 떠난다면 사태의 실상이 통연명백하다莫憎愛 洞然明白."

그런데 왜 분별을 하지 말라는 것일까? 어차피 우리가 행동한다는 것은 몸에 좋은 것과 나쁜 것, 보기 좋은 것과 보기 싫은 것을 선택하는 것 아닌가? 맛있는 것과 맛없는 것을 구별하는 것으로 먹고사는 소믈리에나 바리스타 같은 사람들도 있고, 훌륭한 작품과 그렇지 않은 작품을 구별하여 알려주는 평론가들도 있지 않은가? 아니, 동물로서 생존하기 위해서는 내 눈앞의 저놈이 내게 이로운 놈인지 해로운 놈인지를 재빨리 분별하여, 달려들 건지 도망갈 건지를 빠르게 결정해야 하지 않는가?

물론이다. 사실 인간의 판단능력은 바로 저런 동물적 상황에서 시작된 것이고, 인간의 뇌란 생각하기 위한 기관이 아니라 생사가 걸린 판단을 내리면서 진화된 기관이다. 호오의 분별은 저런 상황에서 발달한 동물적 본능에 속한다고 해도 좋을 것이다. 그리고 바로 그렇기에 이차적인 관념임에도 일단 달라붙으면 생각 이전에 일어나고, 감각보다 앞서 감지하며, 이성보다 강하게 작동한다. 그렇기에 '도를 깨치는' 경지에 이르지 않고선 쉽게 벗어날 수 없는 것인지도 모른다.

그러나 문제는 그런 감정은 너무 단순해서 정확하게 지각하는 것을 막아버리고, 분별은 너무 빨라서 생각하기 전에 판단한다는 것이다. 고수나 산초 같은 향신료를 싫어하는 사람들은 일단 냄새만으로도 찡그린다. 그런 향신료가 들어간 국물이 무슨 맛인지 먹어보려 하지 않으며, 그것을 대체 어떤 맛으로 먹는 건지 알아보려 하지 않는다. 싫다는 감정이 맛도 보기 전에 밀쳐내게 한다.

분별간택이란 그것이 일어난 순간 이미 선택까지 '마친' 셈이어서, 이미 선택할 것인지 말 건지 생각할 여지를 남겨두지 않는다. 그 선택이 암묵적 전제가 되어 생각의 방향을 이미 결정한다. 그렇게 분별은 마음의 문을 닫는다. 그래서 좋아하는 것이면 생각 없이 받아들이거나 정당화하려 한다. 싫어하는 것이면 생각하려 하지 않고 이해하려 하지 않는다. 자신과 다른 생각에 귀 기울이기보다는 그것이 왜 잘못된 것인지를 입증하려 한다. "저런 말을 하는 사람들을 난 이해할 수 없어!" 이것은 어떻게 하면 이해할 수 있을까에 대해 묻는 말이 아니라, 이해하고 싶지 않다고 선언하는 말이다.

1961년 이탈리아 작가 피에로 만초니는 자신의 똥으로 90개의 통조림을 만들어 '예술가의 똥'이란 레이블을 붙여 전시했고, 그것을 같은 무게의 금값을 받고 팔았다. 30g의 똥을 담은 그 통조림 중 하나를 런던 테이트갤러리는 2002년 3만 8천 달러에 샀다. 똥에 대한 호오미추의 분별이 여전히 남아있다면, 똥을 통조림으로 만들어 파는 작가나 돈을 주고 사는 갤러리를 결코 이해할 수 없을 것이다. 아마도 만초니는 바로 이 분별심을 겨냥하여 똥을 통조림으로 만들었을 것이다. 똥이 미를 다루는 예술이 되고, 똥이 금보다 수만 배 비싸게 사고팔리는 이런 사태 앞에서 똥은 더럽고 지저분한 것이라는 호오의 마음을 그대로 견지하기는 결코 쉽지 않았을 것이다. 그렇게 예술과 똥을 가르는 분별심이 사라질 때, 예술에 대해서도 똥에 대해서도 우리는 제대로 다가갈 수 있을 것이다.

부처가 뭐냐는 물음에 대해 "뒷간 똥막대기다"라고 답했던 운문 스님의 잘 알려진 말도 이와 같을 것이다. 부처와 똥막대기를 가르는 분별을 넘어설 때, 우리는 비로소 부처에 다가갈 수 있을 것이다. 그렇게 분별심이 사라진다면 갑자기 나를 놀라게 하며 끼어든 저 앞의 자동차에 대해서조차, '뭔가 바쁜 일이 있겠지', '내 자동차를 보지 못했나 보지', 혹은 '뭔가 이유가 있겠지'라고 생각할 수 있게 될 것이다.

2.
'옳은 것'의
힘

모든 분별은 척도를 갖는다. 좋고 나쁜 것을 가르는 기준, 즉 미추정사를 가르는 기준이 없다면 분별이란 불가능하기 때문이다. 좋다고 끌어당기는 것이나, 싫다고 밀쳐내는 것이나 모두 척도의 힘에 의한 것이다. 분별이란 그 척도의 힘, 척도의 권력을 실행하는 것이다. 여기서 힘이나 권력이란 말은 결코 은유나 과장이 아니다. 예를 들어 예쁜 얼굴에 대한 분별의 척도는 턱을 깎고 코를 높이는 물리적인 권력마저 행사한다. 연애도 취업도 그 예쁜 얼굴에 맞추어야 쉬워지기 때문이다. '남자다운 남자'가 되기 위해서는 웬만한 일에 눈물을 흘리지 않아야 하고, 건장한 몸을 만들어야 하고, 여성을 주도하는 기술을 익혀야 한다. 그런 기준에 맞추어 자신의 신체와 감성을 단련시켜야 한다.

분별은 내가 갖고 있는 옳고 그름, 좋고 나쁨의 기준을 척도로 행해진다. 그건 어쩌면 당연하다. 내가 옳다고 믿는 기준이 아닌 다른 것으로 옳고 그름을 분별할 수는 없을 테니까 말이다. 다른 사람도 내가 하는 언행에 대해 자신의 기준으로 분별할 것이다. 그래서 나는 나대로, 저 사람은 저 사람대로 서로 이해하지 못하고 다투게 된다. 그 다툼은 중요하다고 생각하는 것이나, 애착을 갖고 많은 정성을 기울인 것일수록 심해진다. 각자가 잘 안다고 믿는 것, 확실하다고 확신하는 것일수록 다툼이나 논란이 해결될 가능성은 작다.

내게도 그런 경험이 있다. 약 10여 년 전, 함께 공부하며 일종의 지식공동체를 만들어 활동하던 친한 후배들과 크게 다툰 적이 있다. 나는 문제가 있다고 생각되는 일에 대해 비판한 것인데, 반대로 그런 나를 부당하다고 비판했다. 거기에 이런저런 감정마저 섞여 갈등은 걷잡을 수 없이 확대되었다. 나는 애정을 갖고 열성적으로 챙겼던지라, 그런 그들이 아주 서운했다. 앉으나 서나 그들이 무엇을 잘못 생각하고 있는 건지, 어떤 잘못을 하고 있는 건지 머릿속으로 끊임없이 반박하고 비판했다. 하려 하지 않아도 그리 되었다. 만나서 얘기도 해보았지만, 그들은 이런 생각을 받아들이지 않았다. 역으로 자기들 나름대로 나를 비난하고 미워할 이유를 얘기했다. 나 역시 그들의 얘기를 받아들일 수 없었다. 그러니 문제가 쉽게 해결될 리 없었다. 그렇다고 쿨하게 헤어질 수도 없었으니, 정말 번뇌 속에 빠져 살았다.

어머니가 열심히 절에 다녔어도 한 번도 절에 가본 적 없는 '유물론자'였건만, 그래도 무슨 인연이 있었는지 당시 누군가가 주었던 불교서적을 읽고 있었다. 성철 스님이 쓰신 《자기를 바로 봅시다》라는 책이었던 걸로 기억한다. 그 책을 보다 보니 번뇌를 벗어나려면 앉아 좌선을 하면 되나 보다 싶었다. 하여 방석 위에 가부좌를 틀고 조용히 앉아있었지만 번뇌가 사라지기는커녕 더욱더 치성하여 걷잡을 수 없게 되었다. 결국 가슴이 울렁대서 앉아있기도 힘들게 되었고, 안 되겠다 싶어 관악산으로 산책을 갔다. 가는 중간 약수터에 평상이 있었는데, 무심코 지나가다 깜짝 놀랐다. 거기 누워있는 생면부지의 노인네가 심한 욕설을 퍼부어댔기 때문이다. 당황하여 주변을 둘러보았으나 아무도 없었다. 그러니 나 말곤 그 욕을 먹을 사람이 없었던 셈인데, 욕먹을 짓을 하지 않았으니 당혹스러웠다. 그래서 왜 그러시나 하고 다가갔는데, 그때 내 눈에 들어온 것은 초점을 잃은 채 허공을 떠돌고 있는 노인의 시선이었다. 그는 내가 아니라 허공에 대고 욕을 퍼붓고 있었던 것이다!

그 순간 섬뜩한 느낌이 전신을 관통했다. 아, 조금 전까지 내가 저러고 있었는데! 다른 거라곤 저 노인은 입 밖으로 내서 하는 걸 나는 입 안에서 하고 있었다는 것뿐이었다. 나도 미움에 눈이 멀어 정신이 나가 허공에 욕을 하고 있는 중음신(사람이 죽은 뒤 명부에 들어가지 못하고 이승을 떠도는 혼령)이었던 거구나 하는 생각이 들었다. 하여 얼른 몸을 돌려 다시 내려가서 동네 미용실을 찾아 들어갔다. "아주머니, 머리 좀 밀어주세요." 놀라서 말리는 아주머니에게 거듭 부탁하여 머리를 빡빡 깎았다. 미용실이 아니라 절을 찾아갔어야 했던 걸까? 그러기엔 전생의 공덕이 부족했던 모양이다. 허나 머리를 깎는다고 번뇌가 사라질 리 없었다. 다만 그때 그런 생각을 비로소 했다. 나는 지금 내가 옳다고 믿는 기준으로 후배들의 언행에 대해 분별하고 비판하고 있지만, 그들 또한 자신의 기준으로 나를 분별하고 비난하고 있을 것이다. 그러니 나야 내가 옳다고 생각하지만, 그들도 자신들이 옳다고 믿고 있을 것이다. 옳고 그름의 기준이 자기 생각이니 모두 자기가 옳을 뿐이다. 내가 옳다고 믿는 것으로 남들을 분별하는 한 그들이 무슨 생각을 하는지 눈에 들어올 리 없을 것이며, 그들이 하는 말을 들어도 그게 귀에 들어올 리 없다. 이게 바로 '아상'이라는 거구나 싶었다. 자신의 입장이나 이해관계에 따라 세상사를 보는 걸 당연시하고는 그것으로 세상사의 옳고 그름을 판단하는 것. 그런 식으로 내 기준에 따라 세상사를 분별하며 내 맘에 들지 않는 얘기는 싫다고 쳐내고 맘에 드는 얘기만 기대하고 있었던 것이다. 이게 바로 밀쳐내려는 마음과 탐하는 마음, '진심嗔心'이고 '탐심'이라는 거구나 싶었다. 나는 아무것도 탐하지 않았다고 믿었지만, 실은 내 맘에 드는 언행을 탐하고 있었던 것이다. 그리고 나는 나 자신이 배타적인 사람이라고 생각하지 않았지만, 실은 내 맘에 들지 않는 언행을 밀쳐내고 있었던 것이다. 내가 후배들에게 느꼈던 애증의 감정은 사실 이미 내가 갖고 있던 호오의 기준 속에 이미 예비되어 있었던 것이다.

번뇌도 번뇌지만, 내가 옳다는 믿음과 내 기준으로 남을 분별하려는 태도를 갖고 있는 한, 나와 다른 생각은 결코 이해할 수 없는 법이다. 그리고 그렇게 다른 생각을 가진 사람들과 함께 무언가를 하는 건 불가능한 것이란 생각이 들었다. 서로 간의 차이를 긍정하고 나와 다른 사람들과 함께하는 공동체를 만들겠다고 생각하고 있었지만, 실제로 내가 옳다고 믿는 걸 기준으로 판단하는 한 그런 건 불가능한 것임을 깨달았다. 나는 내 기준에 맞는 것, 내 마음에 드는 것만을 들고 받아들이려 할 뿐이었다. 차이의 철학도, 공동체의 윤리학도 이상 앞에선 공허한 지식에 지나지 않았던 것이다.

분별은 모두 '나'의 기준을 척도로 행해진다. 거기에는 나의 척도에 남을 맞추려는 의지가 작용한다. 내가 옳다고 믿는 대로 남들도 행해야 한다는 암묵적 가정이 분별의 행위 속에 숨어서 작동한다. 그 척도를 내려놓지 않으면 남의 처지가 보이지 않고, 남의 생각이 이해되지 않는다. 내 척도에 맞는 것과 거기서 벗어나는 것만 보일 뿐이다. 내가 좋다고 끌어당기려는 것과 내가 싫다고 밀쳐내려는 것만 있을 뿐이다. 좋아서 가지려는 것이 탐심이고, 싫어서 멀리하려는 것이 진심임을 안다면, 분별이란 바로 이런 탐심과 진심의 작용이라는 것 또한 쉽게 알 수 있을 것이다.

우리는 제대로 분별하고 올바로 판단하기 위해 이런저런 책을 읽고 옳은 견해를 세우려 애쓴다. 물론 옳은 견해가 있든 없든 우리는 분별하고 판단한다. 그러니 이왕이면 옳은 견해를 세우는 게 좋다. 그러나 옳은 견해가 강하면 강할수록 그에 비추어 옳지 않아 보이는 얘기는 듣지 않고 내쳐버린다. 무엇이 옳은지, 무엇이 잘못된 것인지 '잘 알기' 때문이다. 옳지 않은 것이 분명하다고 이미 판단한 것에 대해, 왜 저 사람이 저런 얘기를 하는 건지 생각하게 될 리 없다. 옳지 않은 생각을 갖는 데에도 나름대로 이유가 다 있을 터인데 말이다. 그래서 옳은 생각이 강할수록 분별하고 내치는 힘도 강하다.

따라서 팔정도의 첫 번째에 나오는 '정견'이란, 옳은 견해를 세우는 게 아니라, 내가 옳다고 믿는 견해를 내려놓는 것이다. '정사유' 또한

'옳은' 것을 사유하는 게 아니라 그런 생각하기를 멈추는 것이다. 호오미추의 척도를 내려놓고 애증을 내려놓을 때, 비로소 저 사람이 하는 애기가 들리고 그가 왜 저런 생각을 하는지 이해할 수 있게 된다. 그렇게 "애증을 떠나면 모든 게 통연명백해진다." 사태가 통연명백할 때 비로소 지혜가 발동한다. 분별을 떠났을 때 비로소 올바른 '분별'을 할 수 있다.

"분별하지 말라"는 판단하지 말라는 말이 아니며, 구별하지 말라는 말이 아니다. 호오미추의 선판단을 떠나야 제대로 판단할 수 있다는 말이다. 그래서였을 게다.

"지극한 도는 어려울 게 없으니 다만 간택하지 않으면 될 뿐이라 하셨는데, 어떤 것이 간택하지 않는 것입니까" 하는 질문에 조주 스님은 이렇게 대답한다. "천상천하에 나 홀로 존귀하니라." "그것도 간택입니다"라고 응수하자 조주 스님이 소리를 빽 지른다. "이 맹추야, 어느 곳이 간택이란 말이냐?" 간택하면 안 된다는 말에 사로잡혀 어떤 판단(간택)도 해서는 안 된다고 믿고, 간택이란 말에 매여 호오와 애증을 떠난 판단(간택)을 알아보지 못하면 이렇게 '맹추' 소리를 듣게 된다. 또 "말만 하기만 하면 그것이 곧 간택인데, 스님께서는 어떻게 사람을 지도하시겠습니까?" 묻는 물음에는 "지극한 도는 어려울 게 없으니, 다만 간택하지 않으면 될 뿐이니라"고 대답한다.

"간택하지 말라"는 말 또한 하나의 간택이고 분별이지만, 그것은 분별심을 떠난 간택이고 분별인 것이다. 여기다 대고 논리적인 모순을 지적한다면, "묻는 일 끝났으면 절하고 물러가라"는 애길 듣게 될 것이다. 분별과 지혜는 이렇게 종이 한 장 차이로 갈라지는 것이다.

이런 분별은 개인적으로 행해질 뿐 아니라 사회적·집합적으로 행해진다. 분별의 척도가 사회문화적으로 습득된 경우가 많기 때문이다. 그렇기에 맛에 대한 감각은 물론, 미감이나 옳고 그름의 기준도 많은 경우 집단적으로 공유한다. '상식'이나 '양식良識'은 집단적으로 공유하고 있는 분별의 기준이다. "재산에 대한 처분권이야 소유자에게 있지"라는 상식이나 "결혼은 남녀가 하는 거지" 하는 식의 양식이 그러하다. "부처란 이런 것이고, 중생은 이런 것이다"라는 양식 또한 그렇다.

그런데 이게 종종 '재난'이 되는 경우가 있다. 가령 늑대들에게 그랬다. 알다시피 서구에서 늑대는 양과 같은 '착하고' 순한 동물을 잡아먹고 괴롭히는 악한 동물로 간주되었다. 미국인 역시 다르지 않았는데, 서부의 황야 가까이라면 어디서나 들리는 늑대의 울음소리는 두려움의 대상이었다. 거기에 더해 양을 키우는 목장이 거대화되면서 늑대들에게 잡아먹히는 양들이 늘어나자 적대감은 더 늘어갔다. 늑대나 코요테 같은 동물에 대한 도덕적 적대감은 그들 모두가 공유하는 '양식'이고 '상식'이었다. 그들은 이 동물들을 '사악한 야수'라고 부르며 일종의 도덕적 '범법자'로 간주했다. 생물학자인 스탠리 영조차 이렇게 썼다. "늑대들은 피에 굶주려 살인하는 100퍼센트 죄인이며, 모든 늑대는 살인자다."

그래서 1900년대 초에 정부관리들로부터 보수적 도덕주의자와 진보적 자연주의자들까지 손을 잡고 자연을 '정화'하겠다며 늑대와 코

요셉 보이스, 혹은 '코요테와 춤을!'

요셉 보이스(Joseph Beuys, 1921-1986)가 미국에 처음 갔던 건 1974년이었다. 그는 자신의 미국행을 반어적인 제목의 퍼포먼스로 만들었다. 〈나는 아메리카를 좋아하고, 아메리카는 나를 좋아한다〉 뉴욕 케네디 공항에 도착한 그는 준비된 구급차를 타고, 창밖으로는 전혀 시선을 주지 않은 채 르네 블록 화랑으로 간다. 그 화랑에서는 그의 주문대로 코요테 한 마리를 준비해두었고, 도착하자마자 그는 펠트천을 몸에 두르고 지팡이 하나를 들고선 코요테와의 생활을 시작한다. 처음엔 펠트천을 물어뜯던 코요테는 이틀이 지나자 보이스와 친해졌고, 보이스는 그와 나란히 창문을 내다보며 '대화'를 하기도 한다.

그리곤 3일 뒤, 다시 구급차를 타고 공항으로 가서 미국을 떠난다. 그가 '좋아한다'던 미국에서 유일하게 눈길을 주었던 것은 코요테뿐이었다. 늑대와 코요테가 어이없는 선악의 분별 덕에 미국에서 겪었던 멸종의 역사를 상기시키려던 것이었을까? 자신이 좋아하는 아메리카란 코요테의 아메리카라고 말하려던 것이었을까? 늑대와 춤추듯 노는 걸 보고 백인에게 자기들 식으로 '늑대와 춤을'이란 이름을 지어주었던 '인디언'들이 이를 보았다면, 비슷한 이름을 하나 지어주었을 게 틀림없다. '코요테와 춤을!'

요테 박멸운동을 벌인다. '야수와의 전쟁'을 위해 농업성 생물보호국은 총을 든 사냥꾼과 덫, 독극물에 독가스까지 동원하여 이들을 사냥했다. 덕분에 얼마 되지 않아 늑대와 코요테는 거의 멸종상태에 이르게 되고, 어디서도 늑대 울음소리는 들을 수 없게 되었다. 그러나 육식동물이 다른 동물을 잡아먹는 게 악이라면, 인간만큼 끔찍하고 악한 동물이 또 어디 있을까! 선악의 범주를 사용한 서구인들의 도덕적 분별이 늑대와 코요테에게는 더없이 끔찍한 재난이 되었던 것이다.

상식 이하의 일들이 흔히 벌어지는 곳에서는 상식을 회복하고 양식에 따라 살자는 호소가 자주 등장한다. 충분히 이해할 수 있는 일이다. 그러나 양식과 상식이 지배하는 사회는 집단적인 분별에 의해, 그런 분별의 기준에서 벗어난 다른 생각이나 감각, 행동의 가능성을 닫아버린다. 그러면 그것이 어떤 이들에게는 '재난'이 될 수 있음을 기억해야 한다. 분별간택을 경계하는 선사들의 말이 산속이 아니라 우리가 사는 지금 이 세간의 거리에서 더욱더 중요한 것은 이 때문이다.

3.
'초험적 경험',
혹은 분별을 넘어선 분별

도를 깨우치지 않는 한 자신의 척도를, 자기 생각을 내려놓는 일은 쉽지 않다. 그것이 옳은 생각이고, 많은 사람이 공유하는 생각일수록 내려놓기 어렵다. 도를 체득하지 않고서 분별을 떠나 사는 건 불가능한 걸까? 적과 동지를 가르고, 호오미추를 가르는 동물적 본성에 따라 살 수밖에 없는 것일까?

흔히 인간은 생각하는 동물이라고 하지만, 사실은 그렇지 않다. 인간은 대개 생각하지 않는다. 특히 자신이 잘 알고 있는 것, 익숙한 것, 숙련된 것은 생각하지 않고 처리한다. 곰곰이 생각해보면 인간이란 '생각하지 않기 위해 애쓰는 동물'이다. 가령 우리는 어떤 일에 숙련되기 위해 노력하는데, 숙련된다 함은 어떤 일을 아무 생각 없이 할 수 있음을 뜻하지 않는가! 그런데 우리가 간혹 생각할 때가 있다. 생각할 수 없는 것과 만났는데 그걸 피해갈 수 없을 때다. 생각할 수 없는 것이 내게 들이닥치는 곤혹스런 상황에서 우리는 비로소 생각하기 시작한다.

분별 또한 그렇다. 생각 없이, 생각 이전에 간택하는 것, 그것이 분별이다. 따라서 분별은 생각해야 하지만 생각할 수 없는 것, 알아야 하지만 대체 무언지 알 수 없는 것과 만날 때 비로소 정지된다. 그때 비로소 제대로 된 생각이 시작된다. 감각도 그렇다. 감지되었지만 무언지 알 수 없을 때, 낯설고 불편하지만 피해갈 수 없을 때, 그 낯선 것을 향해 감각을 세우며 유심히 보고 들으려 하게 된다. 알 수 없는 그것을 통해 자신의 감각을 넘어서게 되고, 자신의 생각과 분별을 넘어서게 된다. 이처럼 생각할 수 없는 것과의 만남, 감각되었지만 무언지 알 수 없는 것의 감지를 통해 우리는 자신의 지각을 넘어서게 된다. 자신의 경험을 넘어서게 되고, 자신이 옳다는 믿음을 넘어서게 되고, 분별하는 자신을 넘어서게 된다. 이런 식으로 경험을 넘어선 경험을 강조하려는 입장을 철학자 들뢰즈는 '초험적 경험론transcendental empiricism'이라고 명명한다. '초험적'이란 '경험을 넘어선'이란 뜻이다. 자신의 경험을 넘어선 경험, 모든 경험 내지 모든 분별을 넘어서게 만드는 경험, 그게 초험적 경험이다. 분별을 '넘어선' 분별이 시작되는 지점이 여기일 것이다.

분별심을 내려놓는다는 것은 내가 쉽게 판단하고 분별하기 힘든, 아니 섣불리 해서는 안 될 타자성의 영역이 존재함을 받아들이는 것이다. 타자성이란 내 인식이나 이해 혹은 의지의 바깥에 있는 것을 뜻한다. 알 수 없는 것, 이해할 수 없는 것이다. 중요한 건 이해할 수 없는 것과 만났을 때 그것을 거부하고 밀쳐내는 게 아니라 그것을 이해하려고 귀 기울이고 마음을 여는 것이다. 흔히 '정의'란 올바른 분별의 기준이라 생각하고, 정의로운 판단이란 올바른 판단이라고들 한다. 그러나 이미 확립된 기준에 입각한 정의란, 양식이나 상식처럼 많은 사람이 공유하고 있는 분별의 척도를 뜻할 뿐이다. 철학자 자크 데리다는 정의를 이와 아주 다른 것이라고 말한다. 그것은 우리가 갖고 있는 공동의 기준을 모두에게 공평하게 적용하는 것이 아니라, 우리가 잘 알지 못하고 이해하지 못하는 타자성의 영역에 마음을 열고 최대한 이해하려는 것이라고 말한다. 그런 타자성을 통해 지금 '정의'라고 믿고 있는 것을 수정하고 바꾸는 것이 정의라고 한다. 이 역시 분별을 넘어선 곳에서 정의는 시작됨을 뜻한다.

이런 관점에서 보면 20세기 현대예술의 역사는 분별심에 대한 투쟁의 역사라고 할 수 있다. 그들은 모두에게 익숙해져 있는 감각과 관념에서 벗어난 것을 사람들에게 들이대고 밀어 넣는다. 피카소는 앞에서 본 얼굴과 뒤에서 본 몸을 하나의 방향에 같이 그려 사람들의 시각적 분별을 당혹 속으로 밀어 넣었다. 뒤샹은 공장에서 생산된 변기를 전시장에 밀어 넣고는 예술작품이라고 주장하며 예술과 비예술, 예술작품과 상품을 가르는 분별 기준을 물속에 처박아버렸다. 프랑스 작가 장 뒤뷔페는 "왜 여우의 털은 목에 두르면서 여우의 내장은 목에 두르려고 하지 않는 것일까?"라고 반문하며, 두터운 진흙으로 똥을 연상시키는 더러운 그림을 그려 전시했다. 이브 클랭은 작품 대신 텅 빈 전시장을 전시(《텅 빔》)하여 '전시'나 '작품'이라는 관념을 와해시켰다. 그리고 그에 답해 아르망은 예술작품을 전시하는 전시장에 작품 대신 쓰레기를 가득 쏟아부어 놓곤 〈가득 참〉이란 제목을 붙여 예술 작품이라고 주장했다.

현대음악도 그렇다. 루이지 루솔로는 도시나 공장의 소음을 음악이라고 '연주'하기도 했고, 에드가 바레즈는 망치 소리, 사이렌 소리, 채찍 소리 같은 걸 악기 소리와 섞어서 음악작품을 만들기도 했다. 음악적 소리와 그렇지 않은 소리를 가르는 분별의 기준을 소음 속에 묻어버렸다. 그런 식으로 반복하여 예술에 대한 생각이나 감각을 깨면서, 예술이 무엇인지 다시 생각하게 했다. 덕분에 지금은 예술 아닌 것이 없게 되었다. 호오와 미추를 분별하는 예술이란 관념과 척도를 깨버리자, 모든 것이 예술이 될 수 있게 된 것이다. 분별의 척도가 사라지자, 어떤 것도 예술작품이 될 수 있는 잠재성을 가지게 된 것이다. 동물이나 인간을 기준으로 하는 분별의 척도가 사라지면, 식물은 움직이지 않아도 살 수 있으니 좋고, 동물은 움직일 수 있어서 좋음을 비로소 알게 된다. 그래서였을 게다. "색신은 부서지는데, 어떠한 것이 견고한 법신입니까?"라는 물음에 대룡 스님은 이렇게 답한다. "산에 핀 꽃은 비단결 같고, 시냇물은 쪽빛처럼 맑구나."

들어보았는가, 장사 스님이 봄기운을 본 소식을?

장사 스님이 하루는 산을 유람한 후 문 앞에 이르자 수좌가 물었다.

"스님께선 어딜 다녀오십니까?"

"산을 유람하고 오는 길이다."

유람하고 왔다니, 무언가 좋은 것을 찾아간 것 아닌가? 호오미추의 분별을 떠났다면 따로 좋아할 것이 어디 있을 것이고, 따로 아름다운 것이 어디 있을 것인가? 모두 아름다울진대, 따로 유람할 것이 또 어디 있단 말인가? 하여 수좌가 다시 묻는다.

"어디까지 갔다 오셨습니까?"

여기에 원오 스님은 이렇게 논평한다. "내질렀군. 다녀온 곳이 있으면 풀 속에 떨어진다. 서로가 불구덩이로 끌고 가는구나." 그렇다. 원오 스님의 착어대로, 수좌가 한마디 '내지른' 것이다. 다녀온 곳이 있으면, 분별의 풀 속에 떨어지기 때문이다.

"처음엔 향기로운 풀을 따라갔다가, 그러고 나선 지는 꽃을 따라 돌아왔느니라."

향기로운 풀은 향기로워서 좋고, 지는 꽃은 지는 꽃이어서 좋다는 말이다. 고인 물은 고여 있어서, 흐르는 물은 흐르고 있어서 좋다고 함은 특정한 하나의 척도로 분별하는 게 아니라 각자가 갖는 미덕을 그 각자의 기준으로 '분별'하는 것이니, 이미 분별을 떠난 분별이다. 이렇게 분별하면 모든 것이 아름답고 모든 것이 좋은 게 된다. 장사 스님은 수좌가 '내지른' 말을 멋지게 받아넘긴 것이다. 다시 응수하는 걸 보면 그 수좌도 이를 잘 알고 있는 것 같다.

"아주 봄날 같군요."

"아무렴, 가을날 이슬방울이 연꽃에 맺힌 때보다야 낫지."

분별을 떠난 분별은 각각의 것들이 가진 미덕이나 가치를 보는 것이다. 모든 것이 좋다고 하는 것은 모든 것의 거대한 존재론적 평등성 속에서 보는 것이다. 하지만 언제나 모든 게 다 똑같이 좋다고 함을 뜻하는 건 아니다. 배를 띄우려는 사람에겐 깊은 물이 더 좋고, 물을 건너려는 사람에겐 얕은 물이 더 좋은 법이다. 그렇기에 분별을 떠난 사람 또한 어떤 조건에서는 어떤 것이 '더 낫다'고 말할 수 있다. 아니, 분별을 떠났을 때 비로소 어떤 조건에서 어떤 게 더 나은지 정확하게 '분별'할 수 있다. 이 또한 분별을 넘어선 분별이다. 분별심을 넘어선 지혜로운 분별이다. 이것이 '경계에 끄달리지 않고 가는 곳마다 경계를 활용(《임제록》)' 하는 것일 게다. 대주 스님이 "분별이 없는 본체 가운데서 항사묘용恒沙妙用, 모래알처럼 무한하고도 묘한 작용을 갖추어서 능히 일체를 분별하여 알지 못하는 일이 없다(《돈오입도요문론》)" 했던 것이 바로 이런 것일 게다.

제8장

극단보다 더 먼 '한가운데'

중도: 중도의 존재론, 파격의 논리학

1.
있으면서
없는 것

근대철학의 아버지 데카르트는 인식이나 판단의 '명료함과 뚜렷함'을 진리의 기준이라고 말한다. 명료함clearness이란 개념이나 인식의 내포가 분명하여 의심의 여지가 없음을 뜻하고, 뚜렷함distinctness이란 외연이 확실하여 내부와 외부, 그에 속하는 것과 속하지 않는 것이 확연하게 구별됨을 뜻한다. 가령 여자 옷을 입은 남자는 남자인지 여자인지 의심스럽다는 점에서 명료하지 않기에 남성임을 가린 '거짓'에 속한다. 반면 본색을 드러낸 늑대인간은 괴물임이 명백(명료)하지만 인간에 속하는지, 늑대에 속하는지가 뚜렷하지 않기에 '허구'에 속한다고 할 것이다.

세상에는 명료하지 않은 것, 뚜렷하지 않은 것이 많다. '진리'를 추구한다 함은 그런 것을 추적하여 명료하고 뚜렷하게 하는 것이라고 데카르트는 믿었다. 그렇다면 그것은 여장한 사람의 옷을 벗겨 남자인지 여자인지 명료하게 드러내는 것이 될 터이고, 괴물의 본성을 추적하여 인간에 속하지 않는 존재임을 뚜렷이 밝히는 것이 될 터이다.

이런 일 가운데 가장 기본적인 것은 있음과 없음을 가리는 것이다. 가령 사막에서 보인다는 신기루는 눈에 보이지만 가서 확인해보면 없는 것이다. 그곳에 가서 물을 마실 수 없다는 점에서 '없는' 것이고, 있는 듯 '속이는' 것이다. 여기서 멈추지 않는다. '없는' 것이라면 신기루는 대체 어째서 눈에 보이는 것일까? 이에 대해 과학은 광학적인 과정이 만들어낸 허상이라고 밝힌다. 눈에 보이지만 오아시스는 '없는 것'이다. 하지만 신기루라는 허상은 광학적 이유로 인해 '있는 것'처럼 보이는 것임을 명료하고 뚜렷하게 밝혀준다.

이처럼 데카르트가 진리의 요건이라고 생각했던 '명료함과 뚜렷함'이란 유무의 양변 가운데 어디에 속하는지를 확실하게 하려는 것이다. 이는 서양의 논리학이나 수학에서도 진리의 중요한 요건으로 요청되는 것이다. 논리학의 규칙 중 동일률과 모순율은 있으면서 없는 것이란 말을 허용하지 않는다. 또 배중률은 있는 것이면 있는 것, 없는 것이면 없는 것이지 중간은 없다는 것을 요체로 한다. 어떤 방정식의 근이 있으면서 동시에 없다고 하는 것은 수학적 진리를 포기하는 것이기 때문이다(배중률에 문제가 있음이 명료하고 뚜렷하게 지적되었음에도 대부분의 수학자는 배중률을 포기하지 못한다).

그러나 데카르트의 생각과 달리 명료하게 할수록 뚜렷함이 사라져 모호해지는 것이 있고, 뚜렷하게 할수록 명료함이 사라져 애매하게 되는 것이 있다. 가령 오케스트라의 소리에는 수많은 악기의 소리가 섞여 있다. 연주할 때 오케스트라 전체의 소리가 명료하다는 것은 각각의 악기 소리들이 서로 섞여서 구별되지 않게 된 상태를 뜻한다(명료하나 모호한 경우). 반면 어떤 하나의 악기 소리가 뚜렷하게 들린다면, 오케스트라 전체 소리는 놓치게 될 것이다(뚜렷하나 애매한 경우). 그래서 지휘자는 어떤 하나의 악기 소리가 튀지 않도록, 전체 소리 속에 녹아들어 가도록 한다. 명료한 전체 음색을 위해서는 뚜렷함이 사라지게 해야 한다. 명료하나 모호한 것이 이 경우에는 필요한 것이다. 오케스트라가 아니라 산사의 종소리도 그렇다. 종을 몇 번 치는지 들으려면, 놓치지 않고 그 수를 세야 한다. 그때는 종소리의 아름다운 음색 같은 것은 들리지 않으며, 듣기를 포기해야 한다. 반면 종소리의 음색이 변하는 데 집중하려면 숫자 세는 걸 포기해야 한다.

여기서 더 나아가 유무마저 가리기 힘든 것들이 있다. 가령 정신분석학에서 말하는 상기하는 게 고통스러워 의식에서는 지웠지만 무의식에 남아 증상의 형태로 되돌아오는 트라우마(상처)는 있다고 해야 할까, 없다고 해야 할까? 프로이트는 물론 그것은 과거에 있었던 사건의 기억이니 '있는 것'이라 말할 것이다. 그러나 말년에 프로이트는 환자들의 트라우마가 정말 있었던 사건인지, 환자가 있었다고 믿고 싶은 사건인지 구별하기 힘들다는 걸 알게 된다. 최근의 정신분석학은 후자라고 생각하여, 정말 있었던 게 아니라 있었다고 믿고 싶은 사건을 상상으로 구성하여 만들어낸 사건이고 상처라는 것이다. 환자는 그것으로 인한 증상이 주는 고통마저 즐기고 있다는 것이다. 그런 의미에서 이 트라우마는 증상을 만들어낸 원인이니 있다고 해야 한다. 그러나 그것이 실제로 있었던 거라고 하기는 쉽지 않다. 이때 트라우마는 있는 것이라고 해야 할까, 없는 것이라고 해야 할까?

이처럼 유무를 명료하고 뚜렷하게 말하기 어려운 것은 트라우마 같은 특별한 경우만이 아니라 물리학적 운동 자체도 마찬가지다. 한 물체가 어느 지점에 '있기'만 한다면, 그것은 운동하고 있는 게 아니라 정지해 있는 것이다. 거기 없다면, 그건 그저 '없는' 것이다. 운동하는 물체는 어떤 시점에 그 지점에 있어야 하지만, 또한 있기만 해서는 안 된다. 어떤 물체가 운동하여 어느 지점을 통과한다는 것은 우리가 지켜보는 한 지점에 있으며 동시에 없는 것이다. 양자역학에서 말하는 '입자성'과 '파동성'도 그렇다. 입자성이란 위치와 크기를 갖는 것이고, 파동성이란 정해진 위치도 크기도 갖지 않는다. 입자가 입자성과 파동성을 동시에 갖는다는 것은 정해진 위치와 크기를 갖는 동시에 갖지 않음을 뜻한다.

음악적 선율은 또 다른 이유에서 있음과 없음을 넘어선다. 몇 번 치는가를 세는 것이 중요한 종소리라면 있음과 없음이 명료하게 구분되어야 하며, 하나하나의 소리를 뚜렷하게 끊어주어야 한다. 그러나 '빠빠빠 바~ㅇ' 하고 연주되는 베토벤 교향곡은 그렇게 끊어주면 선율로 들리지 않는다. 앞서 울리고 지나간 것과 지금 울리고 있는 것 그리고 어떤 경우에는 앞으로 울릴 것까지 하나로 합치고 섞여야 선율로 들리게 된다. 음악적 선율이란 그런 식으로 현재 있는 것과 없는 것이 섞이는 것이며, 그 섞임 속에서 비로소 존재하게 되는 것이다. 그렇다면 선율을 구성하는 소리들 가운데 바로 지금 울리고 있는 소리에 앞서 울리고 지나간 소리는 있다고 해야 할까, 없다고 해야 할까? 그 시점에 선율은 있다고 해야 할까, 없다고 해야 할까? 그건 있다고 할 수 없지만, 없다고도 할 수 없다. 베르그손이 '순수지속'이라고 부르는 이런 체험 속에서 선율을 직조하는 소리 하나하나는 있는 동시에 없는 것이다.

　이처럼 있다고도 없다고도 말할 수 없는, 혹은 있는 동시에 없는 것은 유무의 양변을 떠난 '중도'라고 할 수 있을까? 그것이 전부가 아니라 해도, 있음과 없음 어느 하나에 귀속시킬 수 없는 것이니 그렇다 할 수 있을 것이다. 운동이나 변화, 생성을 다루려는 순간 우리는 있음과 없음 같은 이항대립(양변)을 떠나야 한다. 이런 점에서 중도는 명료함과 뚜렷함을 위해 사용되는 이항대립을 넘어서는 자연학적 상태를 뜻한다고 할 수 있다. 오케스트라의 소리나 운동하는 물체, 입자성과 파동성을 갖는 입자 그리고 음악적 선율 같은 것은 모두 있음과 없음의 이항대립을 떠난 중도가 일종의 존재론적 상태를 표현하는 개념임을 보여준다.

2.
중도와
중용의 차이

사회적인 영역으로 들어서면 '양변'이라고 명명된 이항대립을 넘어서는 것은 또 다른 의미를 지니게 된다. 가령 여장을 한 남자는 남녀의 양변을 넘어서 있다. 물론 그가 '정말' 남자인지 여자인지 명료하고 뚜렷하게 구별하는 건 어려운 일이 아니다. 그러나 그렇게 함으로써 참과 거짓을 가려냈다고 믿는 순간, 우리는 그가 왜 남자이면서 여장을 했는지를 이해할 수 없게 된다. 그저 '거짓'이나 '악'과 같은 범주를 들씌우고 말 뿐이다. 사실 거기서 가장 중요한 것은 남자이면서 남들과 다르게 여장을 했다는 점이고, 그렇게 한 이유를 아는 것 아닐까? 여기서 명료하고 뚜렷한 '진리'에 매여 있다면, 가장 중요한 것을 보지 못하게 될 것이다. 괴물도 그렇다. 늑대인간 같은 괴물의 매력은 사람인지 늑대인지 모호하다는 점, 그 경계를 침범하고 뒤섞으며 출현한다는 점이다. 그런데 그 본성을 드러내 뚜렷하게 하여 사람이나 늑대 중 어느 한쪽에 집어넣는 것은 그 매력을 지워버리는 것이 된다.

사실 여성적인 남성들이 얼마나 많으며, 남성적인 여성들은 또 얼마나 많은가? 세상사를 대충 보는 사람이라면 신체적 특징 하나로 '어쨌든 그는 남성'임을 의심하지 않겠지만, 세심하게 볼 줄 아는 사람이라면 그저 남성적일 뿐인 사람과 여성적 섬세함을 가진 남성을 구별할 수 있을 것이다. 또한 같은 사람인데도 조건에 따라 남성성과 여성성을 오가는 변화를 볼 수 있을 것이다. 괴물 같은 짓을 하는 인간에게서 '인간'의 참혹한 본성을 볼 수도 있을 것이고, 그런 짓을 하도록 떠밀고 간 가슴 아픈 사정을 볼 수도 있을 것이다. 손쉽게 '남성과 여성', '인간과 동물', '선한 이와 악한 이'를 구별하여 모든 일을 명료하고 뚜렷하게 판단하는 것은 사실 세간에서 흔히 행해지는 것이고, 데카르트처럼 '진리'란 이름으로 그렇게 하도록 가르쳐지는 것이다. 그러나 안목 있는 사람, 지혜로운 눈을 가진 사람이라면 때로는 겉으로 보이는 명백함 속에 가려진 안타까운 사정을 뚜렷하게 볼 줄 알 것이다. 그리고 때로는 뚜렷한 것들이 섞여 새롭게 출현한 것의 특이성이나 매력을 명료하게 알아볼 것이다.

　이는 진위나 선악, 남성과 여성, 인간과 비인간이라는 극단의 두 범주로 귀속시키려는 한 볼 수 없다. 진위나 선악을 떠나서 사태를 본다는 것은 이런 것이다. 살인에 대해 악이라는 관념을 떠나지 못하는 한, 남도 아닌 남편을 살해한 사태를 이해할 수 없을 것이다. 또한 인간이고자 하지만 인간이 될 수 없는 프랑켄슈타인이라는 '괴물'의 마음에 다가가기 어려울 것이다. 진위나 선악의 양변을 떠난다는 것이 이런 것이다. '중도'가 지혜를 뜻하는 것이라면, 그건 이 때문이 아닐까?

중도란 진위와 선악 같은 양자의 '중간'에 서는 것이 아니라, 양자를 떠나서 사태의 '한가운데'로 들어가는 길이다. 극단의 두 범주를 벗어나야만 보이는 사태의 미묘한 실상에 섬세하고 정확하게 다가가는 것이다. 그렇다고 중도가 '분별을 떠나는 것'과 동일한 것은 아니다. 분별을 떠나는 게 이 호오나 애증의 '감정'을 떠나서 사태를 보는 것이라면, 중도는 이항적인 두 극단의 '범주'를 떠나서 사태를 보는 것이다. 선악과 진위가 그렇듯 이항적인 대립개념 또한 호오의 선택을 포함한다. 하지만 중도는 호오의 선택을 비판하는 게 아니라 이항적으로 대립하는 두 범주에서 하나가 다른 하나가 될 수 있음을 보거나, 두 개의 범주로 귀속시킬 수 없는 것이 있음을 보는 것이다. 혹은 상반되는 두 범주가 중첩되는 사태에 대해 그 의미나 이유를 질문하는 것이다.

중도란 양극단을 떠나는 것이라는 말을 듣고 두 극단 아닌 '중간'을 떠올리는 사람도 있을 것이다. 그런데 선악의 중간이란 무얼까? 반쯤 선이고, 반쯤 악일까? 조건에 따라 선이 악이 되기도 하지만, 악에도 이유가 있을 수 있다. 하지만 어떤 단일한 조건에서 악인 것은 악인 것이지 선악의 중간이라거나, 선인 동시에 악인 그런 것은 없다. 유무의 중간이란 무얼까? 반쯤 있는 것일까? 유령 같은 존재를 말한다고 해야 할까? '그런 게 어디 있어?'라고 생각하는 사람에게 유령은 허구일 뿐이고, 없는 것이다. 반면 유령에 놀라 병들거나 죽은 사람에게 유령은 있는 것이지 반쯤 있는 게 아니다. 유령은 반쯤 있는 게 아니라, 있다고도 없다고도 할 수 있는 그런 존재다. 거기서 중요한 것은 유령이 있나 없나가 아니라 죽어서 없어야 할 존재가 산 자들 가운데 다시 나타난다는 사실이고, 그로 하여금 다시 나타나게 하는 이유를 통찰하는 것이다.

같은 의미에서 중도는 '중용'이 아니다. 중용이란 지나침과 부족함, 과다와 과소를 피해 중간을 취하는 것이고, 그를 위해 절제하는 것이다. 쉽게 말해 '오버'하지 않는 것이다. 중간이나 중용은 극단을 반쯤 떠나는 것이다. 그러나 양극단을 떠난다는 것은 선악, 유무 모두를 떠나는 것이지, 양극단을 반쯤 떠나 있는 게 아니다. 그래서 석가모니는 양극단뿐 아니라 가운데 또한 떠날 것을 설했다. "양극단에 집착하지 아니하고 가운데에도 집착하지 않아야 한다(《숫타니파아타》)." 마조 스님의 제자 대주 스님이 "마음에 이미 양변이 없으면 가운데가 또 어찌 있을 것인가?" 묻는 것도 이런 의미에서일 것이다.

중도는 유무를 떠나는 것뿐 아니라, 진위를 떠나고, 선악을 떠나고, 남과 여, 적과 친구 같은 모든 이항대립을 떠나는 것이다. 어디서나 이항적인 양극단을 떠나라는 가르침이다. 그런 점에서 중도는 어떤 문제나 사태에 적용되고 관철되어야 할 '사유의 방법'에 가깝다. 즉 사태나 문장을 명료하고 뚜렷하게 하여 진위를 정확하게 판단하려는 서구의 논리학적 사유방법과 반대로 양극단이 서로 섞이거나 중첩되기도 하고, 하나가 반대의 것으로 전변되는 아주 다른 종류의 '논리학'이다. 극단의 중간이 아니라, 극단을 넘나들며 해체하는 횡단의 사고다.

독일의 정치학자 칼 슈미트는 정치학이란 '적과 친구를 가르는 것'

친구와 적은 이렇게 반대 방향에 있다고들 하지만…

이 친구들은 '지금' 친구일까, 적일까?

©Christian Bertrand

퍼블릭 에너미, 공공의 적을 자처하는
방식으로 친구가 되는 게 가능할까?

"영원한 친구도, 영원한 적도 없다"

.
.
.

정치가나 조폭들이라면 잘 안다고 말할 것이다. 영원한 적도, 친구도 없다는 것. 조건에 따라
적이 친구가 되고, 친구가 적이 된다는 것을. 이 말은 조건에 따라, 나와의 이해관계가 달라짐
에 따라 달라진다는 말이고, 결국 내가 내 입장에서 적인지 친구인지 규정하게 됨을 뜻한다. 미
야자키 하야오의 애니메이션 〈바람계곡의 나우시카〉에서 나우시카 역시 친구나 적의 본성이
따로 없으며 조건에 따라 달라짐을 잘 안다. 그러나 여기선 반대로 자신의 입장이나 이해관계
에 따라 적이나 친구로 규정하지 않을 때 그러함을 아는 것이다. 지구를 불태운 전쟁의 신 '거
신병'조차 그는 '악'이나 '적'이라고 규정하지 않는다. 마스크 없인 잠시도 견딜 수 없는 '부해'
의 숲조차 그런 방식으로 공기를 정화하고 있음을 본다. 정치가 영원한 친구는 없으니 조심
하라고 경계하는 곳에서, 나우시카는 조건이 달라지면 모두가 친구가 될 수 있음을 본다. 적과
친구의 경계를 가변적이라고 보는 건 비슷해 보이지만, 아주 다른 평면 위에서 보게 된다는 점
에서 완전히 반대되는 세상에서 사는 것이다. '양변을 떠나는' 아주 다른 길이 있는 것이다.

이라고 정의한 바 있다. 그러나 중도의 논리는 적에게서 배울 줄 안다면, 적이 적인 채 그대로 친구가 될 수 있음을 본다. 적인 동시에 친구인 그런 적이다. 또한 '부처란 이런 것이다'라고 믿고 있는 한, 부처는 수행이나 사고의 진전을 가로막는 마구니(마귀 같은 것. 장애가 되는 존재)가 됨을 본다. 그래서 임제 스님은 "부처를 만나면 부처를 죽이고 가고, 조사를 만나면 조사를 죽이고 가라"고 했을 것이고, 조주 스님은 "부처가 있는 곳도 그냥 지나가라. 부처가 없는 곳은 얼른 지나가라"고 했을 것이다. 부처와 마구니의 양극단(이항대립)을 이런 식으로 가로지르는 횡단적 사유, 그것이 중도의 사유다. "모름지기 작가종사라면 끈끈한 (양변의) 속박을 벗겨주며 (두 극단의) 못과 쐐기를 뽑아주어야 한다. 한 곳만을 국집하지 말고, 종횡무진 자재하여야 한다(원오,《벽암록》(중), 장경각, 1993, 24쪽)."

3.
파격의
논리학

이런 횡단적 사고의 방법을 흔히 말하듯 '변증법'이라고 해도 좋을까? 변증법 또한 유와 무, 동일성과 차이 같은 상반되는 대립개념이 서로를 전제하고 필요로 함을 말하고 있으니 말이다. 그러나 변증법은 이항적인 대립개념을 '종합'하여 더 '높은' 단계로 고양시키며 '지양'한다. 두 대립개념을 종합하여 제3의 것을 만들어내어 그 안에 이전의 두 범주를 보존해둔다. 그런 식으로 대립되는 두 개념을 '화해'시켜 종합적인 중간을 만들고, 거기에 '더 높은 것'의 자리마저 부여한다. 반면 중도의 횡단적 사유는 두 개의 이항적인 개념 모두가 무의미해지는 궁지로 몰고 간다. 고양된 제3의 개념 같은 걸 만들기는커녕, 모든 개념을 무의미하게 만들어버린다. 높이 올라가는 대신 바닥 없는 심연abgrund 속에 밀어 넣는다. 개념적 구별을 떠받치고 있는 암묵적 가정이나 '근거grund'를 깨버리고, 백척 간두에서 한 걸음 더 나가라고 떠밀어버린다. 손에 잡힐 것 하나 남겨 두지 않고 "자, 거기서 어떻게 해야 올라오겠는가?"라고 묻는다.

조주 스님은 "개에게도 불성이 있습니까?"라고 묻는 학인의 질문에 단호하게 "없다"고 대답한다. 그걸로 끝이다. 있음과 없음을 종합해주는 고차원의 다음 범주 같은 건 없다. 그러나 난감한 것은 똑같이 개에게 불성이 있느냐고 질문한 다른 학인에게는 "있다"고 대답했다는 사실이다. 거기서도 그걸로 끝이다. 어쩌자고 앞뒤 안 맞는 대답을 하고 있는 것일까? 조주 스님은 있다고 생각하는 것일까, 없다고 생각하는 것일까?

하지만 따져 찾아내려 해본들 쓸데없는 짓이다. 그건 조주 스님의 견해를 알려주는 말이 아니기 때문이다. 아마도 앞의 질문을 했던 학인은 개에게도 불성이 있을 것이라고 믿고 있었을 것이다. 조주 스님은 그것을 간파했던 것이고, 그런 견해나 믿음을 그 자리에서 부수어버리기 위해 "없다"고 답한 것이다. 반대로 뒤의 학인은 개에게 무슨 불성이 있으랴 생각했을 것이다. 조주 스님의 밝은 눈은 그걸 간파했을 것이고, 그래서 "있다"라는 말로 그의 생각을 깨버렸던 것이다. 여기에는 어떤 '종합'도 없다. 종합이 만들어낸 어떤 '견해'도 없다. 조주 스님의 대답은 자신이 생각한 답을 알려주려는 게 아니라, 마주선 학인이 갖고 있는 견해를 뿌리째 뽑아버려 모든 견식이 통하지 않는 무의 심연 속으로 밀어 넣는 것이다. 그리고 "자, 거기서 어떻게 하겠나?"라고 묻고 있는 것이다. 그런 의심의 힘으로 스스로 그 심연에서 벗어날 길을 찾으라고 하는 것이다.

이런 의미에서 중도의 사유는 형식논리학은 물론, 변증법적 논리학과도 아주 다르다. 그것은 사유를 선규정하고 제한하는 틀, 인식의 격자格子를 깨부수는 파격破格의 언행이란 점에서 차라리 '반논리학'이라고 해야 할 것이다. 아니, 그 또한 사유의 틀을 깨주기 위해 수많은 선사가 반복하여 사용한 파격의 방법이란 점에서 '파격의 논리학'이라고 해도 좋을 것이다. 중국의 선사들이 탁월하게 발전시켜온 이 파격의 방법은 운동이나 지속 등에서 발견되는 중도의 '존재론'이나 사회적 차원에서 요구되는 중도의 '인식론'과 다른 차원에서 발전된 모든 논리를 무력화시키는 기상천외한 '논리학'이다.

파격破格이란, 격格을 파破하는 것이다. 이는 《대학》에 나오는 '격물치지格物致知, 모든 사물의 이치를 끝까지 파고들어 앎에 이름'라는 말과 대조된다. 주희가 《대학》의 문구만으로는 부족하다면서 몇 글자를 보충하며 해석했던 이 말은 이후 유학자 사이에서 사물의 이치에 도달하는 방법으로 간주되었다. 여기서 '격'이라는 말은 사람에 따라 다르게 해석되었다. 그런데 격이란 말이 '바로잡음'을 뜻하는 것이든, '이치를 궁구하는' 것이든 대개는 바로 잡기 위한 틀이나 궁구할 이치를 전제한다. '격'이란 바로 그런 틀이나 이치를 뜻하는 말이다. 사유의 격자格子, 인식의 격자다. 그런 틀이나 이치 안에서 아무리 바로잡아 봐야 틀 안에서 바로잡는 것이고, 그 틀에 맞추는 것이다. 그 안에서 아무리 멀리 밀고 가봐야 틀이나 이치를 벗어나지 못한다. 반대로 틀의 작용을 완성해줄 뿐이다. 틀 안에 사물이나 사태를 가둘 뿐이고, 틀 안에서 보던 대로 보고 생각하게 할 뿐이다. 파격이란 이 틀을 깨는 것이다. 눈 안에 들어선 격자, 사유를 직조하는 '이치'를 파괴하여 틀을 벗어나서 사유하게 하는 것이다. 이를 위해 선은 그 틀을 구성하는 두 개의 중심축을 깨고, 사유를 직조하는 날실과 씨실을 해체해버리는 것이다.

석가모니께서 했다는 '천상천하 유아독존'의 의미를 묻는 질문에 "내가 그 자리에 있었다면 그놈의 주둥이를 찢어 개에게 던져주었을 것이다"라는 운문 스님의 충격적인 대답은 불조의 말이라면 어떤 것이든 옳다고 믿고 그럴듯하게 해석하려는 틀에 갇힌 사고를 깨기에 충분하다. 조주 스님이 달마대사가 서쪽에서 온 이유를 묻는 학인의 질문에, 다시 말해 그가 전하려는 불법의 요체를 묻는 질문에 "뜰 앞의 잣나무"라는 뜬금없는 대답을 했던 것도, 그 질문이 어느새 가정하고 있는 불교적 지식이나 사고방식 혹은 불법의 대의에 대한 관념을 무효화시키며 질문한 이의 사고틀을 깨려는 것이었을 게다. 원오스님은 신풍 스님의 말을 인용하여 이렇게 쓰고 있다. "불조佛祖의 말씀과 가르침을 숙생宿生의 원수처럼 보아야 비로소 참선할 자격이 있다. 만일 (그것을) 뛰어넘지 못한다면 불조에게 속임을 당하게 된다(《벽암록》(중), 25쪽)." 물론 "불조께서 사람을 속이려는 마음이 있었겠습니까?"라고 물을 수 있을 것이다. 하지만 그 말을 받은 용아 스님 말대로 '강과 호수가 사람을 막아 세우려는 마음'이 없었음에도 막아 세우게 되듯이, 속이려는 마음이 아니라 불법을 전하려는 간곡한 마음이 있었어도 그 말에 매이고 사고의 틀에 매이게 되면 불조에게 속임을 당하게 된다.

이미 불조들이 노파심을 담아 일러준 말이나 글, 경전이나 논서를 불살라버릴 듯 비난하는 것은 바로 이 때문이다. 이런 파격의 힘이 없다면 '색즉시공 공즉시색'을 말하고, "형상 없는 곳에서 형상을 본다"

고 말하는 모든 답은 이항적인 대립개념으로 직조된 또 하나의 틀 안에서 말장난을 하는 것에 지나지 않는다. 그런 개념을 적절히 섞어 말하면 양변을 떠나 말하는 것이 되리라고 믿는 것처럼 중도의 사유법에 반反하는 것은 없다. 자신이 스스로 사유하는 게 아니라 얻어들은 개념이나 지식을 늘어놓는 것은 사유도 깨달음도 아니기 때문이다. 그렇기에 그런 답을 쉽게 입에 담았다간 양 볼에 귀싸대기를 맞거나, 고함에 고막이 터져나갈 것이다.

따라서 파격의 논리학으로서 중도의 사유는 어쩌면 중간의 균형을 취하는 게 아니라, 개념에 달라붙은 균형을 깨고 양변보다 더 먼 극단으로 밀고 가는 것이라고 해야 할 것이다. 사고의 가장자리邊이자 한 계지대를 이루는 틀 너머까지 밀고 나가는 것이고, 그러면서 그 틀 자체를 파괴해버리는 것이다. 사고의 격자를 직조하는 두 개의 이항대립을, 사고의 날실과 씨실을 끊어 사고가 기대고 있는 양변이 사라져버리는 지점까지 밀고 가는 것이다. 그리고 양변보다 더 멀리 가는 것이다, 양변이 사라지는 곳까지. 가령 부처와 속인의 양변을 떠나는 것은 때로는 부처처럼 살고, 때로는 속인처럼 사는 게 아니다. 부처보다 더 멀리 밀고 가 부처가 사라진 지점에서 부처를 묻고, 속인들보다 더 멀리 밀고 가 속인을 보는 것이다. 부처를 만나면 부처를 죽이고 가라던 임제 스님은 심지어 속인의 경계를 넘어서 무간지옥으로까지 밀고 가라고 말씀한다. "대덕들이여! 무간지옥에 떨어질 다섯 가지 업을 지어야 바야흐로 해탈하게 된다." '헉! 불도를 깨친 분 입에서 어떻게 저런 말씀이 나올 수 있는 거지? 대체 무슨 말을 하려는 거지?' 더없는 당혹감 속에서 이런 의문이 생겨나는 곳, 무간지옥 저편 바로 그곳이 선사들의 노파심이, 중도의 논리학이 치고 들어가는 곳이다. 혹시 이를 놓칠까 싶은 노파심에 임제 스님은 다시 묻게 한 후 대답한다.

"무엇이 무간지옥에 떨어질 다섯 가지 업입니까?"

"아버지를 죽이고, 어머니를 해치며, 부처님의 몸에 피를 내고, 화합승단을 깨뜨리며, 경전과 불상을 불사르는 것이 그것이다."

"무엇이 아버지입니까?"

"무명無明이 아버지이니, 그대들의 한 생각 마음이 꺼졌다 일어났다 하는 곳을 찾을 수 없어 허공에 메아리 울리듯 하여 어디를 가나 아무 일 없는 것을 아버지를 죽인다고 한다."

"무엇이 어머니입니까?"

"탐내고 사랑함이 어머니이니, 그대들의 한 생각 마음이 욕계에 들어가 그 탐내고 사랑함을 찾아보아도 오직 모든 법이 빈 모양임을 볼 뿐이어서 어디에나 집착하지 않음을 어머니를 해친다고 한다."

"무엇이 부처님 몸에 피를 내는 것입니까?"

"그대들이 청정한 법계에서 한 생각 마음에 알음알이를 내지 않아 어디나 칠흑처럼 캄캄한 것을 부처님 몸에 피를 내는 것이라 한다."

"무엇이 화합승단을 깨뜨리는 것입니까?"

"그대들의 한 생각 마음이 번뇌에 매였음을 정확히 알아 허공처럼 의지할 데가 없음을 화합승단을 깨뜨리는 것이라 한다."

"무엇이 경전과 불상을 불사르는 것입니까?"

"인연이 비고 마음과 법이 비었음을 보아서 결정코 한 생각이 되어

초연히 아무 일 없으면, 그것을 경전과 불상을 불사르는 것이라 한다. 대덕들이여! 만약 이를 체득할 수 있다면, 범凡이니 성聖이니 하는 이름에 구애되지 않을 것이다."

제9장

사물의 구원, 혹은 쓸모없는 것들의 존재론

공: 존재의 사유와 순수 잠재성

1.
연기적 조건 '이전'의 존재

연기법은 어떤 것도 그것이 기대고 있는 연기적 조건에 따라 본성이 달라진다고 설한다. 본성이 달라지니 규정성도 달라진다. 가령 달걀이 어미의 따뜻한 품속에 들어가면 병아리가 되지만, 냄비의 뜨거운 물속에 들어가면 삶은 달걀이 된다. 똑같은 달걀이지만 전자의 경우에는 한 생명체의 '알'이고, 후자의 경우에는 음식물의 재료다. 다른 본성을 갖고 다른 규정성을 갖는 것이다.

그런데 그런 연기적 조건에 처하기 이전이라면 어떨까? 어미의 품도, 뜨거운 물도 만나기 이전의 달걀이라면? 닭이 낳은 알이니 한 생명체의 수정란일 것이다. 그러나 그것이 병아리가 되지 못하고 그저 인간이 먹을 음식물이 될 뿐이라면, 그걸 '수정란'이나 '알'이라고 말하는 게 무슨 의미가 있을까? 슈퍼마켓에서 파는 달걀은 차라리 식재료라고 해야 더 실재에 가까울 것이다.

여기서 달걀은 '알'이라고 하는 생각이나 '식재료'라고 하는 생각은 모두 이후 그것이 처하게 될 연기적 조건을 상상하고, 그 속에서 얻게 될 규정성을 미리 부여한 것이다. 연기적 조건 이전의 본성 같은 걸 생각하려면, 그 모든 상상마저 삭제해야 한다. 성분이 무엇인지를 따지는 것도 이미 무언가 또 다른 연기적 조건을 암묵적으로 떠올리고 있는 것이다. 단백질과 지방이 몇 퍼센트인지 따지는 건 이미 음식물을 염두에 두고 있는 것이다. 가령 싫어하는 사람을 향해 던질 달걀이라면 어떤 성분인지를 따지지 않기 때문이다. 그저 깨지면서 누군가를 불편하게 할 끈적대는 성질이면 족하다.

모든 본성이나 규정성은 연기적 조건과 함께 오는 것이기에 연기적 조건 모두를 지우면 남는 것은 아무런 본성도, 어떤 규정성도 없는 무엇이 된다. 어떤 규정성도 없음, 그것이 '공空'이다. 어떤 규정성이나 본성이 없기에 연기적 조건에 따라 그 조건이 규정하는 규정성을 받아들일 수 있다. 그렇기에 공은 단지 '없음'을 뜻하는 '무無'가 아니다. 그건 차라리 가능한 규정성들이 너무 많아서 하나로 규정할 수 없는 상태라고 하는 게 더 적절하다. 알도 될 수 있고, 식재료도 될 수 있고, 남을 괴롭힐 무언가가 될 수도 있고, 실험재료도 될 수 있고…. 규정성은 없지만 수많은 규정 가능성을 갖는 상태가 바로 공이다.

이런 점에서 공이란 개념은 연기란 개념과 짝을 이룬다. 어떤 것이 음식물이나 생명체가 되게 하는 것이 연기적 조건이라면, 어떤 연기적 조건과도 만나기 이전의 상태가 공이다. 그렇기에 어떤 것의 본성이 '공'함을 본다는 것은 텅 빈 허공을 보는 것도, 아무 것도 없는 무를 보는 것도 아니다. 그것이 만나게 될 연기적 조건에 따라 얻게 될 규정 가능성들을 보는 것이고, 그 조건에 따라 얼마든지 다른 것이 될 수 있는 잠재성을 보는 것이다. 공성을 본다 함은 수많은 규정 가능성을 향해 열려 있음을 보는 것이고, 최대치로 열린 잠재성 속에서 어떤 것을 보는 것이다.

알다시피 '줄기세포stem cell'란 유기체의 특정한 기관의 일부로 분화되기 이전의 세포다. 수정란과 비슷한 상태여서, 아직 어떤 기관으로 분화되지 않은 상태의 세포다. 이 세포는 어느 기관, 어느 세포와 만나는가에 따라, 즉 연기적 조건에 따라 다른 세포로 분화된다. 척추 속의 신경세포 속에 끼워 넣으면 신경세포가 되고, 피부에 끼워 넣으면 피부세포가 되고, 허파 속에 끼워 넣으면 허파세포가 된다. 그냥 발생시키면 독자적인 개체가 된다. 그래서 어떤 것도 될 수 있는 세포란 의미에서 '만능세포'라고도 한다.

그것이 만능인 것은 아직 어떤 세포로도 분화되기 이전이기 때문이다. 그것과 만나는 조건에 따라 어떤 세포도 될 수 있는 것은 그 모든 규정성 이전의 상태에 있기 때문이다. 그것은 어떤 규정성도 없지만, 가능한 모든 규정성을 다 갖고 있는 상태, 즉 수많은 규정 가능성을 가진 상태다. 그 규정 가능성의 폭이 바로 세포의 잠재성을, '만능'이라고 명명되는 잠재적 능력을 뜻한다.

연기에서 공으로 '거슬러 올라감'은 이처럼 연기적 조건 이전으로 물어 올라감이고, 규정성 이전의 잠재성으로 올라가는 것이다. 물론 '줄기세포'는 아직 충분히 물어 올라가지 못한 것이다. 줄기세포라는 규정에 머물러 있기 때문이다. 유기체의 세포 속에 밀어 넣으려는 규정 요인이, 유기체라는 조건이 특정한 목적에 맞추어 변형하려는 치료적 내지 실험적 조건이 그걸 규정하고 있기 때문이다. 그런 조건 일체를 삭제한다면 어떻게 될까? 연기적 조건과 더불어 그것에 주어진 모든 규정성이 사라질 것이다.

공성의 사유는 모든 연기적 조건으로부터 추상하여, 연기적 조건 이전에 그것이 무엇인지를 보는 것이다. 그래서일 것이다. 용수Nagarjuna의 〈중송〉에 붙인 주석에서 청목Nilanetra은 공성을 사유하려는 이유에 대해 이렇게 쓴다. "십이연기나 오온, 십이처, 십팔계 등의 결정적(규정된) 상을 추구하기만 하여 부처님의 의도하신 바를 알지 못하고…(《중론》, 경서원, 1993, 28쪽)." 그래서 규정된 상 이전으로 거슬러 올라가려는 것이다. 이렇게 더욱 근본으로 물어 올라갈 때 만나게 되는 것, 그게 바로 공이다. 들뢰즈 식으로 말하면, 모든 규정에서 벗어난 순수 잠재성이다.

공성을 본다 함은 연기적으로 규정된 상에서 거슬러 올라가 연기적 조건 이전엔 어떤 규정도 갖지 않음을, 어떤 의미도 갖지 않음을 보는 것이다. 그것은 분명 무규정성이지만 그것이 만나게 될 연기적 조건에 따라 이런저런 규정성을 갖게 될 무규정성이고, 무의미지만 조건에 따라 이런저런 의미를 갖게 될 무의미다. 그것은 규정 가능성을 갖는 무규정성이고, 다양한 의미화를 향해 열린 무의미다. 그것은 아무것도 없음을 뜻하는 무가 아니라, 수많은 규정 가능성을 갖는 무규정성이다. 수많은 규정 가능성을 갖기에 어느 하나의 규정성을 부여할 수 없는 잠재성이다.

생명체가 아니어도 마찬가지이다. 물 분자의 일부로서 산소라는 이웃한 원자와의 결합에서 분리된 수소는 이제 물 분자이기를 중단한다. 그것은 이웃한 수소원자와 분리되어 수소이길 중단한 수소원자와 이웃한 탄소원자와 분리되어 메틸기로부터 분리된 수소와 구별되지 않는다. 그것은 그 자체로는 어떤 분자적 성질을 갖지 않는 입자다. 역으로 그것은 수소나 물, 메틸기 혹은 메탄이나 에탄올, 아세트산 등 수많은 분자 속으로 들어가 수많은 분자적 규정성을 가질 수 있는 잠재성을 갖는 입자다. 과잉된 잠재적 규정성을 갖기에, 어느 하나의 규정성을 부여하는 것이 불가능한 상태가 공이다.

물론 수소원자는 수소원자로서의 특정한 성질을 갖는다. 여기서 다시 거슬러 올라가는 길을 갈 수도 있다. 수소원자라는 조건에서 분리된 양성자나 전자로, 그것들의 성질이 사라지는 더 일차적인 또 다른 소립자로. 삼매(마음의 집중, 몰입)로 얻은 주시의 능력을 통해 오온이나 미립자인 원소로 거슬러 올라갔던 아비달마 시대의 수행자들은 아마도 그런 식으로 궁극의 최소 입자를 향해 갔던 것일지도 모른다. 그러나 그 경우 공은 근원에 있는 어떤 원소적인 상태를 뜻하는 것이 될 것이고, 공을 보기 위해선 상태와 시간을 거슬러 올라가는 환원의 길을 따라가야 한다고 오해하게 될 것이다. 이는 공을 보기 위해서는 '공성을 갖는 것들'의 세계로 거슬러 올라가야 한다는 식의 오해가 될 것이다.

중요한 것은 수소원자가 수소원자인 채 공성을 가짐을 보는 것이고, 물이 물인 채, 줄기세포가 줄기세포인 채, 달걀이 달걀인 채, 사람이 사람인 채 공성을 가진 존재임을 보는 것이다.

시간은 있는 것일까?

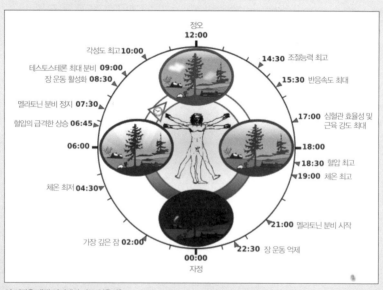

이 시간은 대체 어디에서 가고 있을까?

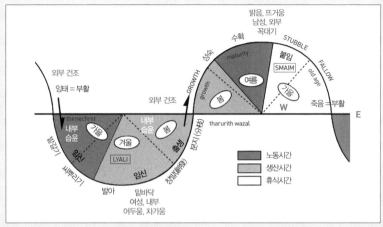

이 시간은 대체 어디에 있는 것일까?

이 시간은 대체 어디에 있는 것일까?

시간 이전의 시간

《중론》은 시간에 관한 파격적 명제를 제시한다. "시간은 없다"는 것이 그것이다. 시간은 이탈리아어로 템포tempo라 한다. 음악에서 다른 악기들이 서로 리듬을 맞추어 연주함에 따라 만들어지는 것, 그게 템포다. 우리의 신체도 각각의 시간을 갖는다. 산을 오르기 위해 근육이 힘들여 움직일 때, 허파와 심장은 그에 맞추어 빨리 움직여주어야 한다. 그러지 않으면 죽는 수가 있다! 자려고 누웠는데 심장이 속도를 늦추지 않으면 잠을 잘 수 없다. 달력으로 표시되는 시간은 환경의 변화에 인간이 리듬을 맞추기 위해 만들어낸 것이다. 그것에 맞추지 못하면 농사는 실패한다. 제의나 세시풍속으로 표시되는 시간은 공동체를 이루는 사람들이 리듬을 맞추어 만들어낸 것에 기반한다. 구성요소들이 서로 결합하여 하나로 개체화되려면 이처럼 리듬을 맞추어 '하나처럼' 움직여야 한다. 시간은 이때 탄생한다. 개체화가 중단되면 그 개체의 시간도 소멸한다. 하나처럼 맞추어 움직이는 것에 연(緣)하여 시간은 발생한다. 그 이전에 시간은 없다. 이는 모든 연기적 결합, 모든 리듬적 동조를 향해 열려 있음을 뜻한다. 모든 시간을 향해 열린 순수 잠재성, 《중론》이 말하는 시간의 공성이란 이런 것이다.

사람이란 규정성을 가진 그대로 수많은 규정 가능성을 가진 무규정적 존재임을 보는 것이다. 그래서 《금강경》에선 상相 있는 것, 즉 규정성을 갖는 모든 것이 공함凡所有相 皆是虛妄을 지적하면서 "모든 상 있는 것에서 상 없음을 보면 여래를 보리라若見諸相非相 卽見如來"고 했다. 이는 이미 어떤 연기적 조건에 기대고 있기에 어떤 규정성을 갖고 있지만, 그 규정은 조건에 따른 것이며, 그렇기에 조건이 달라지면 얼마든지 달라질 수 있음을, 그런 변화에 열려 있음을 보는 것을 말한다.

따라서 '거슬러 올라감'이라고 했지만, 그것은 사고와 통찰의 운동 방향을 표시하는 것이지, 실제로 시간을 따라 거슬러 올라가는 것은 아니다. 있는 그대로의 상태에서 그것의 공성을, 잠재성을 보는 것이다. 그리고 그것이 다른 규정 가능성에 열려 있음을 보는 것이고, 새로운 규정성을 향해 지금의 그것을 바꾸어가는 것이다.

따라서 수정란이나 줄기세포만이 아니라 이미 발생하여 기관이 된 것에서도 현행적 규정성과 다른 잠재성을 본다면, 또한 현행적인 것과 다른 것이 될 수 있는 능력을 본다면 그것은 현행의 연기적 조건을 '거슬러 올라가' 공성을 보는 것이다. 그 현행성 속에 '숨은' 다른 가능성을 보고, 그것이 실제로 구현될 수 있도록 새로운 조건 속에 밀어 넣는 것이다. 가령 음식물을 먹어 영양소를 섭취하는 기관으로 작동하고 있는 입을 공기의 흐름을 적절하게 조절하여 말로 바꾸는 기관으로 바꾸는 것은 입이 갖고 있는 그 잠재성을 가동시키는 것이다. 이는 입이 갖고 있는 공성으로 인해, 다른 규정성을 향해 열린 그 잠재성으로 인해 가능한 것이다. 잠재성이 크다고 함은 이런 가변성이 큼을 뜻한다. 공성이란 모든 가변성의 '바탕'이고 '근거'다. 발을 디딜 어떤 규정이 없다는 점에서 바닥 없는 근거다.

2.
불생불멸의
잠재성

우리는 어떤 소리를 들으면 아름답다고 느끼고, 어떤 소리를 들으면 시끄럽다고 느낀다. 하지만 아름다운 소리와 시끄러운 소리를 가르는 명료하고 뚜렷한 기준은 없다. 예전에는 '화음'이라고 불리는 '음악적 소리'와 화음 아닌 소리, 즉 비음악적 소리가 음정 같은 개념에 의해 명료하고 뚜렷하게 구별될 수 있다고 믿었다. 그러나 초기 '현대 음악가'인 에드가 바레즈Edga Varèse는 망치질 하는 소리나 사이렌 소리도 음악적 소리로 사용한다. 또 소닉 유스Sonic Youth나 마이 블러디 밸런타인My Bloody Valentine 같은 록그룹은 처음부터 끝까지 '소음'을 연주한다. 놀라운 것은 그런 소음을 사용한 노래에 대중이 대대적인 열광과 지지를 보냈다는 사실이다. 예컨대 소음으로 가득 찬 소닉 유스의 〈틴에이지 라이엇Teenage Riot〉은 상업적으로 대단한 성공을 거둔 곡이다. 이로 인해 음악적 소리와 비음악적 소리가 따로 있다는 생각은 세상모르는 소리가 되었다. 모든 소리가 음악적 소리가 될 수 있게 된 것이다. 존 케이지John Cage의 〈4분 33초〉는 소리 없는 침묵마저 음악적 소리의 일부임을 보여주었다.

하지만 모든 소리가 아름답다고 할 수는 없고, 모든 소리가 바로 음악적 소리라고 할 수 없다. 우리는 여전히 시끄러운 소리와 아름다운 소리를 구별하고, 음악적 소리 안에서 좋은 소리와 그렇지 않은 소리마저 구별한다. 어떤 소리가 아름다운 소리가 되는가, 아닌가는 그 소리가 만나게 되는 연기적 조건에 의해 규정된다. 심지어 똑같은 소리도 어떤 때는 아름답게 들리고 어떤 때는 시끄럽게 들린다. 가령 힘들고 지친 사람에겐 베토벤이나 브람스의 멋진 음악도 시끄럽고 불편한 소리에 지나지 않는다.

모든 소리가 음악적 소리가 되었다는 것은 어떤 주파수의 소리도 음악적 소리가 될 수 있다는 말이다. 즉 모든 소리가 음악적 소리가 될 잠재성을 갖게 되었다는 말이고, 음악적 소리로 규정될 수 있음을 뜻한다. 이는 그 소리가 연기적 조건을 떠나 어떤 규정성을 갖지 않은 상태에 대해 하는 말이다. 반대로 조건에 따라 지금 음악으로 연주되고 있는 저 소리도 시끄러운 소음이 될 수 있음을, 그런 잠재성을 갖고 있음을 뜻한다. 소리의 공성을 본다 함은 이를 보는 것이다. 따라서 이런 차원에서 소리에는 아름다움도 추함도, 깨끗한 소리와 더러운 소리도 없다. 어떤 것도 될 수 있는 소리, 혹은 공기의 파동 그 자체만 있을 뿐이다. 순수 잠재성의 세계, 공의 세계에는 깨끗함도 더러움도 없다 不垢不淨, 불구부정 함은 이런 의미이다.

어떤 것도 될 수 있는 무규정적인 소리 그 자체, 그것은 공기가 파동을 갖게 될 잠재성 자체에 속한 것이다. 개개의 소리가 갖는 소리와 다른 차원에서 모든 규정 가능성을 갖는 이러한 소리 자체와 공기가 파동화될 수 있는 능력 자체는 모든 소리의 '근본'이고 '바탕'이란 점에서 소리의 '체體'라고 할 수 있다. 각각의 소리는 이런 체로서의 소리 자체, 순수 잠재성으로서의 소리가 특정한 조건에 의해 특정한 파동을 얻게 되고, 그런 파동이 이웃한 다른 파동이나 소리가 들려지는 조건 등과 만나며 이런저런 소리로서 규정된다.

구체적인 소리들은 조건에 따라, 가령 음악당인가 선방인가, 강연장인가 도서관인가에 따라 늘어나고 줄어들 수 있다. 하지만 그런 소리가 될 수 있는 순수 잠재성으로서의 소리 자체, 파동화될 수 있는 공기의 능력 자체는 늘지도, 줄지도 않을 것이다不增不減. 부증불감. 심지어 아무것도 연주되지 않고 말하거나 우는 동물이 모두 멸종한 시대라고 해도 파동이 될 수 있는 공기의 능력 자체, 순수 잠재성으로서의 소리 자체는 사라진 것이 아니다. 반대로 신시사이저 같은 전자장비를 통해 새로운 소리를 무수히 만들어낸다고 해서, 파동이 될 수 있는 공기의 능력이 새로 생겨나거나 늘어난 것은 아니다.

개개의 소리는 우리가 발성을 하거나 듣거나, 연주를 하거나 자고 있을 때처럼, 조건에 따라 발생하기도 하고 소멸하기도 한다. 하지만 순수 잠재성 차원에서 모든 소리가 될 수 있는 소리 자체는 발생하지도 않으며, 소멸하지도 않는다不生不滅. 불생불멸. 만약 어떤 주파수의 소리로 발생했다면 피아노 소리나 클랙슨 소리 등 특정한 소리로 들리겠지만, 그것은 파동이 될 수 있는 잠재성으로서의 소리 자체는 아니다. 그저 하나의 파동이고, 하나의 소리일 뿐이다. 그 소리는 파동이 사라저 0이 되면 들리지 않게 되겠지만, 그렇다고 소리가 될 공기의 잠재성 자체가 사라지는 건 아니다. 순수 잠재성으로서의 소리 자체, 소리의 체는 특정한 소리가 생멸하는 바탕에 있으며 그 생멸을 가능하게 하지만, 그 자체는 생멸하지 않는다. 생멸하지 않는 그 공성으로 인해 사실은 바로 그 생멸하는 소리가 만들어지고 변화되며 들리는 것이다. 소리가 존재하는 곳이면 어디든지 존재하는 것이 바로 불생불멸의 소리 자체, 파동이 될 수 있는 공기의 능력(잠재성) 자체이기 때문이다.

공의 세계에 대해 말하며 불생불멸, 불구부정, 부증불감을 말하는 것은 연기적 조건을 추상하여 순수 잠재성으로 거슬러 올라가, 체를 이루는 영역에 대해서 말하는 것이다. 그러나 앞서 말했듯이 이는 시간을 거슬러 올라가는 것도 아니고, 따로 존재하는 별개의 원소적 소리를 찾아내는 것도 아니다. 체로서의 소리 자체가 갖는 공성이란 각각의 소리가 연주되거나 중지되는 생멸의 활동이 있는 바로 그 상태에 존재하는 것이다. 공기의 파동을 감지해 피리 소리인지 망치 소리인지를 듣는 능력이 없다면 공기의 파동은 그저 공기의 흔들림에 지나지 않을 뿐이다. 그것은 나뭇잎이나 비행기를 흔드는 진동이나 바람 같은 건 될지언정 소리로 포착될 수는 없다. 이 경우 공기의 파동을 소리라고 말하는 건 무의미하거나 불가능하다. 공한 소리 자체의 본성은 구체적인 소리가 없다면 없는 것이다. 생멸의 세계와 불생불멸의 세계가 둘 아닌 하나로 존재한다고 함은 이런 의미이다.

그러나 양자를 단지 하나라고 할 수는 없다. 소리 자체라고 명명한 공기의 잠재성을 피리 소리, 북소리 등 현행화한 소리와 같다고는 할 수 없기 때문이다. 북소리라는 특정한 소리로 현행화한 순간에도 공기의 파동화될 능력인 소리 자체는 동시에 존재하지만, 그 잠재성은 북소리라는 규정성 바깥으로 물러나 존재한다. 북소리라는 규정성의 조명 뒤에 만들어지는 무규정성의 어둠 속에 머문 채 존재한다. 북소리 아닌 다른 소리가 될 가능성을 열어두는 잠재성의 세계 속에 존재한다. 순수 잠재성으로서의 소리 자체는 어떤 소리로도 현행화될 수 있는 규정 가능성을 갖는다. 하지만 어떤 소리로도 규정될 수 없으며, 하나의 규정된 소리가 나는 순간 무규정성의 어둠 속으로 숨는다는 의미에서 규정 불가능한 것이다. 그 규정 불가능성은 어떤 소리든 될 수 있다는 규정 가능성의 이면이다. 북소리로 현행화된 규정성과 무규정성 속에 머문 채 다른 규정 가능성을 열어두며 존재하는 규정 불가능성은 하나인 동시에 하나가 아닌 것이다. 요컨대 공이란 규정 가능성을 갖지만, 규정하는 순간 그 규정성 밖으로 벗어나버리는 무규정적 잠재성이다. 모든 규정성의 바깥이다. 그렇기에 말할 수 없는 것이고, 규정 불가능한 것이다. 모든 규정성을 가능하게 해주는 규정 불가능성이다.

소리처럼 색채와 형태에 대해서도 마찬가지로 말할 수 있다. 이런저런 색채가 칠해지고 지워지며 만들어지는 세계란, 모든 색채가 될 수 있는 빛의 잠재성으로 인해 가능한 것이기 때문이다. 어떤 형태도 될 수 있는 선이나 면의 능력(잠재성), 하지만 어떤 형태도 아닌 무규정적인 순수 잠재성이 그때그때 조건에서 이런저런 형태를 가능하게

하는 것이다. 모든 색채가 사라진다고 해도 빛의 그 능력이 사라지는
건 아니고, 모든 형태가 사라진다고 해도 선이나 면의 능력이 사라지
는 건 아니다. 하지만 그것은 빛의 파동을 색으로 포착할 능력이 없다
면, 선의 움직임을 형태로 지각할 능력과 만나지 못한다면 결코 색도,
형태도 될 수 없다. 이런 점에서 그런 능력과 그 능력이 포착하는 이
런저런 색이나 형태와 더불어 존재하는 것이라고 해야 한다. 생명에
대해서도 마찬가지로 말할 수 있다. 사람이든 코끼리든, 혹은 소나무
든 버들강아지든, 이런저런 규정성을 갖는 생명체가 자신이 처한 조
건에서 살아가게 하는 능력, 그 순수 잠재성이 바로 생명이고 생명력
이기 때문이다. 그것은 이런저런 조건에서 어떤 생명체가 살아갈 수
있게 해주는 능력 그 자체다. 그런 능력은 특정한 생명체의 능력이 아
니라, 생명 그 자체에 속하는 능력이다. 코끼리나 소나무 같은 생명체
와 별개로 따로 떨어져 존재하지 않는다. 그 생명체들과 함께 존재하
며, 그런 생명체들로만 존재할 뿐이다.

3.
존재는 왜
보이지 않는가

어떤 소리도 될 수 있는 잠재성이기에 어떤 소리도 아닌 '소리 자체'와 우리의 귀를 끊임없이 울리는 오는 모든 소리 전체에서 진제眞諦와 속제俗諦의 둘 아닌 세계를 발견할 수도 있다. 그리고 여기에 하나의 체體와 수많은 상相을, 그 상들의 다종다양한 용用을 대응시킬 수도 있다. 스피노자의 개념에 익숙한 사람이라면 실체의 한 속성과 수없이 많은 양태의 세계를 재발견할 수도 있다.

그런데 공성이 모든 것의 체를 이룬다고 한다면, 어떤 하나의 사물이나 한 사람에 대해서도 공성을 볼 수 있어야 하지 않을까? 수많은 소리의 체를 이루는 공성을 보는 것은 진동의 주파수로서 소리 자체의 잠재성을 볼 수 있지만, 어떤 한 사람이나 하나의 사물에서 공성을 본다는 것은 무엇일까?

어떤 사람이든 이런저런 규정을 갖고 있으며, 교체되기도 하고 중첩되기도 하는 수많은 규정성 속에서 산다. '프란츠 파농Franz Fanon'이란 이름을 갖는 어떤 사람에 대해 생각해보자. 그는 마르티니크 출신의 흑인이다. 즉 그런 규정을 갖는다. 그리고 한때 식민모국이었던 프랑스에서 지원병으로 근무한 바 있으며, 의과대학에 들어가 의사가 되었다. 정신의학을 공부했고 알제리에서 임상을 하며, 알제리해방운동에 참여했다. 이 모두가 그 사람에 대한 규정이다. 우리가 어떤 사람을 알기 위해 찾아보는 프로필, 혹은 그가 거쳐 간 삶의 연대기는 이런 규정들의 집합이다. 그런 규정들을 모두 안다면 그가 어떻게 살았는지를 짐작할 수 있을 것이고, 그런 만큼 그가 어떤 사람인지 알 수 있을 것이다. 우리는 그렇게 믿는다.

그러나 파농은 어느 기차 칸에서 "어머, 흑인이야!"라는 한 소녀가 조그맣게 내뱉은 한마디로 인해 자신이 누구인가에 대해 눈을 돌리게 된 얘기를 쓴 적이 있다(《검은 피부, 하얀 가면》). 그때 '흑인'이라는 규정은 그가 누구인지를 알려주는 것이지만, 사실은 그가 누구인지를 알지 못하게 하는 것이다. 그 규정 속에서 그는 단지 한 사람의 흑인, 그것도 백인들이 부여한 결코 편치 않은 위치나 의미들에 포위된 흑인으로만 파악될 뿐이다. 그는 '흑인'이란 규정에 가려 보이지 않는 자신의 존재를, 자신의 참 모습을 안타까워한다. 그런 규정 앞에서 그는 상처받고 절망한다.

'흑인'이란 그 규정을 벗어날 수 없는 한, 그것에 의해 가려진 자신의 존재는 누구도 알아보지 못할 것임을 절감한다. 그저 한 사람의 흑인일 뿐이다. 흑인이라는 규정은 그가 어떤 사람인지 알게 해주기보다는 알 수 없게 해주는 요인인 것이다. 흑인에 대해 호감을 갖고 있다면 크게 달라질까? 부호만 바뀐 어떤 하나의 대상에 머문다고 해야 하지 않을까?

그렇다고 그가 흑인이란 규정 대신 의사라는 잘난 규정을 들이밀고 싶었던 건 아닐 것이다. 의사라는 규정은 '흑인'이란 말에 절망하면서 흑인들의 정신세계에 다가가고자 했던 젊은 날의 그에 대해 알려주는 것이 별로 없다. 의사라는 잘나가는 직업, 좋은 입학성적으로 추론되는 지적 능력, 혹은 돈을 벌어 출세할 가능성이나 명석한 재능 같은 것을 짐작하는 것으로 그의 '존재'에 다가갈 수 있다고 누가 말할 수 있을까? 그것은 '흑인'이란 규정만큼이나 그 사람의 '본체'에 다가갈 수 없으며, 다가가는 걸 저해하는 규정일 뿐이다.

정신의학자나 알제리해방운동의 전사 같은 규정 또한 이와 근본적으로 다르지 않다. 어떤 규정도 파농이란 사람의 '본체'를 드러내주지 않는다. 드러내는 것 이상으로 가린다. 그 규정들을 모두 합하면 그의 '본체'를 볼 수 있을까? 그것이 우왕좌왕하며 구불구불 나아가야 했던 행적에 대해 알려줄 테니, 그렇게 남다른 궤적을 그려야 했던 조건에 대해 알려줄 테니 조금은 도움이 될 것이다. 그러나 같은 길을 가면서도 다른 생각을 하고, 아주 다른 방식으로 가는 사람들이 얼마나 많은가! 그 길의 끝에서 실패라고 절망하는 사람도 있지만, 그 실패에서 다시 시작하려는 사람도 있다. 그러니 그런 규정들은 파농이란 사람의 겉에 드러난 일부분만을 드러내줄 뿐이다. 그가 쓴 책을 본다면, 우리는 그의 사유와 존재에 좀 더 다가갈 수 있을 것이다. 그것은 그냥은 보이지 않는 것을 보여줄 것이고, 그런 규정성에 가린 채 그가 생각하고 살아간 방식을 보여줄 것이다. 그러나 그는 말년에 쓴《대지의 저주받은 자들》이란 책에 대해 당시 최고의 지성인이었던 장-폴 사르트르가 호의로 써준 서문을 보고, 그가 자신을 크게 오해했다고 안타까워했다.

물론 파농이란 사람이 그에게 주어진 규정성들이나 그가 쓴 책과 다른 어떤 숨은 본질을 끝내 감추고 있다고 말하려는 것은 아니다. 어떤 규정들은, 아니 모든 규정이 그의 일부를 드러내고 표현한다. 흑인이고 의사고 알제리해방운동의 전사라는 것은 모두 그의 일부를 표현한다. 그러나 그것은 일부일 뿐이며, 그 일부를 규정성을 표시하는 말로 '평균화'해버리기 때문에 드러내는 것만큼 가리는 것이다. 그때 가려지는 것은 그런 규정성의 어둠 속에 있는, 드러나지 않았고 충분히 표현되지 못한 그의 잠재성이다. 그 규정들과 소통하지만, 하나의 규정이 드러나는 순간 그 규정의 뒤로 밀려나며 숨겨지는 잠재성이다.

파농이란 사람은 누구인가? 그가 얻었던 수많은 규정성을 살았고 또한 살아야 했던 사람이며, 그와 다른 많은 규정 가능성을 갖고 있는 사람이다. 그 많은 규정성을 갖고 있었으면서, 그 규정성들 뒤로 물러나 있는 무규정적 잠재성을 갖고 있는 사람이라고 해야 한다. 그 모든 규정을 가능하게 해주지만 어떤 것으로도 충분히 규정할 수 없는 잠재성, 그것이 파농이란 사람이다. 어떤 한 사람의 본체가 갖는 공성을 본다 함은 이런 것 아닐까? 그 모든 규정성을 통해 존재하지만, 어떤 규정성으로도 포착될 수 없는 무규정적 잠재성을 보는 것이다.

영화 〈블레이드 러너〉는 주어진 자리에서 이탈한 복제인간이라는 규정에 갇혀 경찰에 쫓기는 이들을 따라가며 펼쳐진다. 유전자복제로 눈을 만드는 노인은 자신을 찾아온 로이의 신체를 알아보고 "네 눈은 내가 만들었어"라고 말하지만, 그에 대해 로이가 응수한다. "영감, 내가 이 눈으로 무얼 봤는지 알아?" 그는 그 눈으로 무엇을 보았을까? 그 노인이, 그를 쫓는 블레이드 러너라는 경찰이 '상상도 못할' 것을 보았다고 한다. 그들이 상상도 못할 삶을 살았고, 상상도 못할 사건을 겪었음을 시사한다. 즉 그들의 모든 규정을 벗어난 어떤 체험들을, 그것을 거치며 형성된 거대한 잠재성을 암시한다. 그것은 로이 자신의 입으로도 '말할 수 없는 것'이다. 말해도 알 수 없는 것이다. 책까지 써서 말했지만 사실은 말할 수 없었던 파농의 그것처럼 말이다.

동물이나 사물에 대해서도 비슷하게 말할 수 있다. '고기'라는 운명적 규정에 갇혀 움직일 수도 없는 축사에서 그저 사료를 먹는 것 말곤 아무것도 하지 못하는 삶을 사는 소나 돼지라면, '고기'라는 규정만큼 자신의 '본체'를 가리는 게 없을 거라며 치를 떨 것이다. 땅을 일구는 일을 하며 농부의 '친구'라는 규정을 얻는다고 해도, 그 규정이 소의 본체를 드러내준다고 말하기는 어렵다. 물론 그는 인간에게 고기가 되기도 하고 친구가 되기도 하지만, 하나의 존재로서 그의 '본체'는 그런 규정 뒤에 가려 보이지 않는 잠재성 없이는 이해될 수 없다.

사물의 경우에는 더욱더 난감하다. 동물들처럼 태어나는 게 아니라, 인간에 의해 만들어지기 때문에 인간이 부여한 용도나 목적성, 즉 그런 규정성이 본질이요 본체라는 환상은 깨기 어려울 만큼 강력하기 때문이다. 이 경우 그 용도(규정)가 다하면 존재할 이유를 잃고 쓰레기로 버려지는 것들로서는, '살아남기' 위해선 그 규정성이 다하지 않도록 악착같이 매달려야만 할 것이다. 그러나 버려진 주전자와 시계, 그 옆의 행주치마 등 누구도 시선을 주지 않는 그것들의 잠재성은 버려지기 전이나 후나, 규정성을 유지하거나 잃거나 존재하는 것이다. 그런 용도적 규정성을 가능하게 하지만 그 규정성 뒤에 숨어서….

공성을 본다는 것은 용도의 규정 속에서 그것을 가능하게 하지만, 그런 규정으로는 포착할 수 없는 잠재성을 보는 것이다. 시인들이 그러하듯이 쓸모없음을, 거기 숨은 많은 잠재성을, 그 검은 땅 속에서 새로 피어나는 다른 존재 가능성을 보는 것이다.

"(…) 빈집 유리창을 데우는 햇빛/자비로운 기계/아무도 오지 않는 무덤가에/미칠 듯 향기로운 장미덩굴 가시들/아무도 펼치지 않는/양피지 책…(진은영, 〈쓸모없는 이야기〉, 《훔쳐가는 노래》, 창비, 2012, 22쪽)."

이처럼 용도의 규정 바깥에 있는 '쓸모없음'을 보고 그것을 통해 사물들에 부과된 운명에서 벗어나 다른 존재의 가능성을 여는 것을 블랑쇼는 '사물의 구원'이라고 했다. 그렇다면 사물의 공성을 보는 것은 사물의 구원에 이르는 길이라고 할 수 있을 것이다. 고기의 규정성에서 벗어나 소나 돼지의 잠재성을 보는 것이 하나의 구원이 될 수 있으리라는 말은 쉽게 이해할 수 있을 것이다.

'흑인'이란 규정에서 벗어나 어떤 한 사람의 잠재성을 보는 것이 흑인이란 규정성을 피할 수 없는 사람에게는 작은 구원이 될 수 있음 또한 이해하기 어렵지 않다. 그러나 더 중요한 진실은 그럼으로써 진정 구원받는 것은 그런 '구원'의 행위를 통해 사물이나 사람과 새로운 관계에 들어가는 구원하는 자 자신이라는 사실이다. 그런 기이한 '구원'의 시도를 통해 닫힌 듯 보이는 삶의 어떤 출구를 찾게 될 우리 자신이라는 사실이다.

제10장

죽음의 불가능성이 왜 고통이 되는가

윤회: 영원회귀와 니힐리즘

1.

영생의
고통이라니

보르헤스의 단편 소설 〈죽지 않는 사람들〉은 불사의 삶이란 무엇인가를 묻는다. 로마 시대의 군단장이 었던 주인공 마르코 플리미니오 루포는 불사의 강 하구에 있는 죽지 않는 사람들의 도시에 대한 얘기를 듣고 그곳을 찾아 나선다. 갖은 고초 끝에 드디어 그는 강물을 마시고 불사의 인간이 된다. 그리하여 그는 이집트의 불락 교외에서 《아라비안나이트》의 어떤 이야기를 필사했고, 사마르칸드 감옥 마당에서 수없이 장기를 두었으며, 보헤미아에서 점성학을 연구하며 수많은 생을 살게 된다(《알렙》, 민음사, 1996, 13~35쪽).

불사의 삶을 찾고자 한 것은 진시황만은 아니었다. 이집트의 파라오들이 미라가 되어 거대한 피라미드 속에서 사후의 시간을 보내고자 했던 것도 잘 알다시피 불사와 영생에 대한 욕망 때문이었다. 영원성에 대한 플라톤의 철학적 꿈으로부터 레닌의 방부 처리된 시신까지 모두 이 불사의 삶에 대한 욕망의 산물이다. 영생이야 불가능하다 해도, 그것을 향하여 생명의 길이를 늘리는 것 또한 이런 욕망과 다르지 않음을 안다면, 수명을 연장하고 노화를 방지하려는 현대 과학자들의 집요한 노력 역시 '영생'이라는 '종교적' 단어와 공명하고 있음을 부정할 수 없다. 어떤 이는 기계에 뇌를 옮겨 생명을 연장하고, 그 기계 몸을 바꾸어 불사의 삶을 살게 될 거라는 커즈와일의 주장(《특이점이 온다》)이나 그 말에 공명하여 모여든 이들의 행동에서 '종교집단'의 단서를 발견하기도 한다(마틴 포드, 《로봇의 부상》, 세종서적, 2016, 359~361쪽).

보르헤스가 말한 루포의 불사의 삶이란, 생각해보면 '윤회'라는 관념과 거의 비슷한 것이다. 불락에서 《아라비안나이트》를 필사하다 사마르칸드에 가고, 다시 보헤미아에 가서 점성학을 연구하는 완전히 다른 삶을 천 년 이상의 세월 동안 이어가는 것은 그 상이한 삶 사이에 '죽음'이라는 사건을 끼워 넣으면, 우리가 익히 아는 윤회하는 삶이 된다. 그 다른 삶 사이에 있는 죽음은 두려운 것이긴 하다. 하지만 사실 윤회 안에서 죽음은 결코 삶의 중단을 뜻하는 것이 될 수 없다는 점에서 '죽음'이라 할 수 없다. 그것은 하나의 삶에서 다른 삶으로 넘어가는 변환의 문턱일 뿐이다. 윤회란 어두운 터널 같은 그 문턱을 수도 없이 통과하며 진행되는 삶의 연속이다. 죽음에 대한 공포란 그 터널의 어둠 앞에서 인간이 느끼는 공포일 뿐이다. 그래서 〈죽지 않는 사람들〉에서 보르헤스는 말한다. '죽음에 대한 관념이 없다면 우리는 모두 사실 불사의 존재'라고. 컴컴한 어둠 앞에서 느끼는 공포 때문에, '죽음'이란 두려운 관념 때문에 우리는 죽는 것이라고.

하지만 '윤회'의 관념은 이런 영생의 욕망과 정반대되는 방향을 향한 것처럼 보인다. 왜냐하면 윤회란 영생불사의 삶을 추구하는 게 아니라, 반대로 그로부터 벗어날 수 없음을 말하는 것이기 때문이다. 윤회의 관념 안에서 불사란 기정사실이다. 그것은 피하고 싶지만 결코 피할 수 없는 근본적 불행이다. 그래서 윤회에서 벗어나는 법을 찾기 위해 수행한다. 남들은 모두 얻지 못해 안달하는 불사의 삶을 떠나야 한다고 가르치고 있는 것이다. 왜 떠나야 하는가? 삶이란 모면할 수 없는 고통으로 가득 차 있기 때문이다. 영원히 산다는 것은 그런 고통 속에 영원히 머무는 것이다. 삶의 영원성이란 고통의 영원성을 뜻하는 것이다.

이런 의미에서 윤회는 근본적인 죽음의 불가능성에 대한 교설이다. 거기 불사에 대한 욕망과 반대로 죽음의 불가능성 앞에서 출현하는 절망, 즉 죽어도 죽지 못하고, 죽고자 해도 죽을 수 없는 기이한 무능력에 대한 사유가 깃들어 있다. 그러니 윤회의 중단으로 인간의 욕망이 향하게 되는 것은 당연하다 할 것이다. 윤회의 중단은 고통스런 삶의 중단이요, 그로부터 벗어남이다. 이런 벗어남을 '해탈'이라고 명명한다. 그것은 윤회의 형식으로 반복되는 삶에서 벗어나는 것이고, 죽을 수 없는 무능력에서 벗어나는 것이며, 영원한 고통으로부터 벗어나는 것이다. 그것이야말로 진정한 죽음이고, 진정한 떠남이다. 번뇌나 고통의 소멸을 뜻하는 열반이 부처나 수행자의 죽음을 뜻하게 된 것은 이런 이유에서이다.

이런 윤회의 관념이 현세적인 삶에 대한 부정이라는 점에서 니체가 비판하는 '니힐리즘(허무주의)'임은 분명하다. 고통으로 가득 찬 이 현세의 삶을 하루 빨리 떠날 수 있도록 해주소서. 하지만 이미 니체가 지적한 것처럼 불사와 영생에 대한 욕망 또한 동일한 의미에서 니힐리즘이다. 죽음으로 귀착되는 가변적이고 불확실한 삶으로부터 벗어나, 영원하고 불변적인 피안의 삶을 동경하기 때문이다. 후자는 현세적 삶의 가변성과 죽음이 두려워 피안의 영원성을 동경하고, 전자는 현세적 삶의 고통과 영원성이 두려워 그것을 떠나는 것을 동경한다. 하지만 '지금 여기'의 삶을 부정한다는 점에서는 동일하다.

보르헤스가 〈죽지 않는 사람들〉이란 소설을 쓰게 된 것은 불사의 삶을 추구하는 그런 이들에게 죽음의 불가능성을 말하기 위해서일 것이다. 즉 모두가 상이한 형태로 반복되는 삶을 영원히 살고 있다는 윤회의 가르침이란, 좀 더 진지하고 강하게 받아들일 수만 있다면 더없는 축복의 전언이라는 발상에서가 아니었을까? 하나의 생에서 다음의 생으로 넘어가는 문턱을 '죽음'이라고 오인하는 관념만 제거한다면, 우리는 모두 불사의 삶을 사는 존재임을 알려주려는 것이 아니었을까? "불사의 존재가 되는 것은 매우 흔한 일이다. 인간을 제외하고 모든 피조물은 죽음에 대해 무지하기 때문에 불사의 존재들이다. 신성하고 공포스럽고 불가해한 것은 인간이 불사의 존재라는 것을 알게 되는 것이다(《알렙》, 26쪽)."

그러나 윤회라는 이름의 '영원히 되돌아오는 삶'을 그저 축복으로 받아들이지 못한 것은 단지 인도인들만은 아니었다. 삶Leben, life 자체를 목적으로 하는 생명Leben의 힘을 가장 일차적인 능동적 힘으로 찬

양하고, 삶이 영원히 되돌아온다는 것을 '복음'으로 전하던 차라투스트라는 "그렇다면 네가 그토록 혐오하는 왜소한 자들, 왜소하고 추한 종류의 삶 또한 영원히 되돌아옴을 뜻하지 않는가?"라고 묻는 난쟁이의 질문 앞에서 깊은 병에 들고 만다. 죽지 않음을 그저 기뻐하는 생각 없는 순진한 영혼이 아니라면, 그 영원성과 함께 끝없이 되돌아올 고통과 추함을 어떻게 생각하지 않을 수 있을까! 그렇기에 윤회의 고통에 대한 관념을 쉽게 비판할 수는 없다. 그것은 생각 없이 한 말이 아니라 너무 많이 생각하여 한 말이고, 무지의 결과가 아니라 통찰의 산물이기 때문이다. 윤회를 삶의 영원성에 대한 가르침으로 해석하며 그저 기뻐하는 것이 쉽지 않은 것은 이 때문일 것이다. 되돌아오는 삶을 긍정할 수 없다면, 현세의 삶 또한 긍정할 수 없다.

'위대한 것'이라고 하는 것 역시 자신의 목을 틀어막고 질식시키는 왜소한 것과 그리 다르지 않으며, 양자가 놀랍도록 닮아 있음을 알게 되면서 차라투스트라는 더욱 절망한다. 되돌아오는 삶을 부정하도록 만드는 깊은 니힐리즘으로부터 차라투스트라가 벗어나게 된 것은 역설적이게도 위대함이나 왜소함이 다르지 않다는 사실로 인해서였다. 삶의 긍정이란, 인간적인 척도로 재서 얻은 위대함이라는 어떤 '크기'에 의해 얻어지는 게 아니다. 위대함과 왜소함이라는 크기를 넘어설 때, 그 '인간'이라는 척도 자체를 넘어설 때 가능해진다는 것을 깨닫게 되면서다. 큰 것이나 작은 것이나 동일한 생명이며, 살아있음 자체를 기뻐하며 춤추고 노래하는 생명력이 취하는 여러 양상이라는 것을 깨닫게 되면서다. 이는 위대한 것마저 혐오하던 것과 반대로, 아주 미

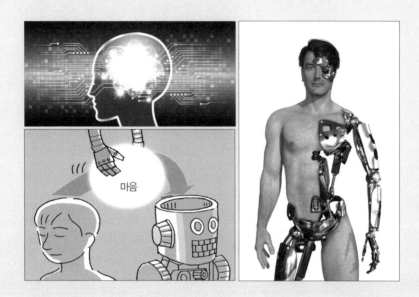

새로운 불사의 방법?

•
•
•

로봇학자 한스 모라벡은 《마음의 아이들》에서 인간의 뇌를 기계에 이식하는 수술을 통해 수명도 짧고 힘도 약한 인간의 신체를 기계로 바꿔 삶을 계속하는 새로운 불사의 개념을 제안했다. 뇌의 기억을 컴퓨터에 업로드하기도 하고 다운로드하기도 하는 얘기는 이 이후 많은 영화에 등장하게 되었다. 〈트랜센던스〉(월리 피스터 감독, 2014) 같은 영화에서는 흔히 뛰어난 과학자의 뇌를 기계가 아닌 네트워크상에 업로드함으로써 어디에든 존재하는 신적인 존재가 되는 상상을 한다. 그런데 남성인 그의 뇌를 여성의 기계적 신체에 이식한다면, 그 뇌는 예전과 동일한 사람의 뇌일까? 뇌는 신체를 움직여 살아가는 기관임을 안다면, 그렇다고 하기 힘들 것이다. 과학자의 뇌를 육상선수의 신체에 이식한다 해도 마찬가지다. 그렇다면 유기체의 뇌를 기계에 이식한다면, 그 또한 같은 뇌가 아닐 거라고 해야 하지 않을까? 별도의 몸을 갖지 않은 네트워크에 이식한다면? 동일한 뇌라도 그것이 이식되는 신체마다 다른 것이 되어 다른 삶을 살게 될 것이라고 해야 하지 않을까? 불사의 삶이란 갱신될 때마다 다른 삶이 이어지는 것이고, 다른 신체를 조건으로 달라지는 삶의 연속이라고 해야 한다.

소한 것마저 긍정하게 되는 깨달음이다. 큰 것은 큰 것으로, 작은 것은 작은 것으로 생명의 힘을 표현하고 있는 것이다. 이로써 모든 차이, 모든 변화를 긍정하게 된다. 그렇다면 삶의 즐거움과 고통에 대해서도 마찬가지로 말할 수 있을 것이다. 즐거움만큼이나 고통 또한 영원히 되돌아오는 생명의 표현인 것이다. 윤회하는 삶의 고통은 영원히 되돌아오는 생명의 힘을 통해 긍정하게 된다.

2.
고통의 피안에서
차안의 해탈로

윤회의 관념은 불교에서 나온 것
이 아니라 인도의 전통종교에서 나온 것이다. 그것은 카스트라는 강
력한 신분제가 있는 사회에서 현재의 삶을, 태어날 때부터 고정된 신
분과 직업을 갖고 살아야 하는 이유를 설명해주고, 그것을 참고 견디
며 살게 해주는 역할을 했다. "현재의 네 삶은 과거에 네가 살아온 삶
이 만들어낸 것이고, 미래의 네 삶은 지금 네가 사는 삶이 만들어내는
것이다. 그러니 주어진 삶을 충실히 살아라. 그래야 다음 생을 기약할
수 있을 것이다." 원래 '의지적 활동'을 뜻하는 '업'이란 말이 자신이
행한 것에 대한 처벌이나 응보처럼 이해된 것은 이 때문이다.

윤회하는 생이 무엇보다 '고통'으로 표상되는 이유는, 그런 설명이
주로 겨냥하고 있는 사람들이 현세의 삶을 고통스럽게 살아야 하는
사람들이었기 때문일 것이다. 그들의 고통을 직접 설명해주기도 하
고, 브라만이나 크샤트리아 같은 상층귀족들의 삶도 알고 보면 고통
이란 점에서 마찬가지라며 위로해주는 것이다. "'너희들도 다음 생 언

젠가 우리처럼 살 수 있을 거야"라면서 막연한 가능성의 세계로 모든 걸 떠넘기는 것이다.

참고 견디는 인고의 정신을 삶의 긍정이라도 되는 양 오해해서는 곤란하다. 니체라면 '낙타의 정신'을 가르치고 있다고 비판했을 이 교설에 대해, 모든 것은 연기적 조건에 따라 달라질 수 있으니 현재의 삶 또한 그때그때의 연기적 조건 속에서 자신의 삶을 어떻게 현행화하는가에 따라 달라질 수 있음을 설했던 석가모니의 가르침은 '혁명'이란 말에 값한다고 할 것이다. 전생을 탓하고 다음 생을 기약하며 주어진 삶을 충실히 살라는 선고sentence, 문장를 지금 여기에서 스스로 긍정할 만한 삶을 사는 능력을 만들어가라는 제안으로 바꾼 것이다. 이 경우 해탈이란 숙업에 따른 윤회로부터의 이탈만이 아니라, 업에 예속된 삶으로부터의 '해방'이 된다. 삶으로부터의 '해방'이 아니라 삶 안에서의 해방이다. 여기서 해탈이란 좋은 삶을 위한 해방인 것이다.

그럼에도 경전에서 읽게 되는 석가모니의 설법에는 윤회에 대한 얘기, 그로부터의 해탈이라는 얘기가 반복하여 등장한다. 아마도 그것이 석가모니로 하여금 출가를 하고 해탈을 꿈꾸게 했던 연기적 조건이었을 것이다. 모든 사람이 윤회의 고통, 즉 죽어도 죽지 못하는 고통에 대해 고심하고 있는 조건에서, 모두가 그로부터 어떻게 벗어날 것인가 하는 문제로 해탈의 가능성을 사유하는 조건에서, 중생의 물음에 응답하려는 이(붓다)가 어떻게 그런 생각과 물음 속으로 들어가지 않을 수 있을 것인가! '붓다'란 해탈한 삶을 일반화된 그림으로 그려서 보여주는 이가 아니라, 중생이 당면하고 있는 고통에서 벗어날 출구를 알려주는 이다. 그렇기 때문에 중생이 잠겨 있는 관념이나 생각, 그들을 사로잡고 있는 물음에 대해 그들 삶의 조건 속에서 사유하고 말하고 가르치는 것이 당연하다.

그렇기에 윤회를 벗어날 것을 설하는 석가모니의 가르침이 현세적 삶의 고통과 헛됨을 설파하며 그로부터 벗어날 것을 가르치는 니힐리즘이라고 한다면 이는 아주 큰 오해다. 털끝만큼만 어긋나도 천지 간의 차이로 벌어진다는 말이 이런 경우일 것이다. 비슷해 보이지만 아주 다른 것에 속하는 것이다. 물론 석가모니가 출가하게 된 과정에 대한 이야기 속에서 삶의 고통에 대한 자각이 등장하고, 그로부터 떠나기 위한 고행담이 등장하기에 쉽게 오해되곤 한다. 그러나 그것은 아직 깨달음을 얻기 전에 해탈한 삶을 향한 인도의 한 왕족의 아들이 던졌던 질문이고, 그런 만큼 당시 깨인 영혼을 가졌던 젊은이라면 흔히 던졌을 질문일 것이다. 그런 점에서 그것은 깨달음을 얻기 위한 석가모니 여정의 출발점이었고, 그런 점에서 고통과 윤회로부터의 해탈은 석가모니 자신이 갖고 있던 물음 그 자체였다. 석가모니 자신도 그 연기적 조건 속에서 수행하고 깨우쳤던 것이다.

그런데 깨달음을 얻은 이후 석가모니는 '고통'을 사성제의 첫째가는 항목으로 제시한다. 물론 사성제는 고통의 원인과 그것을 멸하는 방법에 대한 가르침이지만, 고통 자체를 '성스런 진리'에 담았다는 것은 고통에 대한 이전의 통념과는 아주 다른 사고의 전환이다. 그것은 다시 태어나지 않는 절대적 죽음을 통해 벗어나야 할 부정의 대상이 아니라, 성스런 진리에 속하는 긍정의 대상이 된 것이다. 고통이 진리라 함은 단지 그것이 부정할 수 없는 현실이란 의미만은 아니다. 그것만이라면 현실의 고통을 참고 견디라는 인고의 정신을 가르치게 된다. 고통이 긍정의 대상이 된다 함은 긍정할 적극적 이유가 있을 때에만 가능하다. 이는 고통 없이는 해탈을 향한 동인을 얻을 수 없기 때문에 깨달음 또한 얻을 수 없다는 말에서 역으로 추론할 수 있다. 그렇다면 고통이란 깨달음을 향한 여정의 출발점인 것이다. 고통은 또한 그로부터 배우려고만 한다면, 깨달음을 향한 길을 알려주는 훌륭한 스승이라는 발상, 그것이 고통을 성스런 진리에 넣게 된 이유인 것이다. 그때 고통은 깨달음에 이르는 길의 첫째 관문이 된다.

이는 해탈이란 고통스런 삶의 피안으로 도피하는 것이 아니라 삶의 고통 속으로 들어감으로써 얻어지는 것이라는 역설적 결론을 함축하고 있다. 알랄라 깔라마와 웃다카 라마풋다 밑에서 수행하여 공무변처정空無邊處定, 식무변처정識無邊處定, 무소유처정無所有處定, 비상비비상처정非相非非相處定(무색계 사선정의 네 단계)이라는 선정의 단계에 도달했지만 그로부터 다시 삶으로 돌아오면 고통과 번뇌가 되돌아옴을 깨닫고는, 이는 해탈의 방법이 될 수 없다며 그들을 떠났던 석가모니의 문제의식이 바로 그러하다. 색계色界를 벗어나고 고통스런 삶을 벗어난 별도의 영역으로 들어가 얻는 평안은 현실 속에서 살아야 하는 중생이 고통을 벗어날 수 있는 방법이 아니다. 현실을 벗어난 무색계無色界의 선정은 아무리 높아진다 해도 그것은 현실의 고통과 번뇌를 극복하는 길이 아니라 그것에서 잠시 피해 있는 것일 뿐이다. 고통스런 현세의 삶을 벗어난 곳에서 평정을 찾는 게 아니라 그 고통스런 삶의 한가운데에서, 그 고통의 이유들이 현존하는 세계 속에서 고통에서 벗어날 길을 찾아야 한다. 그러려면 고통을 외면하고 그로부터 도망치는 게 아니라, 그것을 차분하게 직시하고 그 안에서 넘어서는 길을 찾아야 한다. 이것이 석가모니가 새로운 깨달음의 길을 다시 찾아 나선 이유였고, 불교의 가르침을 이전과 근본적으로 다른 것이 되게 한다.

'피안'이라는 말이 야기할 오해를 넘어서기 위해 피안 없는 차안의 삶에서 깨달음을 얻을 것을 가르치고, 윤회의 중단이란 말이 야기할 오해를 깨기 위해 윤회 없는 해탈이 아니라 윤회하는 삶 속에서 해탈할 것을 가르쳤던 '대승불교'의 근본적인 전환은 분명 이로부터 한 발 더 나아간 것이다. 그러나 그것이 불교'로부터' 벗어나는 전환이 아니라 불교 '안에서의' 전환인 것은 석가모니의 이런 문제 설정 안에서 진행된 것이기 때문이다. 깨달음이란 번뇌 안에서 얻는 것이며 번뇌와 함께하는 것이라는 생각도, 부처란 중생과 다른 존재가 아니라 바로 중생 자신임을 설하는 것도 모두 이와 동일한 맥락에서 이해할 수 있다. 공이란 물질 없는 세계(무색계)에서 얻어지는 어떤 것이 아니라, 물질적인 세계(색계) 그 자체 안에 항상 존재하는 것이라는 개념 또한 이런 맥락에서 나온 것이다.

어쩌면 창시자의 말에 반하는 것처럼 보이는 이런 근본적 전환을 과감하게 밀고 나갈 수 있었던 용기는 매우 놀랍다. 창시자의 문제의식에 비추어 그가 한 말을 재검토하여 비판할 수 있었던 탁월한 능력은 부럽다. 이런 전환을 통해 현세적 삶을 부정하는 것처럼 오인될 수도 있었던 불교의 가르침이 고통이나 번뇌 없는 깨달음은 없음을 설하고, 윤회하는 현세적 삶과 별개의 해탈이나 극락 같은 것은 따로 없음을 가르치는 극적인 긍정의 사유임이 분명해졌다. 여기서 윤회하는 삶은 떠나야 할 것이 아니라 깨달음의 장으로 긍정된다. 그러나 그것은 업이란 이름으로 주어진 것을 참고 견디라는 인고의 가르침이 아니라, 지금 여기에서 자신의 삶을 긍정할 만한 것으로 바꾸어가라는 가르침으로써 긍정된다.

3.
노바디nobody의
윤회

　　　　　　윤회하는 수많은 생의 긍정은 수
많은 생을 반복하여 사는 힘의 긍정이다. 이것은 그때마다 주어진 삶
의 조건들을 받아들이고 그것을 살아내는 힘을 긍정한다는 점에서 니
체가 말하는 영원회귀의 사상과 매우 가깝다. 극락이든 구원이든 현
세를 떠나는 게 아니라, 바로 지금 여기 현세적 삶 안에 있으며, 그 삶
을 긍정적으로 사는 것임을 말한다.

　그런데 불사의 삶은 그가 살아가는 여러 생의 삶을 관통하는 한 사
람을 가정해야 한다. '불락에서 《아라비안나이트》를 필사하고, 사마
르칸드 감옥에서 장기를 두고, 보헤미아에서 점성학을 연구하는' 식
의 다른 삶을 하나의 '불사의 삶'이라고 말하기 위해서는 그 상이한
삶들이 한 사람의 계속된 삶이어야 하기 때문이다. 윤회의 관념 또한
그렇다. 윤회는 수많은 생을 관통하여 살아가는 단 한 사람의 '나'를
가정한다. 아트만atman. 변화하고 생멸하는 나 이면에 있는 불변의 실체로서의 '나'이라고 하든,
'진아眞我'라고 하든, '나'가 없다면 반복되는 삶이란 여러 사람의 삶일

뿐이니 윤회한다고 말할 수 없기 때문이다.

　이는 불교적 사유와 윤회라는 관념 간의 근본적인 이율배반을 보여주는 것과 같다. 왜냐하면 불교는 다른 삶을 관통하는 아트만은 물론, 하나의 삶 안에서조차 '나'라고 부를 실체가 없음을 말하기 때문이다. 이런 점에서 보면 윤회란 무아를 요체로 하는 불교의 가르침에 반하는 것이다. 그렇다면 윤회와 해탈이 다르지 않다고 긍정하는 대승불교의 논지는 불교로부터 벗어나는 것인가? 그게 아니라면 '나'라는 실체 없이 윤회를 긍정하는 것이 가능할까?

　여기서 택할 수 있는 쉬운 방법은 여러 삶을 관통하는 '나'라는 실체가 없기에 "윤회란 없다"고 말하는 것이다. 불사의 삶 또한 매번 죽는 삶이 이어질 뿐이며, 불사의 존재란 따로 없다고 말하는 것이다. 윤회와 무아의 상충되는 두 개념 중에서 전자를 버리고 후자를 취하는 것이다. 그러나 이는 각자의 삶을 살고 죽는 것이라는 지극히 상식적인 통념과 전적으로 동일한 것이 되어버린다. 불사의 삶을 추구하는 욕망이 태어난 늪으로 되돌아가는 것이다. 이것으로 불사의 욕망을 소멸시키고 윤회의 관념을 넘어설 수 있을까? 누구나 다 아는 통념을 넘어섰다고 믿는 욕망이나 관념을 기존의 통념으로 무력화할 수는 없지 않을까? 삶과 죽음에 대한 뻔한 통념으로 돌아가지 않고 문제를 해결할 수는 없을까? 불사나 윤회와 무아를 동시에 말할 수는 없는 것일까?

　보르헤스가 〈죽지 않는 사람들〉을 썼을 때는, 명료한 것은 아니지만, 불사의 삶을 말하면서 무아를 말할 수 있는 길을 찾고자 했다. 불사의 삶을 산다는 것은 불락에선 《아라비안나이트》를 필사하는 누군가가 되어 살고, 사마르칸드에서는 수인이 되고, 보헤미아에서는 점성술가가 되어 사는 수많은 삶을 사는 것이다. 그 삶들을 사는 '모든 사람_everybody'이 되는 것이다. 누군가가 '모든 사람'이 되기 위해서 그는 '아무도 아닌 자_nobody'가 되어야 한다. 계속 이집트어로 책을 필사하는 사람으로 있다면 보헤미아의 점성술사가 될 수 없을 것이며, 중국에서 장수가 되었다가 인도에 가선 불가촉천민이 되어 신발을 만드는 삶을 이어가며 살 수 없을 것이다. '아무도 아닌 자'가 된다는 것은 '나'라고 부를 어떤 동일한 인물이 없을 때에만 가능하다. 요컨대 불사의 존재란 '모든 사람'이 되는 것이며, 그것은 '아무도 아닌 자'가 되는 것이다. 이는 그 모두를 '나'로서 사는 게 아니라, 정해진 '나'가 없는 것을 뜻한다. 결코 같다고 할 수 없는 수많은 '나'를 통과하는 것이다. 보르헤스는 이렇게 말한다. "나는 마지 율리시스처럼 '아무도 아닌 자'가 될 것이다. 간단히 말해 나는 모든 사람이 될 것이다. 즉 나는 죽을 것이다(《알렙》, 35~36쪽)."

윤회 또한 그럴 것이다. 이전 생에 살던 불가촉천민의 기억이 그대로 남아있다면, 다음 생에서 왕의 아들로 태어나도 왕으로 사는 건 불가능할 것이다. 기억이 남아있다고 해도 지우려 할 것이고, 지우고 말 것이다. 반대의 경우도 마찬가지다. 왕의 기억을 가지고 어찌 천민의 삶을 살 것인가! 윤회하는 삶을 산다는 것은 전생의 기억들이 모두 지워지고, 전생과의 연속성이 완전히 사라져야만 가능한 것이다. 그렇다면 이제 이렇게 말해야 한다. '나'라는 실체가 없을 때에만 윤회하는 삶은 가능하다. 윤회의 시간을 관통하는 것은 수많은 삶, 그 '모든 사람'이 될 수 있는 '아무도 아닌 자'만이 있을 뿐이다. 어떤 누구도 될 수 있는 '아무도 아닌 자', 그것만이 윤회하는 것이다. 그 '아무도 아닌 자'는 불변의 실체가 아니라 모든 것이 될 수 있는 절대적 가변성을 갖는 어떤 능력을 뜻하는 것이다.

절대적 가변성을 갖는 이 능력을 '무아'라고 한다면, 윤회란 그때마다의 연기적 조건에 따라 수많은 존재자가 될 수 있는 이 잠재적 능력이 펼쳐지는 장이 될 것이다. 이 능력을 '생명'이라고 부른다면, 윤회란 니체의 말처럼 영원한 시간을 반복하여 되돌아오는 어떤 동일한 힘이 그때마다 다른 양상들로 펼쳐지는 장이 될 것이다.

이런 윤회는 생물학적 죽음에 의해 분할되는 여러 생에 대해서만 해당되는 건 아니다. 불사의 인간이 된 루포가 불락과 사마르칸드, 보헤미아를 돌아다니며 다른 삶을 산 것처럼, 우리도 여러 지역을 돌아다니며 여러 삶을 산다. 나주에서 농사를 짓다가 서울에서 학교를 다니고, 부산에서 외국어를 가르치다가 대전에 있는 감옥에서 바둑을 두기도 하고, 마산에 가서 공장에 다니기도 한다. 길이가 다르다는 것을 제외한다면 다를 게 없는 연속적인 삶이다.

물론 윤회는 이와 달리 생물학적 죽음이 그 다른 삶들 사이에 있다. 하지만 우리가 하나의 생 안에서 이처럼 다른 삶을 살기 위해서는 한 지점에서 다른 지점으로 넘어갈 때마다 이 몸 안의 '누군가'가 죽어야 한다. 이전에 '나'라고 명명되던 누군가가 죽고 다른 누군가가 태어나야 한다. 농사를 짓던 '나'가 학교에서 그대로 지속되어선 안 되며, 감옥의 '나'가 공장으로 그대로 간다면 제대로 일할 수 없다. '나'라고 부르던 존재자 안에서 '누군가'가 죽는 이런 사건을 블랑쇼는 '비인칭적 죽음'이라고 했다. 장소와 양상을 바꾸어가며 하나의 생 안에서 내가 사는 삶이란, 하나의 '나'가 죽고 다른 '나'가 태어나는 과정의 연속이란 점에서 일종의 '윤회'다. 이를 블랑쇼의 개념으로 '비인칭적 윤회'라고 하면 어떨까?

이 비인칭적 윤회라는 관점에서 보면, 흔히 말하는 '나의 삶'에서 내가 거쳐 가는 '모든 사람'이 되어야 한다. 그러기 위해서는 '아무도 아닌 자'가 되어야 한다. 보르헤스가 지적했던 것처럼, 거기에 '나'는 없는 것이다. 즉 "나는 죽은 것이다." 한 사람의 삶이란 '무아'라고 명명될 수 있는 잠재적 능력이 그때마다 연기적 조건에 따라 상이한 '나'들, 그 모든 '나'가 되며 펼쳐지는 과정이다. 윤회가 그랬듯이, 비인칭적 윤회 또한 니체의 말대로 '생명'이라고 부를 어떤 힘이 다양한 양상으로 펼쳐지는 장이라고 할 것이다. 여러 생의 윤회든, 한 생 안에서의 윤회든, 윤회란 '나'나 '진아', '아트만'보다는 '무아'나 '생명'이라고 불리는 게 더 적절한 어떤 힘의 영원한 흐름이다. 윤회를 긍정한다 함은 이 힘의 되돌아옴, 이 흐름의 가변성 그 자체를 긍정하는 것이다.

제11장

연민의 윤리에서 우주적 우정으로

자비: 타자의 윤리학과 존재론적 우정

1.
가까운 자가 아니라
멀리 있는 자를 사랑하라

불교를 상징하는 단어를 하나 말
해보라고 하면, 아마도 많은 사람이 '자비'라고 말하지 않을까? 무아
와 무상, 공 같은 개념들도 있지만, 이는 체득하기는 물론 이해하기도
쉽지 않은 말인지라 누구나 쉽게 이해할 만한 말인 '자비'를 선택하는
게 아닐까 싶다.

자비란, 한편으로는 친구를 뜻하는 mitra(미트라)에서 파생되었기에
'우정'의 의미를 함축하는 maitri(마이트리)를 번역한 '자慈', 다른 한편
으로는 애초에는 고통스런 신음을 뜻했지만 그런 고통이나 슬픔에 공
감하여 그것을 덜어주려는 마음을 표현하는 karuna(카루나)를 번역한
'비悲'가 합쳐서 만들어진 말이다. 우정과 공감이라는, 우리 중생들을
고통에 찬 세상 속에서 살아갈 수 있도록 버티게 해주는 두 가지 관계
를 집약한 개념인 셈이다. 묘하게도 '슬플 자慈'로 한역된 maitri는 실
은 남에게 기쁨을 주려는 마음을 뜻하고, karuna는 남의 고통이나 슬
픔을 덜어주려는 마음을 뜻한다. 세간의 만남에서 능력의 증가가 발

생할 때 동반되는 감응이 기쁨이고 능력의 감소가 발생할 때 동반되는 감응이 슬픔이라는 스피노자의 개념을 안다면, 자비란 흔히 '인연'이라고 명명되는 모든 만남에서 능력의 증가를 야기하는 실천을 설파한 스피노자의 윤리학과 강하게 공명하는 개념이라 할 것이다.

불교의 가르침은 무아의 깨달음을 얻는 것으로 귀결되지만, 그걸 얻지 못한 사람은 "어떻게 살아야 하는가"라는 질문을 피하기 어렵다. 대부분의 사람은 깨달음을 얻지 못해 무명 속에 사는 중생이기 때문이다. 내게 불교를 알게 해준 스님의 대답은 "깨달은 사람처럼 살라"는 것이었다. 평생을 깨달은 사람처럼 산다면, 깨달은 사람으로 산 것이다. 깨달은 사람이 되는 것이다. '보살행'이란 그렇게 깨달은 사람처럼 사는 삶을 지칭하는 말이다. "네가 만나는 이들에게 최대한 기쁨을 주고 최대한 슬픔을 덜어주며 살"고 요약될 수 있는 자비행은 이런 보살행의 일부이다. 물론 '자리이타'의 가르침을 생각하면, 이는 남에게만이 아니라 자신에게도 마찬가지로 자와 비의 행을 행해야 한다.

자비가 설하는 실천의 윤리학을 '기쁨의 윤리학'이라고 말할 수도 있고, 흔한 말로 '사랑의 윤리학'이라고 말할 수도 있을 것이다. 그러나 그것뿐이라면 흔한 사랑의 언행과 별로 다를 것도 없지 않은가? 누구나 자신이나 자신의 가족, 혹은 친구나 연인을 사랑하지 않는가? 사실 일부 생물학자들은 그런 사랑의 이유는 물론, 대상에 따라 달라지는 사랑의 강도조차 유전자라는 자연적 본능을 통해 설명한다. 본능에 속하는 것이라면, 굳이 사랑하라고 가르치지 않아도 다들 하는 것 아닌가? 그걸 굳이 '가르침'이라고 내세울 이유가 있을까?

세간에서 행해지는 '자연적인' 사랑은 유전자의 비율을 굳이 끌어들이지 않아도, 자신과 가까운 이들을 향해 있다. 가까운 만큼 더 사랑하고, 멀어지면 덜 사랑한다. 낯선 이들을 사랑하기는 어렵고, 경계선 너머에 있는 사람들이나 적의 편에 있는 사람들을 사랑하는 건 더더욱 어렵다. 반면 자비의 교설은 평등심을 요구한다. "진정한 자비심을 일으키기 위해선 우선 평등심을 담아야 합니다(달라이 라마,《아름답게 사는 지혜》, 정우사, 2000, 69쪽)." 평등심을 가지라는 말은 모든 중생을 평등하게 사랑하라는 말이다. 나와 가까운 사람과 먼 사람, 친한 사람과 낯선 사람, 내게 호의적인 사람과 그렇지 않은 사람 간에 차별을 두지 말고, 기쁨을 주거나 슬픔을 덜어주려는 마음을 동등하게 가져야 한다는 것이다.

이는 생물학자가 말하는 '본능적' 사랑의 감정에 반한다. 왜 굳이 그래야 하는가? "우리 자신의 친구들에게(즉 나와 가까운 사람들에게) 베푸는 자비와 사랑은 사실은 집착입니다. '나의 것'이고 '나의 친구'이고 '나'를 위해 좋은 것이라는 생각에 기반을 두고 있기 때문에, 그것은 집착입니다(《아름답게 사는 지혜》, 67~68쪽)." 달라이 라마가 계속해서 지적하듯이 '친구라고 생각했던 사람이 나를 대하는 태도가 바뀌면 그에 대한 친밀감'과 사랑이나 자비의 마음이 사라져버리기 십상이다. 오래전 영화지만 곽경택의 〈친구〉는 태도나 이해관계가 달라지면 친구였던 사람을 남보다 더한 미움과 증오로 적대하게 된다는 것을 잘 보여준다. 그런 사랑은 본질적으로 자신에 대한 애착의 연장

선상에 있는 사랑이다. 그런 사랑이 아상我相과 얼마나 가까운지를 안다면, 친소와 원근을 넘어선 평등한 사랑이 아니면 무아의 가르침과 이어질 수 없음 또한 쉽게 이해할 수 있을 것이다.

하지만 '모든'이란 말처럼 상투화되기 쉬운 것도 없다. 평등심을 갖는 자비는 또다시 "모두를 사랑하라"는 뻔한 말이 되기 십상이다. 그래서 니체는 "네 이웃에게 등을 돌리라"는 까칠한 말로 '이웃 사랑'의 가르침을 비판한다. 차라투스트라는 '이웃에 대한 너의 사랑, 그것은 너 자신에 대한 좋지 못한 사랑'이며, 그것은 '이웃 사람들 주변으로 몰려가는' 행동을 미화하는 미사여구라고 말했다. '이웃'이란 가까이 있는 사람들이다. 통상적으로는 공간적으로 가까이 있는 사람들을 뜻한다. 공간적으로 가까이 있는 사람들만 이웃은 아니다. 하는 일이 비슷한 사람들, '핏줄'로 연결된 사람들, 사고방식이 비슷한 사람들, 감각이 비슷한 사람들 또한 모두 이웃이다. 가까이 있는 사람들, 혹은 비슷한 사람들을 사랑하는 것은 쉬운 일이다. 나로부터 가족으로, 그리고 핏줄로 연장된 사람들이나 공간적으로 연장된 이웃을 사랑하는 것도 '자연스런' 일이고 쉬운 일이다. 네 이웃을 사랑하라는 말에 아무도 토를 달지 않는 것은 이 때문일 것이다. 생각해보면 애향이나 애국을 가르치고 요구하는 학교나 국가의 권고도 이와 그리 다르지 않다. 그것은 모두 나와 가까운 것, 나와 비슷한 것에 대한 사랑이다. 내가 나를 사랑하는 마음에서 그리 멀지 않은 사랑이다.

좀 더 냉정하게 말하면 이런 사랑은 나와 비슷한 사람들에 대한 사랑을 통해 나의 둘레에 보호벽을 만드는 것이다. 그런 점에서 이웃 사랑이란 가까운 사람들, 비슷한 사람들끼리 뭉치고 몰려다니며 '패거리herd'를 짓고, 나와 다른 것을 배척하거나 이해할 수 없는 것을 비난하고 매장하는 것과 그다지 다르지 않다. 그것은 자연스러운 만큼 쉽고, 그렇기에 문제인 줄조차 알지 못한다.

그래서 차라투스트라는 가까이 이웃에 있는 사람들이 아니라, "더없이 먼 곳에 있는 사람들을 사랑하라"고 설파한다. 즉 '이웃에 대한 사랑보다 더 숭고한 것은 더없이 먼 곳에 있는 사람들에 대한 사랑'이다. 이웃 주민이 아니라 멀리서 온 사람들, 동향인이 아니라 이방인들, 생각이 비슷한 사람들이 아니라 생각이 다른 사람들을 사랑하라는 말이다. 또한 지금 우리 옆에 있는 사람들보다 더 고귀한 것은 '앞으로 태어나 도래할 사람들에 대한 사랑'이라고 설파한다. 이는 생물학적 후손에 대한 얘기가 아니다. 지금 널리 퍼져 있는 것과 다른, 지금은 아주 생소한 어떤 감각을 가진 사람들, 아직은 쉽게 받아들이기 힘든 태어난 지 얼마 안 된 감각이나 생각을 가진 낯선 사람들을 사랑하라는 것이다. 비슷하고 가까이 있는 사람들을 사랑하는 것은 쉽지만, 나와 이질적이고 멀리 떨어져 있는 사람을 사랑하는 것은 결코 쉽지 않다. 쉽고 자연스런 것은 굳이 가르치지 않아도 행해지겠지만, 낯설고 쉽지 않은 것은 애써 가르쳐도 행하기 어렵다.

나와 가까운 것, 나와 비슷한 것에 대한 사랑은 역으로 사랑받기 위해서는 비슷해지고 가까워져야 한다는 강박을 만들어낸다. 특히 힘없는 이주민들, 남의 눈치를 봐야 하는 이방인들로서는 사랑은 그만두고 미움 받지 않기 위해서 '나'라고 칭하는 내부자들과 비슷해져야 한다. 그들의 '이웃'임을 보여주어야 한다. 미국에서 이민법 개정이 문제가 되었을 때, 남미에서 온 이민자들이 집회를 하며 자신들 또한 '미국인'이고 미국을 사랑한다며, 미국 국가를 스페인어로 부른 적이 있었다. 미국 국가가 스페인어로 불리는 것에 미국인들은 당황했지만, '이웃' 아니면 사랑하지 않는 자신들의 태도에 기인한다는 생각은 하지 못했을 것이다. 미국인이 사랑하는 '이웃'이 되기 위해 그들과 가까운 생각을 일부러 드러내고, 그들과 비슷한 애국심을 일부러 과시하는 것이 부지중에 강요된 것이었음을 알지 못했을 것이다.

이는 가까운 이웃만이 아니라 평등심을 갖고 모든 중생을 사랑하라는 말이 실질적으로 뜻하는 바가 무엇인지 알려준다. 니체가 굳이 이웃이 아니라 가장 멀리 떨어진 사람을 사랑하라고 했던 것이 얼마나 현실적으로 중요한 의미를 갖는지도.

2.
연민 없이
사랑하라

　　　　　　　　　자비도 사랑도 동정이나 연민으로
쉽게 오인된다. 그것은 타인에 대한 동정이나 연민이 자비의 마음을
드러내는 감정적 요인이 되기 때문이다. 타인의 고통에 대한 연민이
'나를 넘어선' 사랑, 혹은 '윤리'의 본질이라고 주장하는 사람도 있다.
가령 프랑스 철학자 레비나스는 '고통받는 얼굴을 하고 있는 타인'들
을 철학의 중심으로 끌어들인다. 누군가 옆에서 고통스러운 얼굴을
하고 있으면, 대개는 그 고통에 연민을 느끼며 그것을 덜어주고자 하
는 마음이 일어나게 된다. 그러나 그 고통은 '타인'의 고통이기에, 내
가 근본적으로 알 수 없는 것이다. 그런데 고통을 덜어주려는 마음이
근본적으로는 알 수 없는 타인을 향해 나아가게 한다. 그것은 기존의
'나'가 갖고 있는 생각이나 감정을 넘어서지 않고서는 불가능하다. 내
생각에 타인의 고통을 갖다 맞추는 것은 타인에 가하는 또 한 번의
'폭력'이다. 이처럼 내가 알 수 없는 타인의 고통, 그 타자성을 향해
'나'를 넘어서는(초월) 것이 바로 '윤리'가 시작되는 지점이다.

가까이 있는 이웃에 대한 사랑이 아니라 내가 충분히 알 수 없을 만큼 멀리 떨어져 있는 '타자'에 대한 연민과 사랑, 그것이 레비나스가 말하는 '타자의 윤리학'의 요체다. 물론 타자라는 게 근본적으로 알 수 없는 것이라면 타자의 고통 또한 알 수 없는 것 아니냐고 비판할 수도 있을 것이다. 또한 진정 알 수 없는 게 타자라면 나를 넘어서도 고통을 겪는 그의 마음에 이르지 못할 것이고, 그의 고통을 덜어줄 수도 없지 않겠느냐고 반문할 수도 있다. 그것은 레비나스 철학의 근본적인 난점이다. 하지만 그것 못지않게 거리감을 느끼게 되는 건 고통과 연민이 특권화되어 있다는 점이다. 고통을 덜어주려는 공감 못지않게 기쁨을 주려는 마음 또한 중요한데, 그것은 처음부터 개념적으로 배제되어 있다. 연민이라는 개념을 통해서 보이는 타인이란 모두 '고통받는' 불쌍한 사람들(레비나스는 과부, 고아, 빈민 등을 예로 든다)뿐이다.

반면 달라이 라마는 인간 아닌 것을 포함하는 '모든 중생이 나와 마찬가지로 기쁨을 얻고자 하고 고통을 피하고자 함을 인식하는 것'으로부터 평등한 자비심이 나온다고 말한다. 연민의 감정이 아니라 중생에 대한 인식이 오히려 강조되어 있다. 세간의 삶에서 고통은 피할 수 없지만, 중생은 불쌍하고 무력한 존재가 아니라 본질적으로 '부처'가 될 능력을 가진 존재이다.

자비는 물론 고통받는 중생에 대한 공감이나 연민을 포함한다. 니체는 동정이나 연민을 비판하지만, 당장 필요로 하는 것을 들고 달려가는 연민이 필요한 사람들이 있음을 어찌 부정할 수 있겠는가? 그러나 이것이 전부가 아님은 분명하다. 기쁨을 추구하는 사람들에게 기

뺨을 주고 웃고자 하는 사람들에게 웃음을 주는 것도 자비행의 중요한 일부다. 하지만 이와 다른 근본적인 차원의 자비가 있는 것 같다. 무아와 훨씬 더 가까이 잇닿아 있는 자비의 개념이.

그것은 모든 중생이 부처가 될 수 있는 잠재적 능력을 갖고 있다는 평등의 인식에서 나온다. 예전에 중국에선 인간 아닌 것이 불성이 있는지, 생명이 없는 것이 불성이 있는지를 둘러싼 유명한 논쟁이 있었다. 하지만 지금은 대체로 모든 중생이 불성을 갖고 있음을 인정하는 것 같다. 그 불성을 '참나眞我'라고 부르는 것에 동의하기는 쉽지 않지만 불성이란 연기적 조건이 달라짐에 따라 다른 존재자로 현행화될 수 있는 잠재력이라고 이해한다면, 굳이 생명체로 국한하지 않아도 모든 중생이 불성을 갖고 있다고 말할 수 있다. '모든 중생이 바로 부처'라는 말 역시 이런 의미로 이해할 수 있다.

이런 관점에서 본다면, 모든 중생은 '부처'라는 점에서 평등하다. 부처에 높고 낮음과 멀고 가까움이 어디 있으랴! 자비의 평등심은 부처 간의 평등성에서 나오는 것이다. 자비란 모든 중생에 대해서 부처로서 평등하게 대하는 것이다. 친하든 낯설든, 멀든 가깝든, 심지어 친구든 적이든 모두가 부처라면, 모두를 부처로서 평등하게 존중하고 도와주는 것이 바로 잠재적으로 부처인 내가 마땅히 행할 바이다. 즉 자비란 스스로가 부처로서, 자신과 만나는 모든 잠재적 부처들에 대해 갖는 마음이고, 그들에 대해 행하는 바다. 그렇다면 자비란 잠재적 부처인 모든 중생과 또한 잠재적 부처로서의 내가 맺는 존재론적 차원의 우정이라고 해야 하지 않을까? 아직 부처로 현행화되지 못한 모든 중생이 기쁨을 얻고자 함에 응하여 기쁨을 주려 하고, 고통이나 슬픔을 덜고자 함에 응하여 슬픔을 덜어주려는 잠재적 부처의 사랑이 자비행이다. 그렇다면 자비란 모든 중생에 대해 잠재적 부처인 내가 평등하게 행하는 존재론적 차원의 사랑이라고 해야 하지 않을까?

　모두가 부처임을 보는 데서 나오는 이런 우정이나 사랑은 연민이나 동정과는 거리가 멀다. 동정이나 연민에는 주는 자와 받는 자의 비대칭성이, 제거할 수 없는 지위의 차이가 전제되어 있다. 그것은 상대적으로 남보다 '나은' 처지에 있는 사람이 자신보다 '낮은' 처지에 있는 사람에게 느끼는 감정이다. 그것은 평등한 관계가 아니라, 있는 사람이 없는 사람에게 주는 것이고, 높은 위상을 갖은 사람이 낮은 위상을 갖은 사람에게 '베푸는' 것이다. 이방인에 대한 환대 또한 그렇다. 갈 곳 없는 이주자, 쫓기는 이방인들에게 내미는 환대의 손길은 그를 손님으로 맞이하는 주인이 행하는 것이다. 손님이 주인을 환대할 수는 없다. 부자들이 자신에 대한 빈민의 동정을 감사하게 받아들일 가능성은 거의 없다. 화를 내지 않으면 다행이다. 따라서 동정이나 환대는 평등성과는 거리가 멀다. 반면 동등한 위치의 친구관계에서 한 사람이 어려워서 도와줄 때에도 그것은 동정이나 연민과는 거리가 멀다. 그건 그런 조건에서 두 친구 간의 평등한 우정이 행해지는 하나의 양상일 뿐이다. 사랑 또한 다르지 않다. 동정과 사랑을 구별하지 못했을 때 발생하는 결과에 대해서는 길게 말하지 않아도 잘 알고 있다.

　모든 중생은 잠재적 부처라는 점에서 평등하지만, 현행의 현실에서는 그렇지 않다. 조건에 따라 다른 지위와 규정을 갖고 살아간다. 그렇기에 현행화된 세간에서는 조건에 따라 많고 적음, 멀고 가까움, 높고 낮음이 교차하며 자비행이 행해지게 마련이다. 그래서 불교에서는 상이한 차원의 자비를 구별한다. 중생연자비衆生緣慈悲와 법연자비法緣慈悲, 무연자비無緣慈悲가 그것이다.

'중생연자비'는 고통스러워하는 중생의 현실적인 모습을 보고 연민의 마음을 일으켜서 행하는 자비다. 이는 고통과 번뇌를 통해 행해지는 것이니, 번뇌를 끊지 못한 중생이 행하는 자비이다. 즉 중생이 다른 중생과의 관계 속에서 행하는 자비다. 동정이나 연민은 이런 자비의 범주 안에 들어가며, 고통과 연민 없이 기쁨을 주는 것도 여기에 들어간다.

'법연자비'는 일체제법을 깨닫고 행하는 자비다. 자연의 법칙이나 세간에서 작동하는 마음의 법칙을 깨달은 사람이 행하는 자비행이다. 자신과 가까운 이웃이나 멀리 떨어진 이웃 모두에게 평등심을 갖고 대하려 하고, 생각이나 감각이 자신과 가깝든 멀든 남들과의 만남에서 언제나 기쁨의 증가와 슬픔의 감소를 추구하는 자비행이 여기에 들어간다.

'대자대비'라고도 불리는 '무연자비'는 온갖 차별된 견해를 여읜 절대평등의 경지에서 제법의 진여실상眞如實相을 깨달은 사람이 행하는 자비다. 현행화된 연, 즉 연기적 조건을 거슬러 올라가無緣 모든 중생이 잠재적 부처라는 점에서 절대평등함을 깨달은 사람이 행하는 절대적 자비행이다. 모든 중생이 부처임을 알고, 그들과 부처로서 만나고 응대하며, 부처 간의 우정을 나누는 것이다.

보이지 않는 이들에 대한 자비

2010년 보건복지부 자료에 따르면, OECD 국가의 경우 장애인의 비율은 평균 14.3% 정도인데, 한국은 6% 정도라고 한다. 한국의 등록장애인 수는 지금도 250만 명 남짓으로 2010년과 비슷한 수준이다. 장애인 비율이 선진국보다 낮은 것은 '우월한 인종'이어서가 아니라, 장애인으로 굳이 등록할 이유가 적어서일 것이다. 한국도 사실은 10~15% 정도라고 봐야 한다. 최소한 10명 중 1명인 셈인데, 실제로 우리가 거리나 지하철 등에서 만나는 장애인은 그보다 훨씬 적다. 이동하기 힘들어서 안 다니는 것도 있고, 차별이든 동정이든 남의 시선이 불편해서 안 보이는 곳에 숨기 때문이다. 저상버스도, 지하철 엘리베이터도 없던 시절, 그들은 사실 돌아다니고 싶어도 그럴 수 없었다. 덕분에 비장애인은 그들로 인해 불편해할 일이 적었다. 그러던 그들이 언젠가 남들 보라고 휠체어에서 내려 도로를 '행진'하던 일이 있었다. 활동보조인 제도를 요구하며, 한강다리를 기어서 5시간 반 걸려 건넜다. 지금도 그들은 장애인들을 시설이나 집 안으로 가두어놓는 문턱들을, 차별들을 부수기 위해 싸운다. 이는 싸우는 자들뿐만 아니라, 여전히 시설이나 집 안에 틀어박혀 살아야 하는 저 보이지 않는 이들을 위한 자비행이라고 해야 하지 않을까? 고통받는 이에 대한 동정이나 눈에 보이는 이들에 대한 자비는 사실 어렵지 않다. 보이지 않는 이들은 이런 자비심으로부터도 분리되어 있다. 보이는 이나 보이지 않는 이가, 장애인이나 비장애인이, 혹은 외국인노동자와 내국인노동자가 모두 평등하게 자유로운 삶을 살도록 하려는 마음, 그것이야말로 '대자대비'의 마음일 것이다.

3.
미움 없이
미워하라

모든 중생에게 기쁨을 주고 슬픔을 덜어준다는 건 얼마나 아름답고 소박한 꿈인가? 그건 모든 사람이 서로 도우며 사는 세상만큼이나 아름답지만, 소박하고 불가능한 몽상 아닌가? 왜냐하면 우리가 실제로 사는 세상은 경쟁과 적대로 가득 차 있고, 심지어 가까이 이웃한 사람들과도 다투고 충돌하는 걸 피할 수 없는 그런 곳이기 때문이다. 그렇기에 이웃이라도 사랑하라고, 아니 가족이라도 좀 사랑하라고 호소하는 게 현실적인 곳이 바로 세상 아닌가! 거기서 모든 중생을 평등하게 사랑하라는 말이나, 모든 중생을 부처로 응대하고 부처로서의 우정을 나누라는 말은 산속에서 술 마시며 신선놀음하는 거 아니냐고 해야 하지 않을까?

좀 더 난감한 것은 자비와 사랑의 마음을 가지고 응대하는 것이 결코 좋다고 믿기 어려운 그런 상황일 것이다. 얼마 전, 변호사가 된 지는 좀 되었지만 형사재판을 처음 맡았다는 후배의 하소연을 들었다. 인권운동을 하며 없는 자와 핍박받는 자들을 위해 활동하며, 여러 집회나 투쟁의 책임을 기꺼이 떠맡아 그 덕에 수도 없이 감방에 드나드는 분의 변호를 맡았다는 말은 들었다. 그런데 며칠 전 그분의 영장심사 때문에 변호인단의 일원으로 법원에 갔다는 것이다. 구속의 이유를 대는 공안검사의 어이없는 얘기를 들으면서, 몇 번이나 '빡쳐서' 미칠 것 같았다고 한다. 결국 구속영장이 발부되었고, 이 착하고 온순한 친구는 법원에서 자신의 눈으로 확인한 불의에 대한 실망과 분노로 며칠을 술로 지내며 한탄어린 눈물을 흘렸다. 이 친구에게 모든 중생에게 평등하게 자비를 행하라고 한다면, 놀라서 이렇게 물었을 것이다. "없는 사람들을 핍박하고 남을 위해 헌신하는 사람들을 어이없는 말로 비난하고 구속하는 저 공안검사에게도 똑같이 자비를 베풀어야 한다는 건가요?"

이웃을 사랑하라고 가르쳤던 예수가 "원수를 사랑하라"고 했던 것은 "멀리 떨어진 사람을 사랑하라"는 니체의 말을 생각하면 충분히 이해할 만하다. 그러나 철거에 대항하다 불에 타 죽은 가족을 범죄자라고 비난하며 기소하는 검사에게 자비의 마음을 가지라고 용산 철거민들에게 말하기는 결코 쉽지 않다. 입으로는 정의를 말하지만 권력자의 편에 선 사람들에게 면죄부를 주고, 그 반대편에 있는 사람들은 엄혹하게 처벌하는 검사들에게 자비행을 하라고 한들 씨알도 먹히지 않을 것이다. 이런 사례가 정치적으로 편향되었다면, 옆에서 강도질을 하는 사람들에게 '기쁨을 주고 슬픔을 덜어주는' 자비행을 말할 수 있을까, 라고 바꿔 물을 수 있을 것이다. 이 경우 자비란 오히려 세상을 지배하는 기회주의와 질 나쁜 이기주의, 혹은 알고도 행하는 악에 대해서조차 용서하고 받아들이라는 정신없는 선행이 아닐까? 그건 세간의 악덕과 비천함을 확산시키는 의도치 않은 공범이 되는 것 아닐까?

자비의 가르침도, 사랑의 가르침도 이런 질문을 피할 수는 없을 것 같다. 자비를 근본적인 차원에서 사유해야 하는 것은 오히려 이런 이유에서다. 자비란 내가 만나는 사람들에게 직접적인 기쁨을 주거나 당장의 고통을 덜어주는 것만은 아니며, 많은 사람을 고통스럽게 하는 사람들에게 공감하고 동조하는 것은 더더욱 아니다. 진정한 자비란 악행을 행하는 그들이 부처로서의 잠재성을 향해 거슬러 올라가게 하는 것이다.

꽤나 긴 시간 동안 공동체를 하면서 체험한 것인데, 공동체란 선물을 통해 인간관계를 형성하지만, 공동체 안에서조차 선물은 잘못하면 사람들에게 의존성을 키워 무능하게 만든다. 여러 가지 선물이 있지만, 최고의 선물은 선물하는 마음, 선물하는 능력을 선물하는 것이다. 이를 위해서는 선물하는 것 못지않게 선물하게 하는 것이 중요하다. 심지어 선물하지 않거나 선물을 그저 받기만 하는 것으로는 불편한 일, 고통스런 일이 발생할 수 있음을 알게 하는 것이 필요하다.

자비행도 마찬가지일 것이다. 눈앞의 누군가를 기쁘게 해주는 것이나, 그의 고통을 나서서 덜어주는 것을 무조건 자비라고 할 수는 없다. 오히려 그로 하여금 부처라는 말에 근접한 사고와 행동을 하도록 촉발하는 것이 바로 자비행의 요체이다. 악행을 한다고 판단된다면, 그가 지금 하고 있는 악행들, 남에게 고통을 주는 일들로 인해 불편함이나 고통을 느끼도록 해야 한다. 대부분의 경우 저항 없이는 지금 하고 있는 생각이나 행동을 바꾸지 못하고, 고통 없이는 자신의 올바른 삶이 무언지에 대해 생각하려 하지 않는다. 저항과 고통이라는 스승을 만나 그들이 부처를 향해 살아갈 수 있도록 반복하여 마찰의 촉발을 일으켜야 한다. 세간에 악행의 업을 쌓는 것을 최소화하도록 해야 한다. 그게 공안검사든, 강도든 간에….

가까이 지내는 초등학교 교사 한 분이 있다. 교육이나 삶에 대한 원칙이 확고하고 특이한 분인데 타협할 줄 몰라서 고생을 많이 한다. 며칠 전 이분에게 인상적인 얘기를 들었다. 거의 6학년 학생들을 맡는데, 학급에 대개 힘없는 애들을 못살게 구는 '나쁜 놈'들이 있다고 한다. 그리고 그 때문에 사고가 발생하거나 분란이 일어나는 일이 흔하다고 한다. 그런데 옆에서는 그 '나쁜 놈'도 본성은 착하니 잘 달래야 한다고 하는데, 자기는 그렇게 생각하지 않는단다. 오랜 경험에서 알게 된 것인데, 그런 친구는 습관 때문이든 자잘한 계산 때문이든 나쁜 삶의 습성을 계속하게 마련이기 때문에 좋은 말로 달래봐도 잘 고쳐지지 않는다는 것이다. 그래서 자신은 그런 놈들을 설득하고 달래는 일은 하지 않는단다. 대신 그놈 때문에 고통받는 아이들을 만나 말한다. 너희들이 그냥 당하고 살면 쟤도 너희도 평생 이런 식으로 살거라고. 너희들이 모여서 그런 놈에게 대항하고 싸워야 너희들이 겪는 고통도 줄어들고, 저놈도 저런 식의 삶을 고치게 될 거라고. 그게 너희들을 위한 길이고, 저놈을 위한 길이라고.

옆의 교사들이 들으면 경악할지도 모르지만, 나는 그분의 언행이

미움의 감정에 따른 것이 아니라면 악행을 반복하는 학생에 대해 적절한 자비의 행이 될 거라고 믿는다. 자비란 어떤 대상에게 듣기 좋은 말을 하거나 당장의 기쁨을 주는 언행을 하는 게 아니다. 그가 좋은 삶을 살고 훌륭한 능력을 갖도록, 때로는 칭찬하지만 때로는 경책하며, 때로는 설득하지만 때로는 이 짓을 계속해선 안 되겠구나 하는 깨달음을 얻도록 적절한 고통을 주는 것이 자비행이다. 심지어 어떤 사람의 처지를 생각하여 가혹해 보이는 언행을 하는 그런 자비행도 있을 것이다. 근본적으로 말한다면, 자비행이란 누군가가 자신의 불성을 보고 부처가 되는 삶을 살 수 있도록 촉발을 제공하는 것이다. 많은 사람이 사랑하는 이의 죽음 같은 큰 고통 속에서 수행을 시작하게 되고, 견디기 힘든 고통 속에서 자유로운 삶을 위한 각성의 계기를 얻는다. 이를 안다면 안타깝지만 그런 고통을 제공하는 것이 진정 최대의 자비를 행하는 것이 될 수 있지 않을까?

그러나 다시 생겨나는 의문이 있다. 악행을 하거나 부적절한 행동을 하는 사람에게 고통을 주거나 마찰을 일으켜 그 관성적인 힘(업력)을 정지시키는 것과 어떤 행동에 대한 분노나 미움, 앙심으로 그에 반발하여 마찰을 일으키고 고통을 주려 하는 것은 어떻게 다른가? 악인이나 권력자들의 부당한 행위에 대해 대항할 때조차 자비심이 아니라 미움이나 분노의 감정에 의해 행하는 경우가 많지 않은가? 그건 사실이다. 그 감정적 행위를 '자비'라고 한다면, 그건 자신을 정당화하기 위한 위선적 개념에 불과하다. 감정적 행위가 대개 분노나 미움 같은 '반동적reactive' 감정에 의해 이루어진다면, 부처의 마음으로 행하는 자비행은 저 중생이 부처의 삶을 등지는 것을 저지하고 제 방향을 찾아 가게 하려는 '능동적$_{active}$' 판단에 의해 이루어지는 것이다. 마찰을 야기하든, 침묵으로 거리를 두든, 최소한 분노나 미움의 감정 없이 마음이 일어났다면, 감정에서 벗어나서 판단했을 때에도 그렇게 했으리라고 확신할 수 있다면, 그것을 감정적 행위와 구별되는 자비행이라 할수 있다.

앞에서 말한 교사에게 최근에 들은 얘기를 하나 더 해야겠다. 자기 반에 부모가 없는 학생이 한 명 있는데, 조그만 일에도 툭하면 '욱'하는 친구라고 한다. 어느 날 그 아이가 사고를 쳤다. 교실 옆 복도에서 옆 반 여자아이가 자기를 기분 나쁘게 쳐다봤다고 그 여자아이의 머리채를 쥐고 난리를 쳤다는 것이다. 불러다 왜 그랬냐고 물었더니, 그냥 눈빛이 기분 나빴다고 했단다. 어이가 없었는데, 어찌해야 하나 한동안 고민하다 그 아이와 함께 복도에서 계속 울고 있는 그 여자아이 앞으로 갔다고 한다. 그리곤 다짜고짜 여자아이 앞에서 그 아이의 머리채를 움켜쥐었다는 것이다! 그렇게 아이의 머리채를 잡고 교실로 끌고 가면서 울고 있는 여자아이에게 너도 따라오라고 했단다. 쉬는 시간이라 복도에 나와 있던 아이들은 모두 눈이 휘둥그레 쳐다보고…. 교실로 오니 놀란 여자아이가 오히려 기겁을 해서 자기 눈빛이 나빴던 것 같다고, 자기 잘못이라고 했다고 한다. 머리채를 잡힌 아이는 이글거리는 눈을 한 채 머리채를 잡은 손을 뿌리치려 할퀴고 난리를 쳤지만 끝내 머리채를 놓지 않았다고 한다. 수업 시작을 알리는 종이 울려 여자아이는 가고, 그때 비로소 머리채를 잡았던 손을 풀어주었다고 한다. 짧지 않은 시간의 침묵이 흐른 뒤, 아이에게 말했단다. "네가 싸워줄 부모님이 계셨더라면 선생님 손이 이렇게 아프지는 않았을 거다." 그랬더니 그 아이는 눈물을 펑펑 흘리더란다.

무슨 말이냐고 내가 물었더니, 이런 일이 있을 경우 대개는 아이에게 조목조목 잘못을 따져 야단을 치고 여자아이에게 사과하게 한 후 돌려보낸단다. 그런데 그랬다면 그날 여자아이는 아마 선생님 앞이니 '괜찮다' 하고 돌아서겠지만 그 분한 감정이 가시지 않아 부모에게 호소했을 게 틀림없단다. 그렇게 되면 여자아이의 부모는 그날 저녁 아이의 집으로 쫓아가 그의 부모와 싸우든가, 아니면 다음날 아침 학교로 찾아와 아이의 멱살을 잡았을 거라는 것이다. 그 아이에게 부모가 있었다면 그렇게 해도 좋았을지 모르지만, 부모 없는 3형제 중 하나로, 자신의 아이 둘까지 다섯 명을 이혼하고 혼자서 키우고 있는 일용직 노동자인 큰아버지 집에 얹혀사는 처지인지라, 극히 난감한 상황이 되리라는 느낌이 들었단다. 그래서 여자아이의 분한 마음을 그 자리에서, 그가 당한 것 이상으로 풀어주지 않으면 안 되겠다는 생각에, 폭력교사의 비난을 살 게 분명함에도 그런 '미친 짓'을 했다는 것이다.

그 아이는 선생님의 이 '미친 행동'을 이해했을까? 모를 일이다. 이런 행동을 이해하는 일은 오해하는 일보다 훨씬 희소하니까. 혹시 이 과격한 행동에서 교사의 자비심이 보이는가? 그렇다면 말해보라. 던진 물음에 제대로 대답하지 못한 제자들에게 있는 힘껏 뺨을 때리기도 하고, 손가락 하나 들어 답하는 걸 따라 하던 동자승의 손가락을 잘라버리기도 하고, 고양이를 두고 논쟁하던 학인들 앞에서 고양이의 목을 잘라버리기도 하는 선승들의 행동에서 더없는 자비심이 보이는가?

제12장

자유의지 없는 세상에서의 자유

마음: 마음의 물리학과 능력의 윤리학

1.
내 마음도
내 마음이 아니다

불교적 사유를 요약하는 명제 중 하나가 '일체유심조一切唯心造', 즉 "모든 것은 마음이 만드는 것이다"라는 말이다. 비슷한 의미로 '마음'이란 불교의 모든 것이라고 말하기도 하고, 마음과 무관하게 어떤 것을 말하는 것은 불교적 사유가 아니라고 하기도 한다. "모든 것은 마음이 만드는 것이니 마음먹기 달렸다. 그러니 마음 하나 고쳐먹으면 지금 여기가 바로 일승법계요, 극락이다"라는 말은 굳이 절 근처에 가지 않아도 종종 듣게 되는 말이다.

〈스타워즈〉나 〈매트릭스〉 같은 영화를 보면, 이런 생각을 진지하게 믿는 사람들이 있음이 분명하다. 〈스타워즈〉에서 제다이의 기사들을 훈련시키는 마스터 요다는 마음을 집중하면 늪에 빠진 전투기마저 들어 올릴 수 있는 능력을 보여준다. 정말 '일체유심조'다. 정신을 집중해 돌을 들어 올리는 연습 중이었건만, 그걸 보곤 "믿을 수 없어"라고 하는 루크에게 "그래서 넌 실패한 거야"라고 말한다. 신심이 있고, 마음을 최대치로 집중할 수 있으면 돌도 비행기도 마음먹은 대로 움직일 수 있다는 것이다. 총알을 피하고 고층빌딩 사이를 뛰어나는 〈매트릭스〉의 장면들 역시 모든 게 마음의 문제라고 말한다.

결부좌를 한 채 공중부양을 하는 분들도 있다지만, 직접 본 적이 없거니와 그건 불교 수행보다는 서커스에 속한다고 보는 나로선 영화에서의 그런 장면을 만화적 공상이라고밖에는 생각하지 않는다. 모를 일이다. 그렇게 신심이 없기에, 해보려고도 하지 않기에 안 되는 것일까? 그러나 거기에 마음을 걸어볼 생각이 없거니와, 그런 '신통력'이 불교의 가르침이라고 생각하지 않기에 그런 신심을 부러워해본 적도 없다.

마음에 관한 것이라면, 사실 왕가위 영화가 보여주는 것들이 훨씬 더 설득력이 있다. 〈2046〉에서 사랑하던 여인과 이별의 상처를 잊지 못하는 차우는 자신에게 다가온 여인의 사랑을 받아들이지 못한다. 또한 이전 연인과 같은 이름에 끌려 품어 안았던 도박사 수리첸의 마음도 끝내 받아들이지 못한다. 사랑하고자 하지만 사랑하지 못한다. 〈동사서독〉에서 구양봉 또한 연인이었으나 형수가 된 여인을 잊지 못해 누구에게도 마음을 열지 않은 채 '해결사'가 되어 불모의 삶을 방황한다. 모용연은 해결사 구양봉에게 동생과의 약속을 어긴 황약사를 죽여달라 하고, 모용언은 그런 오빠를 죽여달라고 부탁한다. 하지만 구양봉은 실은 그것이 배신당하고도 여전히 사랑하는 한 사람의 마음이 분열되어 표현된 것임을 안다. 모두들 무림의 최고 고수지만 마음먹은 대로 살기는커녕 자신의 마음조차 어떻게 할 줄 몰라 방황하고 있는 것이다.

'일체유심조' 하면 흔히 예로 드는 원효의 해골물 고사도 그렇다. 마음먹기에 따라 해골물도 맛있을 수 있겠지만, 해골을 본 이상 마음을 고쳐먹으려고 발버둥을 쳐도 안 되는 게 문제다. 내 마음조차 내 마음대로 되지 않는 것, 그것이 어쩌면 삶을 힘들게 만드는 가장 큰 이유일 것이다. 내 마음대로 되지 않는 것을 애써 얻으려 하기보다는, 내 마음이나 내 마음대로 하자는 게 불교의 가르침이다. 하지만 그게 마음대로 되는 분들은 부처의 경지에 올라 '대자유'를 얻은 분들일 텐데, 그런 분들은 평생을 선방에 앉아있던 분 가운데서도 극히 희소하지 않을까. 그걸 보면 '내 마음을 내 마음대로 하는' 것처럼 어려운 게 없다는 생각이 든다.

지나간 것은 지나가 버렸으니 굳이 붙잡으려 하지 않으면 없는 것이고, 지나가는 것은 지나가는 것이라 애써 붙잡지 않으면 지나가 없는 것이라며 마음의 '실상'을 보라고 하지만, 우리의 마음은 그렇지 않다. 오지 않은 것을 구하려 하고, 지나가는 것을 붙잡으려 애쓰며, 지나간 것을 잊지 못해 고생한다. 차우나 구양봉은 지나간 것을 잊지 못해 그것을 붙잡고 산다. 아니, 그것에 붙잡혀 산다. 모용언은 오지 않은 이를 미워하면서도 붙잡고 싶어 하며, 혹시 오지 않을까 기대한다. 이게 중생인 우리의 마음이다. 하여 그 마음이 만든 방황이 있고, 그렇게 고통스럽게 방황하는 세상이 있고, 그런 세상 속에서 매일매일 결정하고 행동하는 우리의 삶이 있다. 어쩌면 실상을 깨우치지 못한 우리의 실제 삶은 차라리 이 방황하는 마음이 만든 세상 속에 있다고 해야 할 것이다. 그렇다면 세상사가 내 마음대로 되지 않는다는 것을 누구보다도 잘 아는 분들이 왜 '일체유심조'를 말했던 것일까? 그렇게 말할 때의 '마음'이란 대체 무엇일까?

내 마음조차 내 마음대로 되지 않는다는 것부터 다시 되짚어보자. 왜 내 마음이 내 마음대로 되지 않을까? 가령 맛있는 음식을 보면 먹고 싶어지는 건 일종의 '조건반사'다. 여기서 먹고 싶다는 마음은 정확하게 말하면 음식과 나의 감각기관이 만나면서 일어나는 것이다. 굳이 대비하여 말하자면, 절식해야지 굳게 결심하고 있는 내 마음에 속한 것이라기보다는 꼬르륵대는 내 배에 속한 것이다. 혹은 배가 고픈 게 아닌데도 어느새 손을 끌어당기는 저 음식에 속한 것이라고 해야 할 것이다. 어느 시인의 말처럼 '바퀴를 보면 굴리고 싶어지고', 침대에 누우면 자고 싶어지고, 매력적인 여자를 보면 사랑하고 싶어진다. 우리가 마음먹는다고 생각하는 것, 아니 부지중에 어느새 하고 싶어지는 것은 모두 이런 식이다. 음식이 있다고 다 먹고 싶지는 않다고 하겠지만 그 마음조차 내 의지보다는 배부른 내 신체에 속한 것이다. 싫어하는 것도 이와 다르지 않다.

"미디어가 메시지다"라는 맥클루언의 유명한 명제가 뜻하는 게 바로 이것이다. TV나 자동차, 혹은 돈이나 옷 등의 미디어(매개)는 메시지를 전달하는 중립적 매체가 아니라, 그 자체가 특정한 것을 생각하고 행동하게 만드는 메시지라는 것이다. 교환을 위해 돈이란 매개물을 만들었다고 하지만, 일단 돈이 나타나면 돈을 벌기 위해 생산하고 교환하게 된다. 모든 것을 돈으로 바꾸라는 명령이 바로 돈의 메시지고, 우리는 대개 그것을 따르게 된다. 그건 우리 마음에 속한 것이라기보다는 돈이라는 미디어에 속한 것이고, 돈으로 가치를 재는 세상에 속한 것이다.

그렇다면 우리가 '마음먹는다'는 것은 내게 주어진 조건에 따라 내 마음 밖에서 오는 것에 반응하는 것이라고 해야 하지 않을까? 이런 의미에서 '자유의지'란 없다고 스피노자는 확언한다. 자신이 좋아하는 글을 쓴다고 할 때에도, 그것은 그가 읽은 책이나 그가 겪은 어떤 사건, 혹은 사람이 무언가 쓰도록 촉발했기 때문이다. 그리고 그런 자극을 표현한 글을 읽어주는 누군가가 있기 때문이다. 심지어 화장실에 가는 행위조차 신체의 어떤 상태가 요구한 것을 따른 것이다. 신장이나 방광이 앞장서는 그런 촉발이 없다면 소변기 앞에 서려는 마음이 생겼을 리 없다. 소변을 누는 것도 내가 마음먹기 이전에 신체가 마음먹은 것이고, 그 신체에 흡수된 수분이 마음먹은 것이다. 내가 내 뜻대로 행위한다고, 즉 자유의지에 따라 행위한다고 믿는 것은 그 행위를 하게 만든 원인을 모르고 있음을 뜻할 뿐이다.

이런 점에서 모든 것은 마음이 만든 것이라고 할 때 그 마음은 저렇듯 나로 하여금 무언가를 하게 하는, 내게 다가온 것들에 속한 마음들이다. 그런 점에서 내가 하려는 모든 것은 '마음이 만든 것'이다. 음식에 속한 마음, 침대에 속한 마음, 바퀴에 속한 마음, 방광에 속한 마음 등등. 물론 엄밀하게 말하자면 그것들과 내가 만나서 일어나는 게 마음이니, 마음이란 그런 만남의 장이라고 해야 할 것이다. 그런데 그 만남의 장 안에서 일차적인 것은 내 마음 속에 이미 있는 어떤 게 아니라, 바깥에서부터 내 마음 안으로 밀고 들어온 것이다. 나의 마음이란 그런 것들이 들어올 수 있도록 텅 비어 있는 마당 같은 것이다. 그렇기에 나의 마음이란 밖에서 들어온 것들로 가득 차 있다. 이게 어디 나쁘랴! 내가 하는 언행에 화를 내기도 하고 기뻐하기도 하는 내 옆에 있는 사람들도 그렇다. 내 집에 사는 개미의 마음 또한 다르지 않다. 과자부스러기에 스며들어 있는 인간의 마음이 개미의 촉수를 부르고, 개미를 쫓아내려는 인간의 마음이 개미의 행적을 숨긴다. 이런 의미에서 '모든 것은 마음이 만든 것'이다. 내 마음 바깥에서 들어오는 저 마음들의 연쇄, 그것이 나의 마음을 만들고, 개미의 마음을 만든 것이다. 그것이 나나 개미를 특정한 양상으로 행동하게 한다.

이런 의미에서 '일체유심조'는 연기법과 반대되는 것이 아니라 정확하게 연기법의 다른 표현이다. 내가 갖고 있는 마음이 일체를 만드는 게 아니라, 내 마음 밖에서 내게 다가온 연기적 조건이, 그 조건 속에 스며들어 있는 마음들이 나의 마음을 만들고 모든 것을 만들기 때문이다. 따라서 '일체유심조'는 내 마음이 모든 걸 결정한다는 식의 관념론과 반대되는 방향의 사고라고 해야 할 것이다.

2.
어떤 마음이
내 마음을 만드는가

일체유심조의 '마음'은 내 마음이 아니라 내게 다가와 나를 둘러싼 것들에 속한 마음이다. 음식에 마음이 속한다는 말이나 TV에 마음이 있다는 말이냐고 반문할 수도 있을 것이다. 그러나 마음은 '의식'이 아니다. 나의 마음이라고 할 때 그것은 나로 하여금 어떤 행동을 하게 하는 것이고, 그 행동에 의해 내가 만난 무언가에 작용하여 영향을 미치게 하는 것이다. 양파와 감자에 작용하여 잘게 자르도록 하고 섞어서 요리하는 것이 나의 마음이라면, 마찬가지로 나에게 작용하여 내 손발을 움직이게 하는 것, 내가 생각지 못한 쇼핑을 하게 한 것 또한 마음이라 해야 한다.

그렇다면 그런 마음들을 관통하는 것을 지칭하는 마음이란 개념을 다시 생각할 수 있다. 하나하나의 마음이 아니라 그런 모든 마음을 묶어서 마음이라는 하나의 말로 표현할 수 있을 것이다. 이런 의미에서의 마음이란 어떤 것에 작용하여 변화를 일으킬 수 있는 능력을 뜻한다. 나의 마음이란 염두에 둔 대상에 작용하여 어떤 변화를 야기하는 능력이고, TV의 마음이란 나나 오바마 대통령이나 그걸 보고 있는 누군가에 작용하여 어떤 변화를 만들어내는 능력이다. 그렇게 작용하여 어떤 변화를 만들어낼 능력이 있는 모든 것은 마음을 가졌다고 할 수 있다. 개는 개 나름의 능력을 갖고 있고, 소나무는 소나무 나름의 능력을 갖고 있으며, 첼로는 첼로 나름의 능력을 갖고 있다. 바위나 흙조차 나름의 능력을 갖고 있다. 동물은 동물대로, 식물은 식물대로 그리고 생물은 생물대로, 무생물은 무생물대로 모두 마음을 갖고 있다.

이렇게 '큰 것'만 해당되는 것은 아니다. 넘어져 무릎이나 팔이 깨져본 사람이라면 알 것이다. 상처를 조심스럽게 다룬다면 피부는 예전처럼 재생된다. 그렇게 신체를 재생하는 것은 단백질을 합성하여 체세포를 만드는 유전자의 작용이다. 즉 유전자의 마음이 깨진 신체를 재생하는 것이다. 아니, 그것이 생물의 신체를 만들어내는 것이다. 특정한 아미노산을 찾아 모아서 단백질을 만드는 코돈들도 마음을 갖고 있고, 자신의 특정한 짝이 아니면 결합하길 거부하는 뉴클레오티드들도 마음을 갖고 있다. 우리 신체의 가장 작은 부분들 모두가 마음을 갖고 있다. 작용하여 변화를 산출할 능력을 가진 모든 것은 마음을 갖고 있다. 그런 점에서 우주 안에 존재하는 모든 것은 마음을 갖고 있다는 점에서 평등하다.

이런 식으로 마음의 개념을 일반적인 것으로 추상하여 이해한다면, 이제 '일체유심조'란 말에 대해서도 우리는 앞서와 약간 다르게 해석할 수 있다. 즉 "모든 것은 어떤 것에 작용하여 변화를 야기할 수 있는 능력이 만들어낸 것이다"라고 인간이 만들어낸 칼이나 요리, TV 나 자동차만 그렇다고 생각한다면 너무 시야가 좁은 것이다. 토끼의 신체는 그것에 작용하여 어떤 변화를 만들어내는 풀의 능력이 만들어 낸 것이고, 우리 인간의 신체는 거기에 변화를 만들어내는 벼나 콩 혹 은 소나 돼지가 만들어낸 것이다. 풀 위에 내리는 비는 습기 머금은 대기에 작용하여 태양이 만들어낸 것이며, 숲의 나무를 흔드는 바람 은 대기가 만들어낸 것이다. 모든 자연현상에 대해 이렇게 말할 수 있 을 것이며, 그 모든 자연현상을 포괄하는 자연 전체에 대해서도 이렇 게 말할 수 있을 것이다. 모든 것이 바로 마음이 만들어낸 것이다.

모든 것이 마음이 만들어낸 것이라면, 나의 마음은 어떤가? 앞에서 본 것처럼 마음 역시도 마음이 만들어낸 것 아닌가? 스피노자 식으로 말하면, 무언가를 만들어내는 능력을 뜻하는 마음이 모든 걸 산출하 는 역할을 한다는 의미에서 '능산적能産的 마음'이라면, 나의 마음이나 개미의 마음 등 각각의 마음은 그것에 의해 산출된 능력이란 점에서 '소산적所産的 마음'이다.

각각의 마음은 모두 무언가를 만들어낼 능력을 갖는다. 그러나 모 든 것을 만들어내지는 못한다. 그것은 어떤 조건에서, 어떤 마음들의 연쇄에 의해 만들어졌는가에 따라 다른 산출능력을 갖는다. 흑인을 노예로 삼으려는 마음에 의해 만들어진 흑인의 마음과 자유인으로 대 하려는 마음에 상대하는 흑인의 마음은 같을 수 없다. 유전자조차 그 러하다는 걸 보여주는 유명한 사례가 있다.

마음속의 마음

.
.
.

임신한 소녀 위안부의 슬프고 어두운 눈빛과 그 옆에서 말을 건네는 동료 위안부, 그리고 저쪽에는 활짝 웃고 있는 군인의 얼굴. 그 사진을 들고, 그 임신한 소녀가 자신임을 증언하는 박영심. 허나 그분의 마음속에 들어 앉아있는 게 이것이 전부는 아닐 것이다. 작은 방마다 줄을 선 군인들. 그런 위안소를 만들어야 했던 전쟁을 '대동아'란 이름으로 외쳐댄 국가, 그리고 그게 '황군'의 치욕이 될 것을 꺼려 민간업자들을 이용한 군대, 그리하여 군대의 이름으로 사기를 친 모집인에 속아 위안부의 삶을 시작한 기억…. 그 모두가 그분의 마음을 직조한 실들일 것이다. 더 힘든 것은 그 고통스런 기억을 가족에게조차 말하지 못한 채 50년 이상을 살아야 했다는 사실 아니었을까? 1991년 8월 14일, 김학순은 차마 기억하기도 싫었던 그 일을, 그렇게 비밀처럼 감추어져 있던 잔혹을 증언한다. 살기 위해 견뎌내야 했던 고통이, 살기 위해 감추어야 했던 삶이 비로소 입 밖으로 나온다. 그 증언에 실린 마음이 수많은 마음속에 공명의 파동을 만들며 그 마음속에 스며들어 간다. 그렇게 스며든 마음으로 인해 스스로 '치욕'이라 생각한 행위를 명령한 군대의 공문서를 찾아냈고, 그렇게 스며든 마음이 전 세계의 다른 마음들 속으로 퍼져갔다. 그러나 그런 마음만 있는 건 아니었다. 위안부 관련 자료를 독립기념관에서 철거해달라고, 위안부 관련 시설(전쟁과여성인권박물관)을 독립공원에 짓는 건 선열에 대한 명예훼손이라고 비난하는 '조국광복회' 회원들의 마음 또한 있었으니까. '화해'나 '해결'의 강박 속에서 돈으로 마음을 달래려던 정치인들의 마음도 있었으니까. 아마도 이런 마음들이, 그 고통의 기억을 말도 하지 못한 채 50년 이상을 견디는 또 한 겹의 고통을 그분들의 마음속에 더했을 것이다. '환향녀'를 화냥년으로 만들어 비난하던 선조들의 마음이 그들의 마음속에 비슷한 모습으로 자리 잡고 있는 것일 게다.

제2차 세계대전의 막바지인 1944년 9월, 유럽 전역에서 퇴각하던 독일군의 거점 중 하나였던 네덜란드 서부의 주요도시에서 독일군에 저항하는 철도파업이 일어나고 빨치산 투쟁이 격화되었다. 이에 보복하기 위해 독일군은 식량봉쇄조치를 취한다. 1945년 독일군이 항복할 때까지 지속된 이 봉쇄조치로 2만 2천 명이 굶어죽었다. 식량봉쇄에 따른 기근은 살아남은 사람들은 물론, 그 사이 엄마의 자궁에 있던 태아들에게까지 큰 영향을 미친다. 인상적인 것은 임신 초부터 기근의 영향을 받은 아기들은 예상과 달리 평균보다 몸집이 컸으며, 이후 평균의 2배 정도가 비만한 신체를 갖게 되었다는 점이다. '후성유전'이라고 설명되는 이 현상은 임신 시의 기근에 반응하여 유입된 영양소를 저장하는 유전자가 최대한 활성화되었기 때문에 발생한 것이다. 기근을 만들어낸 마음들이 최소 식량 속에서도 살아남기 위해 최대한을 흡수하여 저장하는 유전자들의 마음을 만들어낸 것이다.

우리의 유전자에는 35억 년 생명체의 역사 속에서 생존에 유리했던 것들이 집적되어 있다. 빛과 이산화탄소만 있으면 생존에 필요한 에너지를 만들어내는 엽록체의 마음은, 서로 먹고 먹히는 만남 속에서 박테리아들의 마음과 그들의 생존조건이 된 물이나 대기에 속하는 마음들이 뜻하지 않게 만들어낸 것이다. 정교하게 작동하는 우리의 눈은 빛에 반응하는 박테리아를 기원으로 하는 세포들에 의해, 빛을 조건으로 하여 만들어진 것이다. 광수용체에게 '손을 내미는' 빛이 사라지면 빛을 보려는 마음도, 신체적 능력도 사라진다는 것을 두더지의 퇴화된 눈은 잘 보여준다. 그런 유전자들에 의해 만들어지고 움직여지는 우리의 신체, 우리의 마음은 35억 년 생명의 역사가 만들어온 것이다.

우리가 흔히 마음이라고 부르는 나의 마음, 너의 마음은 이런 점에서 보면 모두 35억 년간 생명의 역사라고 불리는 연기적 조건이 기억되고 집적된 것이며, 그런 외부적 조건이 내부화된 것이다. 나에게 작용하는 모든 마음이 응집되어 내부화된 것이다. 들뢰즈 식으로 말하면, 그 외부적 조건이 생명체의 마음속으로 접혀 들어가며 만들어진 '주름'들, 그것이 나의 신체요, 나의 마음이다. 만나는 조건마다, 만나는 마음들에 따라 모두 다르게 접혀 들어가며 만들어진 주름들, 그것이 '소산'으로서의 마음이다. 나의 마음이나 개미의 마음이고, 내 눈의 마음, 내 유전자의 마음이다.

3.
행을 닦을 때,
우리는 무엇을 닦는 것일까

외부에서 다가왔던 것은 어느덧 지나가거나 물러서면 사라진다. 그러나 내부화된 것은 지나간 뒤에도 남으며, 물러선다고 사라지지 않는다. 자신이 겪은 마음들을 내부에 기억하고 기록해두며, 그것에 따라 자신에게 다가올 사태를 예상하고 준비한다. 기근을 겪은 태아의 유전자가 기근을 예상하여 최대치로 영양소를 흡수하고 집적하는 능력을 가동시키고, 살아남으려는 마음을 신체에 담아 지속시키듯이, 빛이 사라진다고 해서 우리의 눈이 금방 사라지지는 않듯이. 이는 마음이란 말로 표현되는 신체를 움직여 반응하며 작용하고 변화를 만드는 능력에 안정성과 지속성을 제공한다. 하지만 동시에 달라진 조건에 부적절하게 대처하게 하는 이유가 되기도 한다. 궁핍을 경험한 사람이 궁핍에 대비하는 데 현재의 삶을, 아니 미래의 삶조차 귀속시켜버리고, 성공을 경험한 사람이 그 성공에 안주하여 다른 삶의 가능성을 닫아버리는 경우가 그렇다. 이것이 심해지면 과거의 경험에 고착되어 증상적인 행위를 반복하는 병적인 마음이 되기도 한다. 생존을 지속하려는 마음이 과거의 어떤 것에 집착하여 스스로의 작용능력을 고정하고 제한하는 것이다. 내부화된 마음은 변화된 조건에서 분리된 삶을 살려는 마음의 작용을 유지하고 지속해간다. 생명체의 마음이 종종 관성적·타성적 성향을 갖는 것은 이 때문이다.

　바깥에서 다가와 내 마음 속에 들어왔던 것들을 '나의 것'으로 내부화된 것이 나의 마음이다. 하여, 우리의 마음은 우리에게 다가온 외부에 대해 나름의 내부화된 방식으로 반응하며 작용한다. 그러나 단지 그것만이라면 일종의 '조건반사'를 벗어나지 못했을 것이다. 그렇지 않은 것은 다양한 종류의 습관이나 기억에도 불구하고, 우리의 마음이 대단히 불확정적인 방식으로 반응하기 때문이다. 같은 음반의 동일한 음악이지만, 어떤 때는 몰두하여 감동하며 듣게 되고 어떤 때는 귀에 겉도는 소리로 듣게 되는 것이 우리의 마음이고, 같은 봉투에서 나온 똑같은 차※이건만 어떤 때는 맛있다고 반응하고 어떤 때는 맛없다고 반응하는 게 우리의 마음이다. 마음이란 이런저런 양상으로 내부화되고 '고정'되었음에도 불구하고 본래는 어떤 자성도 없기 때문이다. 그것은 연기적 조건과 함께 다가온 마음에 반응하여 작용을 만들어낼 능력일 뿐, 어떻게 반응할지는 애초에 정해진 것이 없다.

　이는 정도의 차이는 있지만 기계나 사물 또한 다르지 않다. 전에 친하게 지내던 복사점 주인 양반은 주인 발소리만 들으면 고장 났다던 복사기가 멀쩡하게 작동한다는 얘기를 농반진반으로 해주었다. 컴퓨터를 많이 사용해본 사람은 알 것이다. 컴퓨터는 모든 사람에게 똑같이 반응하지 않으며, 항상 똑같이 작동하지 않는다. 약간 다른 얘기지만, '지능'을 제거한 채 센서로 감지되는 사물에 어떻게 반응할지만을 사전에 프로그래밍해놓은 로드니 브룩스의 로봇들은 프로그래밍되지 않은 행동패턴들을 만들어냈다. 흔히 '창발'이라고 부르는 이런 현상은 자연계에서도 나타난다.

이런 미결정성과 불확정성의 폭이 커서 지나간 경험에 비추어 판단하는 능력이 과거의 패턴을 벗어날 가능성을 가질 때 우리는 '생명'이라는 이름을 부여한다. 마음이 가진 미결정성의 정도가 내부화된 것에 따른 관성적인 반응을 벗어나는 정도의 크기를 가질 때, 내부화된 주름은 예상되는 것과 다른 방식으로 펼쳐질 수 있다. 자신이 만난 조건에 대응하며 다른 주름들을 만들면서 펼쳐지는 그런 작용의 양상이 그때 나타나게 된다. 상이한 기억들 가운데서 좀 더 나은 작용의 양상을 찾아내는 학습능력이나, 기억된 것을 변형시켜 새로운 조합을 만들어내는 창안능력이 이런 종류의 마음에 속한 것이다. 이로 인해 자신이 만나게 되는 것들에 대처하여 생존할 수 있는 능력은 고양될 수 있다. 관성적인 방식으로 생각하고 행동하는 것에서 벗어나 다른 사고와 행동의 가능성을 찾아가는 능력은 이로부터 나온다고 할 것이다.

'수행修行'이란 "行을 닦는다修"는 말이다. 행이란 무언가를 하려고 하는 마음이고, 그럼으로써 행동을 만들어내는 마음이다. 그 마음은 35억 년의 역사를 갖는 과거의 '숙업'이 쌓여 만들어진 능력이고, 일상적인 생존을 위해 신체의 움직임을 만들어내는 습관적인 의지들이며, 자신이 만났던 과거의 경험이 내부화되어 만들어진 마음이다. 그렇기에 그것은 필연적으로 관성적·타성적인 성향을 갖는다. 즉 하던 대로 하려는 성향, 하던 것을 계속하려는 성향이다. 관성적인 성향만을 갖고 있다면, 인간이든 생명이든 관성적인 힘에 의해 운동하는 사물과 다르지 않다. '생명'이란 이름에 부합하는 것은 그 관성적인 힘에서 벗어나는 이탈의 선을 그릴 수 있는 것이다. 자신의 마음 안에 존재하는 미결정성의 힘을 가동시켜 관성적인 선에서 벗어나는 선(이를 에피쿠로스는 '편위선clinamen'이라고 명명하고, 들뢰즈는 '탈주선'이라고 명명한다)을 그릴 수 있을 때, 새로운 삶의 방식과 다른 삶의 가능성이 그 마음 안에 형성된다. "행을 닦는다" 함은 자신의 마음이 작용하는 양상을 지켜보면서 관성적인 힘에서 벗어나는 이탈의 선을 그리는 능력을 증장시키는 것이라고 할 수 있다.

마조 스님의 유명한 화두 덕분인지 '마음이 곧 부처卽心卽佛, 즉심즉불'라는 말을 흔히 듣게 된다. 내가 갖고 있는 마음이 곧 부처고, 모두가 그런 마음이 있다는 점에서 부처라는 말로 이해할 수 있다. 그러나 앞서 말했듯이 비난하는 말을 들으면 화가 나고, 음식을 보면 어느새 손을 내미는 나의 마음은 중생의 마음이지 부처의 마음이 아니다. 정해진 성향에 따라 패턴화된 행行을 반복하게 하는 그 마음은 아무리 '중생이 곧 부처'라는 말을 들이대도, 부처가 아닌 중생의 마음일 뿐이다. 그것은 부처도 아니고 심지어 마음도 아니다. 마음이란 매순간마다 우리에게 다가온 연기적 조건이 갖는 작용의 능력이고, 우리로 하여금 무언가를 하게 만드는 능력이다. 그렇다면 차라리 매순간 다른 모습으로 다가와 우리에게 작용하고 손을 내미는 그 마음을 부처라고 할 수 있지 않을까? 연기법의 작용 자체, 혹은 연기법에 따라 작용하는 자연 자체가 바로 부처라고 할 수 있지 않을까? 흔히 '법신불'이라고 하는 부처가 바로 이를 뜻하는 게 아닐까?

부처라는 말에서 지혜로운 삶을 살아가는 어떤 '인격'을 떠올리는 것에 대해선 이렇게 말하는 게 더 나을 것 같다. 부처란, 연기법의 작용을 통찰하여 그에 응하되 내부화된 성향에 머물지 않고 그때마다 적절한 대응의 양상을 찾아내는 능력에 부여된 이름이다. 어떤 결정성도 갖지 않기에 어떤 연기적 조건에도 적절하게 대응할 수 있는 그런 능력 자체에, 능산적인 능력으로서의 마음이라고 했던 그런 능력에 붙인 이름이 부처다. 애초에 모든 마음이 그렇기에, 비록 내부화되어 안정적이지만 동시에 관성적인 마음의 작용을 넘어서, 관성적인 힘에서 벗어나 이탈의 선을 그리는 능력이 바로 부처다.

제13장

존재하는 모든 것은 영혼을 갖고 있다

식: 분자적 인식론과 식의 존재론

1.
눈 없이 보고,
코 없이 냄새 맡는 것들

"오직 식이 있을 뿐 대상은 없다唯識
無境"고 주장하는 유식학唯識學이 아니어도, 불교에서 식識이란 말은 매우 근본적이고 중심적인 위상을 차지하고 있다. "무명을 조건으로 하여 행行이 있고, 행을 조건으로 하여 식識이 있고, 식을 조건으로 하여 명색名色이 있고…"라고 이어지는 십이연기의 설법에서도 일찍부터 식은 등장한다. 또한 안이비설신의眼耳鼻舌身意, 눈, 귀, 코, 혀, 몸, 의식의 육식에 대해 말할 때도 식은 등장한다. 유식학은 이를 더 밀고 나가 제7식(말라식)과 제8식(알라야식)의 개념을 발전시켰고, 이러한 식의 작용을 통해서 무상한 세계 속에서 번뇌와 집착으로 물든 삶을, 그리고 그로부터 벗어난 삶을 설파했다.

'식'이란 앎이다. 그런데 흔히 생각하듯이 "아, 그거 알아"라고 할 때처럼 의식이 아는 것만 뜻하는 게 아니라, 눈으로 대상을 보는 것, 귀로 소리를 듣는 것, 심지어 면역세포가 밖에서 들어온 것들을 알아보는 것도 모두 앎이다. 식이라고 할 때, 그것은 또한 두 가지 의미를 갖는다. '안다'는 말처럼 알아채는 작용, 다시 말해 무언가를 포착하는 활동을 뜻하기도 하고, '인식'이나 '지식'이란 말이 그렇듯 눈과 귀 등이 알아챈 것, 다시 말해 피리 소리, 솔잎의 뾰족한 모양 등을 알아채는 작용을 통해 포착된 내용을 뜻하기도 한다.

그런데 서양철학에 익숙한 사람에게 이 '식'이라는 말은 약간 묘한 느낌을 준다. 그것은 분명 대상에 대한 인식활동을 지칭하지만 '인식'이라는 말과는 다르고, 포착된 어떤 인식 내용을 지칭하지만 '지식'이란 말과도 다르다. 무엇보다 흔히 사용하는 '인식'이라는 말은 대상을 포착하는 주관적인 활동이나 그 결과를 뜻하기 때문에, 근대에는 주로 '의식'과 상관적인 것으로 사용되었다. 그리고 인격적인 주관 전체를 통합하는 '정신' 전체의 층위에 있는 것으로 이해된다. "나는 생각한다, 고로 존재한다"고 할 때 생각하고 인식하는 것은 '나'라는 주체이고, 그 주체의 정신인 것이다. 한편 '내'가 인식한 내용은 통상 '지식'이란 말에 더 가깝게 사용된다. 그런데 불교에서 사용하는 '식'이란 말은 생각하는 '나'의 정신이나 의식뿐 아니라, 안식, 이식 등 눈이나 귀의 활동을, 혹은 그 활동의 결과를 뜻하는 것으로 사용된다.

그렇기에 서양철학에서 "내가 무엇을 인식한다"는 말은 흔히 쓰지만, 내 눈이 무엇을 인식한다는 식으로는 잘 쓰지 않는다. 눈이나 감각기관을 통해 포착된 것은 그 자체로 따로 다루지 않고, 눈과 귀 등을 '기관organ, 원래 '도구'란 뜻'으로 사용하는 주관의 일부로만 다룬다. 즉 눈이나 귀 같은 기관이 포착하여 보고한 것을 종합해 '나'라는 주관이 인식하고 판단하는 것이다. 그래서 눈이 본 것과 귀가 들은 것, 혀가

맛본 것이 다를 때에는 그게 무언지 명확하게 '인식'하지 못한다. 이런 혼동을 피하기 위해 의식은 여러 기관이 보고한 것(본 것, 들은 것, 만진 것, 맛본 것 등)을 종합하여 하나의 판단을 내리고, 거기에 맞지 않는 것을 못 듣고 못 본 것처럼 슬그머니 지워버린다. 그래서 '나'란 보통 주로 의식을 뜻하며, 이것이 대개 '정신'이나 '영혼'이란 말로 불리운다. 반면 안식, 이식을 별도로 말한다는 것은 '나'라는 주관과 동일시되는 정신이나 의식의 '도구'가 아닌 눈이나 귀 등의 독자적인 '인식'이 있음을 함축한다. 의식과 동렬에 놓인 눈, 귀의 '인식'이란 서양철학의 어법에서는 낯설고 생각하기 어려운 것이다.

그런데 지금 생각해보면, 의식이나 정신, 영혼 같은 하나의 통합된 전체로 귀속되지 않는 눈, 귀, 코 등의 독자적인 '식'이 있다는 말은 깊이 생각해야 할 중요한 요소를 갖고 있다. 눈이나 귀 혹은 그것이 포착한 것이 '나'라는 인식주관의 의식이나 영혼이 생각하고 판단하는 데 필요한 부분적인 '도구$_{organ}$'나 재료라는 생각은 생물학적으로는 유기체 중심주의적인 것이고, 철학적으로는 인간중심적인 것이다. 인식이란 언제나 유기체인 인간을 뜻하는 인식주관의 활동에 귀속된다는 생각이 전제되어 있는 것이다.

이와 달리 불교에서 말하는 식은 영혼이나 정신 같은 유기적 통일체를 상정하지 않고 눈과 귀 등의 활동이 독자적인 결과물을 얻는다는 발상을 담고 있다. 의식이란 안식, 이식, 비식 등과 동렬에 놓이는 여섯 가지 식의 하나일 뿐, 그 모두를 통합하고 지휘하는 특권적 전체가 아니다. 눈은 눈대로 인식하고, 귀는 귀대로 인식한다. 코와 혀, 몸과 의식 또한 그러하다. 이는 인격적인 주관 없이는 인식에 대해 생각할 수 없고, 정신이나 영혼 없이는 사고나 인식 같은 활동을 생각할 수 없다는 오래된 통념을 근본에서 뒤집는 자원을 제공한다. 아마도 들뢰즈라면, 여기에서 유기체에 대한 육근六根의 반란을 예감했을지도 모른다.

인간은 생각하는 동물이라고 말할 때, 인간의 사고능력에 대해 말할 때, 그것은 무엇보다 의식이나 정신 같은 개념을 상정하고 있다. 따라서 의식이나 정신이 없는 것, 가령 식물이 생각한다는 것은 어불성설이라고 간주되었다(데카르트는 동물이 생각한다는 주장조차 강하게 비판한다). 그러나 눈이나 귀, 코가 의식과 마찬가지로 나름의 '식'을 갖는다는 것은 의식이나 정신 같은 걸 가정하지 않아도 인식활동이나 그 결과에 대해 말할 수 있다는 것이다. 인식이 아니라 식을, 의식이 아니라 안식과 이식 등의 육식을 말하는 것은 이런 의미에서 인식뿐 아니라 인간과 동물, 식물에 대해 근본적으로 다르게 생각하도록 한다.

그런데 '식'의 개념이 담고 있는 잠재력은 이것 이상이다. 이런 발상을 좀 더 밀고 가보면, 식이란 눈이나 귀 같은 기관이 꼭 있어야만 하는 게 아니기 때문이다. 그건 역으로 눈은 대체 어떻게 안식眼識, 눈으로 본 것을 얻을 수 있는 것일까를 탐색해보면 분명해진다. 인간의 눈과 시각에 대한 연구는 안식이란 세포나 단백질 수준에서 발생하는 것임을 보여준다. 예컨대 인간의 눈의 망막에는 다섯 가지 광수용체가 있다. 빛의 강도에 민감한 간상세포(로돕신)와 빨강, 노랑, 파랑의 세 가지 색을 포착하는 세 개의 원추세포(포톱신), 그리고 생체시계를 조절하는 크립토크롬이란 광수용체가 그것이다. 이러한 광수용체가 일정한 파장과 진폭을 갖는 빛에 반응하여 포착할 때 안식이 발생한다.

좀 더 구체적으로 말하자면, 망막을 이루고 있는 광수용체가 눈동자를 통과한 빛에서 자신이 흡수할 수 있는 특정 파장의 빛을 받아들이고, 이 신호를 뇌로 보내 시각적인 상을 만들어내는 것이다. 안식 전체의 형성에는 뇌가 관여하지만, 안식이라고 할 수 있는 최소한의 식은 빛과 광수용체의 만남으로 형성된다. 즉 눈이란 기관이 아니라 세포적인 수준에서 빛과 결부된 '식'이 형성되는 것이고, 이것이 종합되어 '눈'의 식을 구성하는 것이다. 동물의 눈도 그렇게 작동한다. 따라서 빛에 반응하는 광수용체가 있다면 반드시 '눈'이라는 동물적인 기관의 형태를 갖지 않는다고 해도 '안식'을 가질 수 있다. 광수용체라는 세포의 수준에서 '본다'는 사건에 대해 말할 수 있는 것이다. 귀나 코, 혀에 대해서도 마찬가지다. 눈과 귀, 코, 혀, 몸, 의식의 육근보다 더 아래로 내려간 수준에서 식을 말할 수 있는 것이다. 식이란 개념이 주는 낯설고 묘한 느낌은 아직 제대로 펼쳐지지 않은 이런 새로운 사유에 기인하는 것이 아닐까?

이런 관점에서 보면 식물은 명백하게 '본다'고, 즉 안식을 갖는다고 말할 수 있다. 인간과 마찬가지로 식물은 광수용체를 갖고 있다. 가령 애기장대풀 같은 아주 '단순한' 식물조차 열한 개의 광수용체를 갖고 있으며(인간은 다섯 개만 갖고 있다!), 인간과 마찬가지로 생체시계를 조절하는 크립토크롬도 갖고 있다. 그렇기에 식물은 눈이란 기관은 없지만 빛과 색채를 구별하고 지각하는 능력을 갖는다. 빛이 거의 없을 때와 한낮일 때, 지평선으로 해가 질 때를 구별할 수 있을 뿐 아니라 밤낮의 길이를 알 수 있고, 청색이나 적색 같은 색상을 구별하기도 한다. 청색광으로 몸을 구부릴 방향을 찾고, 적색광으로 밤의 길이를 잰다. 또한 적색광과 초적색광(빨강보다 조금 더 파장이 긴 빛)을 구별할 뿐 아니라, 전날 마지막으로 지각한 빛을 기억하여 반응한다. 나아가 인간의 시각보다 훨씬 더 복잡한 방식으로 빛을 지각하고 식별한다. 그렇게 적외선과 자외선을 '본다.' 아마 그 이외의 것도 '볼' 수 있을 것이다. 식물들이 빛을 향해 몸을 움직이고 변형시키며, 계절의 변화를 감지해 싹을 틔우고 꽃을 피우며 잎을 떨어뜨리는 것은 이런 인식 능력의 작동을 통해 이루어지는 현상이다. 겉으로 보면 '조건반사'나 '기계적 반응'처럼 보이지만, 실제로 이 현상들은 매우 복잡하고 섬세한 세포적이고 분자적인 식들의 작용에 의해 이루어지는 것이다.

따라서 식물은 눈이 없지만 '본다'고 할 수 있다. 즉 '안식'을 갖고 있다고 할 수 있다. 덧붙이면 식물은 동물의 후각처럼 냄새에 반응하는 수용체를 갖고 있어서 냄새에 반응하고 또 벌레를 쫓기 위해 냄새를 이용하기도 한다. 접촉을 지각하는 촉각도, 나아가 기억력도 갖고 있다. 다만 식물이 소리를 듣는지 여부는 아직 확인되지 않았으며, 혀 없이 맛을 느끼는지 여부는 실험되지 않았다고 한다.

식물의 후각능력

미국실새삼(Cuscuta Pentagona, ❶)은 이웃한 식물에게서 영양분을 얻어 기생하는 식물이다. 특히 좋아하는 숙주는 토마토인데, 냄새로 그것을 찾아내 덩굴을 뻗는다. 곤충학자인 데모라에스는 토마토 '향수'를 만들어 발라두면 이 식물의 덩굴이 그것을 향해 뻗어간다는 것을 통해 이를 입증했다. 흰버드나무(Salix Alba, ❷)는 곤충들이 잎을 갉아먹으면 곤충들이 싫어하는 페놀성 및 타닌성 물질을 분비한다. 이것이 분비되면 그 나무의 다른 잎은 물론 인근에 있는 건강한 나무들도 그 '냄새를 맡고' 유사한 물질을 분비하여 곤충의 공격을 미리 방지한다. 야생 리마콩(Phaseolus Lunatus, ❸)은 딱정벌레가 잎을 갉아먹으면 잎에선 휘발성 화학물질을 공기 중에 배출하고 꽃에선 딱정벌레를 잡아먹는 육식곤충(절지동물)을 유인하는 꿀을 생산한다. 이처럼 식물 또한 우리처럼 냄새를 맡고, 냄새를 이용해 적을 퇴치한다.

2.
분자들의 지각,
세포들의 인식

식물들 또한 여러 가지 식을 갖는다는 사실은 식물의 '인식능력'이나 '판단능력'에 대해, 결국 '사고능력'에 대해 쉽게 부정할 수 없음을 뜻한다. 인간이나 동물의 생각하는 능력이란 판단하는 능력에서 기인하는 것이고, 판단한다는 것은 무엇보다 대상을 수용하는 눈이나 귀, 코 등의 식에 대해 적절한 반응방식을 찾는 것이기 때문이다. 식물뿐일까? 아메바나 박테리아 같은 이른바 '원생생물' 또한 나름의 식을 갖고 있으며, 인식능력을 갖고 있다. 인식능력이 없다면 살아남을 수 없었을 것이다. 살아있는 모든 것은 자기 나름의 식, 즉 인식능력을 갖고 있다.

서양철학은 인식이나 지식을 다룰 때 인간의 인식만을 다루었고, 이는 의식을 중심으로 통합된 하나의 '정신'이나 '영혼'이 갖는 사유능력을 다루는 것을 뜻했다. 눈과 귀 등의 감각기관을 통한 지각은 인식의 일부를 이루는 것으로만 다루어졌다. 의식을 특권화하는 이런 생각은 주로 의식을 통해 인식하고 사유하는 특정 동물(인간)을 특권적 잣대로 삼는 것이다. 이는 의식적인 사고능력의 유무나 정도에 따라 생명체들 사이에 우열과 고저의 위계를 만들어낸다. 그런 점에서 '인식'이란 개념은 '인간중심주의'의 또 다른 공모자였던 셈이다.

식의 개념은 육근 각각의 인식능력이나 그것이 얻은 식의 독자성을 사유할 수 있게 함으로써, 인간중심주의를 벗어나서 인식의 문제를 다룰 수 있도록 해준다. 나아가 인간 아닌 생명체의 '인식능력'이나 그것으로 얻은 '식'에 대해 사유할 수 있게 해준다. 가령 흔히 말하는 육식은 가능한 식의 종류 전체가 아니다. 인간이 갖고 있기에 인간이 알 수 있는 종류의 식들일 뿐이다. 이와 다른 종류의 식이 있을 수 있음을 누가 부정할 수 있을까? 육식 안에서도 그렇다. 가령 눈으로 얻는 안식에도 인간이 아는 것과 다른 종류의 안식이 있다.

인간의 눈이 지각할 수 있는 빛이란 400~700nm(나노미터)의 파장을 갖는 가시광선뿐이다. 이는 인간이 갖고 있는 광수용체의 수용능력에 기인한다. 반면 방울뱀이나 보아뱀은 이보다 더 긴 파장을 갖는 적외선을 볼 수 있고, 개미나 박쥐, 벌, 새 등은 400nm보다 더 짧은 파장의 빛인 자외선을 볼 수 있다. 그렇다면 자외선을 보는 벌이나 새의 눈에 비친 제비꽃은 우리 눈에 비친 것과 같은 '식'일까? 그럴 리 없다. 빨간색을 지각하는 광수용체가 없는 눈에 비친 장미꽃이 그걸 갖고 있는 눈에 비친 장미꽃과 같을 리 없다. 인간의 눈에는 보잘 것 없고 소박하거나 초라하게 보이는 암컷 새들이 자외선을 보는 수컷 새들에게는 매우 다르게 보일 거라는 것은 쉽게 상상할 수 있다. 필경 매우 매력적인 모습일 것이 틀림없다. 같은 새라고 하지만, 같은 새라고 할 수 없는 것이다. 안식이라 하지만 아주 다른 안식이 있는 것이다.

인간들이 흔히 하듯이, 이 안식에 대해 누가 더 좋은 안식을 가졌는지를 굳이 구별해본다면 어떨까? 당연히 인간보다 더 넓은 범위의 빛을 포착하는 동물의 안식이 더 좋을 것이라고 해야 할 것이다. 다섯 개의 광수용체를 갖는 인간에 비해, 애기장대풀처럼 열한 개의 광수용체를 갖는 식물이라면 말할 것도 없다. 그러나 애기장대풀이 인간보다 더 좋은 인식능력을 갖고 있다고 말한다면 대개는 동의하지 않을 것이다. 그럴 수 있다. 좋은 안식이 있음이 좋은 인식능력을 갖고 있음을 뜻한다고 하기는 어렵기 때문이다. 그렇다면 인간들이 흔히 말하듯, 좋은 의식을 갖고 있음이 좋은 인식능력을 갖고 있음을 뜻한다고 할 수 있을까?

탁월한 시각적 감각(안식)을 가진 화가와 탁월한 계산능력을 가진 상인, 혹은 탁월한 논리적 추론능력을 가진 철학자 중 누가 더 탁월한 사고능력을 가졌다고 할 수 있을까? 여기서 우열과 위계를 매기려 한다면, 바보짓이 될 것이다. 다른 사고능력들을 가진 것이기 때문이다. 마찬가지로 열한 개의 광수용체로 얻은 탁월한 안식을 가진 식물과 보는 데서는 많이 딸리지만 생각하고 판단하는 의식이 발달한 인간 중 누가 더 우월한 인식능력을 가졌는가를 따지는 것도 바보짓이다. 인식능력이라 하든, 사고능력이라 하든, 능력의 우월이 있다고 말하는 것보다는 능력의 다양성이 있다고 말하는 게 더 적절하다.

사고능력은 특정한 하나의 식이 아니라 육식, 아니 그 이하의 다양한 식이 모여 종합되는 과정이다. 영혼이나 정신이 사고하는 능력을 지칭한다면, 이는 다양한 식이 종합되는 양상에 따라 다양한 '정신'이 존재할 수 있음을 함축한다. 그리고 이런 점에서 보면, 동물은 물론 식물에게도 '정신'이 없다고 할 수 없다. 식물뿐 아니라 식을 갖는 모든 것은 나름의 '정신'이 있는 것이다! 스피노자의 "모든 존재자는 정도의 차이는 있지만 영혼을 갖고 있다"는 말에서 '정도의 차이'라는 말을 바꾸어 "모든 존재자는 양상의 차이는 있지만 영혼을 갖고 있다"고 하는 게 더 적절할 것이다. 식을 갖고 있는 모든 것은 양상의 차이는 있지만 정신을 갖고 있는 것이다. 세포적 인식능력에 대한 연구들은 당시에는 그저 추측에 지나지 않았던 이런 생각이 충분히 설득력 있음을 보여준다. 의식을 특권화하지 않는 '식'의 개념은 모든 존재자의 평등성을 함축하는 이런 발상과 친연성親緣性을 갖는다.

그런데 정신의 손에서 벗어난 식의 개념이 세포들의 층위에서 멈출 이유는 없다. 지금의 과학은 세포보다 더 아래로 내려가 최소한 분자적 수준으로까지 밀고 가는 것을 가능하게 해준다. 가령 유전자들이 전사되고 그것으로 단백질을 합성하는 과정이 그렇다. 세포의 핵 안에 있는 수많은 유전자, 그것은 아데닌(A)과 구아닌(G), 티민(T), 우라실(U), 시토신(C)이라는 네 개의 뉴클레오티드의 '인식능력'에 의해 작동한다. 시토신은 구아닌과 다른 것을 '알아보고' 구아닌과만 결합한다. 티민이나 우라실은 아데닌과만 결합한다. 이로 인해 DNA의 핵산들은 RNA로 전사된다. RNA에 전사된 핵산들은 세 개씩 짝을 지어 하나의 코돈을 형성한다. 그리고 그 코돈들은 자신과 대응되는 아미노산을 '알아본다.' 가령 ACU는 트레오닌, AAU는 아스파라긴,

AGU는 세린이란 아미노산을 알아보고 짝을 맞춘다. 그렇게 모인 아미노산들이 모여서 여러 가지 단백질이 만들어진다. 이처럼 짝이나 상대를 알아보고 결합하는 이런 능력 또한 '식'의 일종이다. 분자들의 '인식능력'인 것이다.

3.
신체는 식을 만들고,
식은 신체를 만든다

식의 개념을 이처럼 분자적 수준으로까지 밀고 내려가면 개념의 의미나 작용은 물론, 위상에서 또 한 번의 근본적 변환이 발생한다. 세포의 핵 안에서 이루어지는 유전자, 아니 핵산들의 식의 작용은 세포별로 고유한 단백질을 만든다. 그것들로 신체의 조직과 기관들이 만들어진다. 생명체의 신체는 모두 이렇게 만들어진다. 분자적인 식의 작용으로 인해 생명체의 신체는 존재하게 되는 것이다.

"오직 식이 있을 뿐이며, 대상은 존재하지 않는다唯識無境"라는 명제는 여기서 새로운 의미를 갖게 된다. 통상 그것은 식에 따라 우리가 대면한 대상이 달라짐을 뜻하는 '인식론적' 명제로 해석되어왔다. 인식하는 능력이나 인식작용에 대한 연구란 뜻이다. 식의 작용에 따라 대상이 다르게 포착된다는 말은 대개 인식에서 '주관'의 작용이 결정적임을 뜻하는 것으로 해석되었다. 이런 입장을 흔히 '관념론'이라고 명명한다. 가령 "존재는 지각된 것이다"라고, 따라서 지각된 양상이

다르면 다른 존재라고 주장했던 버클리의 소박한 관념론이나, 사물 자체는 알 수 없기에 있는지 없는지, 그게 정말 무엇인지는 괄호 속에 묻어두고, 인식하는 주관의 작용에 따라 다르게 보이고 들리는(나타나는) 현상에 대해서만 말하자고 하는 칸트나 후설의 신중한 관념론이 그것이다.

그러나 유전자 이하의 분자적 식의 작용을 안다면, 식의 작용은 단지 우리가 마주한 대상을 다르게 보도록 하는 것에 머물지 않음에 생각이 미칠 것이다. 분자적 식의 작용은 생명체의 신체를 만들어낸다. 그리고 그 신체가 어떻게 움직이고 활동하는지를 결정한다. 생명체라는 존재방식은 물론 그 존재 자체가 유전자나 그 이하 수준에서 진행되는 식의 작용의 산물인 것이다. 따라서 식의 작용은 단지 인식론의 영역뿐 아니라 '존재론'의 영역에도 속한다. 존재하는 것들의 존재이유나 존재양상을 다루는 것이기 때문이다. 미시적 식의 작용은 생명체의 존재를 특정한 양상으로 구성하고, 그 존재를 지속하게 하는 가장 일차적인 성분인 것이다. 분자적 식의 개념을 통해 이제 우리는 미시적 식의 존재론에 도달하게 된다.

하지만 식의 집적이 신체를 만들어내는 것과 반대되는 방향의 과정 또한 이러한 식의 존재론을 이해하는 데 매우 중요하다. 생명체의 현행적인 활동이 미시적 식의 형태로 저장되고 집적되는 과정이 그렇다. 진화라고 불리는 생명의 장기 지속적 과정은 이와 관련되어 있다. 생명체가 자신의 생존을 지속하기 위해서는 빛의 변화, 온도의 변화, 물의 유무, 공기의 상태 등에 대해 '알고' 판단해야 한다. 이는 동물이나 식물은 물론, 미생물조차 다르지 않다. 살려는 의지가 있다면 환경에 대해, 인근에 있는 것에 대해 알고 판단하는 식의 작용이 발생하게 마련이며, 그 결과 얻은 식들이 기억되고 저장되게 마련이다. 유전자는 그러한 작용의 결과 가운데 최소치가 저장되고 기록된 것이다. 물론 환경에 적응한 결과가 직접 유전자를 바꾸거나, 거기에 기록되지는 않는다. 적응한 것들이 살아남아 번식하고 적응하지 못한 것은 죽고 도태되는 과정을 통해, 생존에 유리한 유전자가 보존되는 방식으로 '저장'되고 집적되는 것이다.

이를 불교적인 개념을 빌려 말하면, '행行'이라고 명명되는 생명체의 의지 내지 성향이 자신의 존재를 지속하기 위한 활동이나 작용을 만들어내고, 그런 행이 다양한 층위에서 '식'을 만들어내는 것이며, 그렇게 하여 만들어진 식이 유전자 정보의 형태로 저장되고 집적되는 것이다. 그렇다면 십이연기 중 하나인 "행을 조건으로 하여 식이 존재하게 된다"라는 명제는 무지로 인한 인간의 충동이 분별을 만들어내는 과정뿐만 아니라, 좀 더 근본적으로 생물학적 과정 일반에 대한 것으로 이해해야 되지 않을까?

유전자는 그 자체로 이중적 의미의 식 개념을 함축한다. 아미노산을 모아 단백질을 만들고 세포와 신체를 만들어내는 것은 대상을 알아보는 식의 작용이니, 능산적인 개념으로서의 식의 작용이다. 이를 유식학唯識學의 어법으로 바꾸어 말하면, 유전자라는 종자에 집적된 식이 생명체의 신체로 현행화되는 것種子生現行, 종자생현행이라고 할 것이다. 그리고 들뢰즈 식으로 말하면 유전자 형태로 집적된 잠재성이 발생적 조건에 따라 현행화되는 것이라고 할 것이다.

동시에 유전자는 그런 능산적인 작용이 만들어낸 결과물이니 소산적所産的인 개념으로서의 식이라 할 것이다. 흔히 사용되는 '유전자 정보'라는 말이 그렇듯이, 유전자는 거대한 정보의 집적체다. 즉 거대한 미시적 식들의 집적체다. 이는 박테리아로부터 시작된 수십억 년 진화의 과정을 통해 '기억'된 정보들이 집적된 것이다. 이는 매우 완만한 속도로 진행되지만 현행의 활동이 지속적으로 유전자로 저장되고 있음을 뜻한다. 식이란 이러한 현행적인 활동이 신체에 남긴 흔적이요, 기록이자 '지식'이다. 현행의 활동이 생명체의 잠재적 능력인 식이 되고, 활동의 결과가 '정보'가 되는 것이다. 이를 다시 유식학의 어법으로 말하면, 생명체의 현행적인 활동이 종자의 형태로 훈습되는 것現行熏種子, 현행훈종자이라고 할 것이다. 그리고 들뢰즈 식으로 말하면 현행성이 잠재성의 변화로 소급되는 것이라고 할 것이다. 이런 관점에서 보면, 유전자 정보란 35억 년간 생명체의 신체가 활동한 흔적들이 기록된 것이다.

이것이 전부는 아니다. 우리는 생식을 통해 유전자들이 섞이는 방식으로 유전자들의 다양한 변화가 발생함을 알고 있다. 유전자들이 다른 유전자로 변형되는 과정은 능산과 소산, 종자와 신체가 교차되는 그 사이에 존재한다. 더불어 우리는 유전자들이 전사되는 과정에서 다양한 변화와 변이가 발생함을 알고 있다. 유전자가 접혀 들어간 부분을 빠뜨리고 전사되기도 하고, 전사되는 과정에서 편집되기도 한다. 게다가 자리바꿈인자transposon. 유전자 중에서 원래 자리에 이탈하여 다른 자리로 옮겨감으로써 유전형질을 바꾸는 것처럼 유전자들의 배열을 바꾸어놓는 인자도 있다. 유식학에서 종자가 변화된 다른 종자를 만들어낸다種子生種子, 종자생종자라고 했던 것은 이런 의미일 것이다(엄밀하게 말하면 이는 유전자의 현행적인 활동과정이 잠재성의 변화로 소급되는 것이다).

이제 유전자로부터 다시 우리의 신체로 올라갈 수 있다. 생명체의 신체는 모두 거대한 유전자 정보라는 식의 집적체이고, 그 식의 작용에 의해 만들어진 신체다. 뿐만 아니라, 그것은 일상적인 습관이나 기억 등이 새겨지고 그것에 의해 작동하는 신체란 점에서 식의 집적체다. 동시에 그것이 만나고 접하는 조건이나 환경에 대응하여 유전적 코드나 습관에 의해, 혹은 기억이나 육근의 지각에 의해 판단하고 행동하는 신체다. 그런 활동의 결과가 신체에 스며들고 유전자 정보에까지 침투하며 집적된 신체다. 활동할 때뿐 아니라 쉬거나 자고 있을 때조차 세포적 식과 분자적 식의 흐름이 끊이지 않는 식의 작동체다. 이런 의미에서 분자적 수준에서 벗어나 일상적 수준에서도 신체는 식에 의해 구성되어 있는 동시에, 식은 신체적 활동에 의해 변형된다고 할 수 있다. 따라서 식 없는 신체는 없으며, 또한 신체 없는 식도 없다고 해야 한다. 정보나 지식은 신체 없이 독자적으로 존재하며, 그것이 신체를 구성한다는 주장이 '영혼'을 '정보'로 바꾼 예전의 관념론에 속한다면, 신체를 미시적 식의 구성물임을 보지 못한 채 그저 '고기덩어리'나 '쇳덩어리'로 보는 것은 '물질' 타령을 반복하는 낡은 유물론에 속한다.

요컨대 '현행훈종자'에서 '종자생종자'를 거쳐 '종자생현행'으로 그리고 다시 '현행훈종자'로 이어지면서 순환하며 반복하는 생명의 과정이란, 생명체의 활동이 다양한 층위의 식을 구성하는 동시에, 분자적인 수준으로 내려간 미시적 식의 작동을 통해 생명체의 존재가 만들어지고 변화되며 지속하는 과정이다. 유전자는 물론 유기체의 기관이나 신체, 나아가 유기체들의 결합에 의해 만들어지는 집합체 모두가 이러한 식을 통해 작동한다. 이를 안다면, 오직 식만이 존재할 뿐이라는 말을 상투적 관념론으로 간주하는 것만큼 커다란 오해도 없음 또한 이해하기 쉬울 것이다.

제14장

무지 이전의 무명에서 생멸 이전의 '존재'로

십이연기: 무명의 카오스와 무지의 코스모스

1.
십이연기를
지금 다시 묻다

연기법이란 '이것이 있기에 저것이 있고, 이것이 일어나기에 저것이 일어남'을 뜻한다. 어떤 것도 그것을 조건 짓는 것에 따라 존재하며, 그 조건이 사라지면 그 또한 사라진다. 이는 《중아함경》에서 말하듯, 석가모니가 만든 것도 아니고 다른 누군가가 만든 것도 아니다. '그것은 부처가 세간에 나오든 그렇지 않든 간에 우주(법계) 안에 항상 있는' 것이고, 부처란 이를 깨달아 중생에게 설하여 알려주는 이다. 조건에 따라 그 존재나 본성이 달라진다는 이런 가르침은, 지금은 철학이나 과학에서 약간은 다른 어법으로, 다양한 양상으로 지적되고 강조되는 바다.

그런데 《아함경》 등 초기 경전에 연기법에 대한 가르침과 더불어 석가모니의 깨달음을 구성하는 중요한 가르침이 '십이연기'이다. 생과 사, 늙음 등 열두 개 사태들의 연관을 연기법에 의해 포착하여 설명한 것이다. 간단히 요약하면, 사람들이 살면서 겪는 가장 근본적인 고통인 '늙고 죽음老死'은 '태어남生'을 조건으로 하여 존재하며, 태어남은 '있음有'을 조건으로 하여 존재한다. 있음은 '집착/취착取'을 조건으로 하여 존재하고, 집착은 '애착愛'을 조건으로 하여 존재하며, 애착은 쾌감이나 불쾌감 같은 '감각작용感受, 受'을 조건으로 하여 존재한다. 감각작용은 감각기관과 외부의 만남 내지 '접촉觸' 없이는 있을 수 없으니 접촉을 조건으로 하고, 그런 접촉은 눈과 귀, 코 등 여섯 개의 '감각기관六入, 六處'을 조건으로 하여 가능하게 된다. 이런 육처는 사물色을 구별하고 그것을 파악하는(~라고 명명하는) 작용名色을 조건으로 하여 존재하고, 명색은 분별능력이나 분별작용識을 조건으로 가능하게 된다. 분별작용은 필경 살기 위해 발동되는 충동이나 의지, 그에 따른 행동行 때문에 발생한다. 그런 행동이나 의지는 세상이 무언지 알지 못하는 조건 위에서, 즉 무명無明을 조건으로 하여 발생한다. 이를 조건이 되는 것, 혹은 원인이 되는 것부터 ① 무명無明, ② 행行, ③ 식識, ④ 명색名色, ⑤ 육처六處, ⑥ 촉觸, ⑦ 수受, ⑧ 애愛, ⑨ 취取, ⑩ 유有, ⑪ 생生, ⑫ 노사老死의 순서로 배열할 수 있다.

통상적인 설명에 따르면, 무명이란 빛明이라고 표현된 지혜가 없음을, 다시 말해 연기법이나 무아의 진리를 알지 못함에서 오는 무지의 상태이다. 행이란 행위나 그것을 하게 하는 의지나 충동을 뜻하는데, 무지로 인한 행동이나 충동을 뜻한다고 본다. 식은 인식작용이나 인식주체라고 하고 분별작용이라고도 하는데, 불교에서 분별이 대개 그렇듯 '지혜'와 반대되는 의미를 함축한다. 무지에 따른 충동을 조건으로 하는 분별작용이니 그럴 것이다. 명색은 물질色과 정신名을 뜻한다고 보기도 하고, 신체와 영혼 혹은 신체적 작용과 정신적 작용을 뜻한다고 보기도 한다. 육처는 눈, 코, 귀, 혀, 몸 및 의식이라는 여섯 가지 감각기관이나 감각작용을, 촉은 그런 감각기관과 대상의 접촉을, 수는 그 접촉에 따라 감각된 내용이나 그런 감각작용을 뜻한다. 애는 말 그대로 괴로움이나 즐거움에 따른 애증의 작용을 뜻하고, 취는 맹목적 애증에 따른 집착이며, 유는 그런 애증에 따라 만들어지는 '존재'를, 생은 그런 존재의 발생을, 노사는 그 존재의 쇠락과 죽음 그리고 그에 따른 괴로움을 뜻한다.

이는 늙고 병들어 죽는 것에서 오는 고통을 목도하여 출가했던 석가모니가 연기법을 깨달은 이후, 그에 따라 고통의 이유를 해명해주는 연기적 인과연쇄를 해명하여 설한 것이다. 무상과 무아의 실상에 대한 무지, 그것을 있는 그대로 받아들이지 못하는 무능력, 그것이 노사로 귀착되는 고통의 이유이다. 그렇기에 무명에서 시작된 열두 개 개념의 연쇄는 모두 무지를 함축하는 것으로 해석되고 있다.

그런데 이렇게 해석하면 사실은 설명해야 할 '무지'라는 현상이 어떻게 발생하게 되는지를 해명하고 설명하는 것이 아니라, 처음부터 전제로 하여 반복해서 강변하는 것이 되고 만다. 무지하기에 세상은 '무명'인 것이고, 무명이니 맹목적 의지나 충동에 따라 행동하게 되고, 그런 무지를 조건으로 분별하게 된다. 무명이란 무지를 뜻한다고 정의하는 순간 무지를 이미 전제하는 것이 되고, 그렇게 가정된 무지로 무지를 설명하는 순환논증의 오류에 빠지게 되는 것이다. 이를 피하려면 무지를 가정하지 않고 무명이란 개념을 정의할 수 있어야 한다. 그러나 무명이란 빛이 없음이고, 지혜 없음이니 그 자체로 무지를 뜻하지 않는가? 무지 없는 무명이란 어불성설 아닌가? 그렇다면 순환논증은 피할 수 없는 것일까?

이런 의문을 갖고 유심히 십이연기의 항목들을 다시 보면, 각각의 개념들과 그 연결이 생각보다 이해하기 쉽지 않음을 알 수 있다. 세 번째 항에 있는 '식'을 두고 《잡아함경》에서는 육근의 분별작용이라고 설명하는데, 육근은 다섯 번째 항에 가서야 존재한다. 즉 육근이 아직 존재하지 않는 단계에서 육근의 분별작용이라고 말하는 셈이다. 육근 없는 육식이라니! 이는 조건에 따라 사태를 보라는 연기법의 원리에 부합하지 않는다. 그리고 육근(육처), 그리고 그것과의 접촉을 조건으로 하여 발생하는 감수작용은 육식의 작용일 것이다(육식이 분별작용이 있어야 할 자리는 바로 여기다). 그렇다면 이는 세 번째 있는 '식'과 같은 것이 된다. 같은 개념이라면 이렇게 반복할 이유가 있을까? 더구나 육처 이전에 무리하게 육식의 개념을 말하면서까지?

명색의 개념 또한 그러하다. 명색을 정신과 육체 내지 그것들의 작용이라고 한다면, 이것이 육처보다 먼저 나온 이유를 이해하기 어렵다. 데카르트처럼 정신과 육체가 감각기관 이전에 별도로 존재하는 실체라고 본다면 모르겠지만, 그런 실체가 없음을 보았던 석가모니라면 그러지 않았을 것이다. 실체라고 처음부터 가정하지 않는 한, 정신이란 육식 없이는 있을 수 없는 것이다. 보이지 않는 대상을 두고 '뱀처럼 사악한 모습'이라고 판단할 수 없는 것과 같다. 이는 명색을 물질과 정신이라고 보아도 마찬가지다.

'식'보다 먼저 나오는 '행'이란 무엇을 뜻하는 것일까도 이해하기 쉽지 않다. 무지한 관념(식)이라고 해도, 통상 관념 없이 행동하지는 않는다고 하지 않는가? 무지가 문제인 것은 그것이 행동을 오도하는 관념이기 때문 아닌가? 그렇다면 무명에서 무지한 식으로 이어지고, 그것이 무지한 행동을 야기한다고 하는 게 더 그럴듯해 보인다. 그런데 무명 다음에 곧바로 '행'을 잇고, 그것을 조건으로 '식'을 설명하는 이유는 무엇일까? 그런 위치 속에서 이해되는 행이나 식이란 대체 어떤 의미를 갖는 것일까?

이것만은 아니다. 그 뒤에 있는 다른 개념들도 세심하게 따져보면 수많은 의문을 야기한다. 이는 '십이연기'의 가르침이 흔히 생각하는 것과 달리 쉽게 이해할 수 있는 자명한 연쇄가 아니며, 사용된 개념들 또한 상식이나 통념과 같지 않음을 의미한다. 따라서 앞에서부터 하나씩 다시 짚어가며 생각해보아야 한다. 십이연기를 우리가 처한 지적·존재적 조건에서 다시 사유해야 한다. '부처님 말씀'이라고 당연시하지만 실제로는 별 생각 없이 주워 섬기는 상투적 '지식'이 아니라, 우리의 삶을 깊이 통찰하는 지혜의 단서가 될 것이다.

2.

무명無明:
무한속도로 변하는
세계를 어찌할 것인가

무지의 발생을 해명하기 위해서는 무지를 전제하지 않은 채 무명을 정의해야 한다. 그렇다면 무지를 전제하지 않는 무명이란 무엇인가? 무지 이전에 존재하는 무명이다. 무지보다 앞서 존재하며, 무지를 조건 짓는 무명이다. 무명이란 무지한 눈에 포착된 세계가 아니다. 그것은 무지 이전에 존재하는 세계고, 무지하지 않은 눈으로도 포착할 수 없는 세계다. 그렇기에 제대로 포착할 수 없는 세계다. 포착되기 이전의 세계인 것이다. 따라서 지혜 또한 작용하기 이전의 세계다. 지혜보다 앞서 존재하고, 지혜를 조건 짓는 무명이다. 즉 지혜와 무지 이전에 있는 게 무명이다.

무명이란 빛이 없음이다. 빛이 없는 어둠이고, 어둡기에 뭐가 뭔지 알 수 없음이다. 그 어둠은 지혜나 무지 이전에, 보고 듣고 판단하는 어떤 작용 이전에 존재하는 어둠이다. 그것은 모든 것 이전에 주어진 세계, 애초에 주어진 세계다. 항상-이미 존재하기에 '태초'라는 시작의 시간으로 한정되지 않는 '시원'이고, 현재는 물론 과거와 미래에도 언제나 상존할 세계란 점에서 시간을 넘어서 있는 '시점始點'이다. 그것은 무상하게 변화하는 세계 그 자체다. 무상하기에 그 자체로 혼돈이요 카오스인 세계고, 그렇기에 '어둠'이라고 명명되지만 결코 어둡지 않은 세계, 밝게 빛나지만 밝은 그대로 어둠인 세계다. 어떤 것도 감추지 않고 다 드러내지만 어떤 것도 제대로 포착될 수 없기에 '어둠'이라 불리는 세계다.

십이연기가 시작되는 개념인 무명이란 석가모니가 발견한 무상한 세계와 다르지 않다. 모든 것이 무상하다는 깨달음이 불교의 모든 가르침의 출발점이듯이, 그것은 십이연기라는 가르침의 출발점이다. 알다시피 '유부'라고 불리는 아비달마의 사상가들은 이 무상의 변화를 포착하기 위해 사대와 오온으로 구성된 세계를 더할 수 없이 작은 크기로 분할했고, 그럼으로써 더는 분할할 수 없는 최소 크기에 도달하려고 했다. 그 최소 크기 속에서 세상을 구성하는 극미의 '요소'를 포착하고자 했다. 모든 것을 극미의 요소로 분석하여 일흔다섯 개의 '달마達摩, 다르마'를 찾아내 '유'를 구성하는 기본 요소라고 정의했다. 이는 더는 분할할 수 없는 최소 크기의 실체란 점에서 일종의 '원소' 내지 '원자'와 같다. 그리고 이것으로써 무상한 세계를, 무상한 물질이나 대상, 감각이나 식을 해명하고자 했다. 석가모니께서 제행무상이라 했지만, 그냥 무상함을 받아들이는 것만으로는 안 된다고 생각했던 것일까?

그러나 무상은 찰나의 순간에도 멈추어 있지 않음이다. 찰나, 극미의 원소에 멈추어 고정된 어떤 것이 된다면, 무상은 무상이 아니다.

무상이란 무한소에 가까운 크기로 자르고 또 잘라도 멈춤 없이 변화하고 생멸하는 사태를 뜻한다. 가령 잠들어 있는 우리의 신체를 세포의 크기로 분할하여 살펴본다면, 나름의 리듬으로 변화하며 이웃한 세포들과 무언가를 주고받는 무수한 세포를 발견하게 된다. 어느 세포도 한순간도 멈추어 있지 않고 변화한다. 그 세포를 다시 분할하여 들어간다면, 각각의 세포소기관들 역시 잠시도 멈추어 있지 않고 이웃한 것들과 무언가를 주고받으며 활동하고 있다. 그것을 다시 잘라 내려가도 마찬가지다. 자르면 자르는 대로 잘려진 것들 간에는 무언가를 주고받는 활동이나 작용이 있고, 변화가 있다.

그렇다면 어디에서 멈출 수 있을까? 더는 자를 수 없는 최소 크기에 도달한다면 멈출 수 있을까? 그러나 분자라고 하든 소립자라고 하든 어떤 것도 크기를 갖는 한 다시 자를 수 있다. 즉 자를 수 없는 크기는 없으며, 그렇기에 변화 없는 최소 단위의 실체 같은 건 없다.

뒤집어 말하면, 멈추어 있는 듯 보이는 잠든 신체조차 무상한 것들 속의 무상함, 또 그 속의 무상함이 무한히 중첩되어 있는 것이다. 무상의 무상의 무상의…. 무상이 중첩된 신체인 것이다. 자르고 또 잘라도 무한히 분할되는 이 중첩된 무상한 변화는 무한속도를 갖는다. 가령 0~1 사이의 수가 무한히 많은 것은 어떤 수든 간에 나누고 또 나누어도 또다시 나눌 수 있기 때문이다. 멈추어선 것처럼 보이는 잠든 신체조차 무상이 겹겹이 중첩된 무한의 무상을, 무한속도의 변화를 갖는다. 무상한 세계, 그것은 무상한 변화가 무수히 많은 층으로 중첩된, 무한속도로 변하는 세계인 것이다. '중중무진重重無盡'으로 중첩된 무상한 변화의 세계, 중중무진한 무한속도로 변하는 세계인 것이다.

무한속도의 변화, 그것은 어떤 방법으로도 포착할 수 없다는 점에서 '카오스'고 무명이다. 무명이란 바로 무한속도로 중첩된 무상의 세계다. 무엇 하나 가린 것이 없건만 결코 포착할 수 없는 '불가능성'의 세계다. 눈에 보여도 보이지 않는 세계이고, 빛이 있어도 보이지 않는 세계다. 이런 의미에서 무명은 그 자체로 무지를 뜻하지 않지만, 무지를 낳을 수밖에 없다. 보여도 보이지 않는 세계이기 때문이다. 근본적인 불가능성으로서의 어둠이고, 지혜와 무지가 구별되기 이전의 어둠이다. 그렇기에 무명의 어둠은 무지에 기인하는 어둠이 아니다. 반대로 무지를 조건 짓는 무명이다. 그것은 근본적으로는 볼 수 없음, 그 '불가능성'에서 오는 어둠이다. 무지 이전의 어둠이며, 빛이 들어갈 수 없음이란 의미의 무명이다.

그렇다면 무명을 넘어서는 것은 불가능한가? 무상의 변화를 있는 그대로 포착할 수 없다면, 실상을 통찰하는 지혜란 불가능하다는 말 아닌가? 무명에 기인하는 무지만이 가능할 뿐 아닌가? 그러나 여기서 석가모니의 통찰력이 탁월한 것은 지혜를 그런 무지와 대립되는 자리에 놓는 게 아니라, 그런 대립 이전의 자리에 있음을 본다는 사실이다. 알지 못하는 무지와 대립되는 짝은 앎이고 지식이다. 무명은 그런 의미에서 지식의 불가능성을 뜻한다. 아무리 다가가도 충분히 알 수 없고, 확실하게 틀어쥐려 할수록 놓치게 되는 것이 무상한 세계의 실상이기 때문이다. 지혜란 그런 지식을 확장하여 얻어지는 게 아니라 무상이라는 바로 그 사태를 받아들이는 것이다. 무상한 것을 멈추고 고정하여 '알려는' 것이 아니라, 무상함을 무상함 그대로 받아들이는 것이다. 멈출 수 없는 것을 억지로 멈추려 하는 것이야말로 고통의 원인임을 아는 것이다. 무상한 세계의 불가능성을, 고정할 수 없고 포착할 수 없음을 있는 그대로 받아들이는 것, 그것이 지혜이다. 따라서 지혜는 지식과 어쩌면 반대방향에 있는 것이라고 할 것이다.

그러나 그 불가능성을 인정하고 받아들인다 함은 세계의 실상이란 알 수 없다며 포기하고 절망하는 니힐리즘 아닌가? 그렇지 않다. 니체의 말대로 멈출 수 없는 가변적 세계에 실망하여 변함없는 것, 피안의 세계를 추구하는 것이야말로 니힐리즘이다. 무상한 세계의 불가능성을 받아들인다는 것은 알려는 모든 시도를 포기하는 게 아니다. 살려고 하는 한 세상에 대해, 눈앞의 저것이 무언지 알아야 한다. 알기 위해, 포착하기 위해 우리는 변화를 감속시키고 멈출 수밖에 없다. 그리고 멈추어선 채 포착된 것에 이름을 부여한다. 무상한 세계의 불가능성을 인정한다 함은 그렇게 포착된 것이 실상과 거리가 있음을 인정하는 것이고, 고정한 순간 이미 실상은 옆으로 빗겨나기 시작했음을 아는 것이다. 그렇기에 내가 포착한 것이 그저 잠정적인 것임을 받아들이는 것이다. 그리고 그 고정된 것을 떠나 다시 변화된 것을 향해 눈을 돌리기를 반복하는 것이다.

지혜란 내가 포착한 것을 믿고 확장해가는 것이 아니라, 무상한 세계 앞에서 그걸 내려놓을 줄 아는 것이다. 알고 있는 것에서 눈을 돌려 다시 무상의 세계를 보는 것이다. 부처의 가르침도 다르지 않다. "한 물건도 지고 있지 않을 땐 어떠합니까?"라는 물음에 조주 스님이

부분 속의 부분, 또 그 부분 속의 부분

복잡하게 얽힌 것을 포착하기 위해 우리는 국소적인 부분에 주목한다. 구부러진 가지의 작은 부분은 곧게 펴져 있을 테니까. 그러나 그렇게 국소적인 부분으로 축소해보아도 복잡하게 구부러진 선들이 다시 나타난다. 그것을 다시 또 국소적인 부분으로 축소해보면? 그래도 마찬가지다. 변화하는 것 속의 부분 자체도 이렇게 변하고, 그것의 작은 일부로 축소해보아도 그 또한 이렇게 변한다. 변화의 변화, 무상의 무상. 프랙탈 기하학은 그런 변화가 유사한 형태로 반복됨을 주목하며, 그 변화의 복잡도를 계산하려 한다. 그것 없이는 세상을 포착하여 다룰 방법이 없기 때문이다. 그래서인지 그런 복잡도를 다루는 과학은 무상의 카오스를 다루는 애초의 '카오스 이론'에서 복잡성을 계산하는 '복잡성 이론'으로 이름이 달라져버렸다. 무명의 세계에서 지식의 세계로 가는 길은 이렇기 마련이다.

"내려놓아라!"라고 했던 것, 이어서 선승들이 "내려놓아라!"를 끊임 없이 반복하여 가르쳤던 것은 이 때문이다.

3.
행行:
태초에 행동이 있었으니라

무명을 조건으로 발생하는 행이란 무엇인가? 행이란 무언가를 하는 것이고, 그렇게 하려는 의지를 발동시키는 것이다. 무엇이 의지를 발동시키는가? 일단 살아있는 것이 그러하다. 그러나 살아있는 것만 그런 것은 아니다. 물리적인 물체들도 일종의 '의지'가 있다. 관성이라고 불리는 게 그것이다. 하던 운동을 계속하려 하고 가려던 방향으로 계속 가려는 성향이 관성이다. 그런 관성은 유기체나 인간에게도 마찬가지로 있다. 인간의 경우에는 '타성'이라고 말하기도 한다. 담배 피우던 이가 몸이 안 좋아도 계속 피우려 하는 것도, 먹지 않는 음식에 대해 맛없다고 느끼며 먹던 음식만 계속 먹으려는 것도, 남에게 상처주고 괴롭히는 말을 어느새 다시 입 밖으로 내게 되는 것도 모두 이런 종류의 관성이다. 공부하려던 사람이 계속 공부하려는 것도, 선방에 앉아 참선하던 사람이 그걸 계속 하려는 것도 다르지 않다. 이런 관성을 불교에서는 '습'이나 '업'이란 말로 표현한다. 어떤 행을 지속하게 만드는 것, 그게 습이고 업이다. 좋은 행의 지속은 좋은 결과로 이어질 것이고, 나쁜 행의 지속은 나쁜 결과로 이어질 것이다. 이처럼 업을 통해 행을 지속하여, 좋은 것이든 나쁜 것이든 어떤 결과를 얻는 것을 '자업자득'이라고 한다.

우리가 흔히 생각하는 것과 달리 이런 행동은, 혹은 이런 행동을 낳는 의지는 생각이나 인식 이전에 존재하고 발동한다. 생명체의 경우도 마찬가지다. 아이가 엄마 젖을 찾는 것은 살기 위한 본능적 행동이다. 먹고살기 위한 그 의지는 생각이나 인식 이전에 작동한다. 성인이라고 다르지 않다. 배고플 때만은 아니다. 짝을 얻고자 하는 행동이나 생식을 위한 행동처럼 번식과 관련된 행동의 의지 또한 생각이나 인식 이전에 작동한다. 그처럼 생각 이전에 작동하는 의지를 보통 '충동'이라 한다. 충동이란 생존과 번식을 위해, 자신의 존재를 지속하기 위해 일차적으로 작동하는 성분이다. 그것은 '식'이라고 명명된 작용 이전에 존재하고 작동한다. 그렇기에 그것은 흔히 '맹목적'이라고 간주된다. 생각 없이, 인식 없이 행동하게 하기 때문이다. 그러나 놓치지 말아야 할 것은 사실 그 충동이 비록 "생각이 없다"고 해도 명확한 목적을 갖고 있다는 사실이다. 생존의 지속이 바로 그 목적이다.

의지나 충동이라 불리는 이 '행'은 무명을 조건으로 작동한다. 이때 무명이란 조건은 행을 적극적으로 규정하는 요인이라기보다는 행이 발 딛고 서 있는 조건이고, 생명체의 충동이 헤쳐가야 할 조건이다. 하이데거 식으로 말하자면 살아있는 어떤 것도 이 무명의 세계 속으로 '던져지며' 태어나는 것이다. 무명의 세계란 생존을 지속하기 위한 조건이고 적응해야 할 조건이다. 살려는 의지인 '행'은 이 무명의 세계, 알 수 없고 아직 알지 못하는 세계에서 어떤 식보다 먼저, 어떤 판단보다 먼저 작동한다. 일단 작동하며 시작하는 것이다. 그래서일까? 괴테는 파우스트의 손을 빌어 "태초에 말씀이 있었느니라"는 성경의 문장을 이렇게 고친다. "태초에 행동이 있었으니라." 생명의 '원초적' 힘인 이런 의지 내지 충동을 '맹목적'이라고 하는 것은 무명의 세계와 직접 대면하며 시작해야 하기 때문이다. 알지 못하고 충분히 알 수 없는 세계 속에서, 여기저기를 더듬고 이리저리 몸을 옮기며 생존을 위한 길을 찾아가야 하기 때문이다.

자신의 존재를 지속하려는 것은 생명의 '본성'에 속한다. 생명의 존재에 이유는 없다. 사르트르는 "실존은 본질에 선행한다"는 말로, 합목적적 본질에 따라 만들어진 도구와 달리 인간의 존재(실존)는 그런 본질이나 목적 없이 태어났음을 강조했다. 하지만 이 말은 인간에게만 해당되는 게 아니다. 모든 생명체는 태어났기에 존재하는 것이고, 살아가는 것이다. 생명이란 그런 점에서 자신의 생존을 지속하는 문제에 관한 한 '맹목적'이다. 존재하기에 존재하려는 것이다. 무명의 세계 앞에서 합리적 이유 없이 존재하며, 세상을 통찰하는 어떤 생각 없이도 그 존재를 지속하려 한다. 생명을 지속하려는 이런 의지나 충동을 '생명력'이라고 말할 수 있다.

스피노자는 존재를 지속하려는 이러한 성향이나 '노력' 혹은 충동이나 의지를 '코나투스conatus'라고 정의하며, 이것이 생명체뿐 아니라 모든 존재의 본성이라고 본다. 현재의 상태를 지속하려는 사물의 관성조차 이런 코나투스의 일종인 것이다. 생명이 있는 것이 그렇지 않은 것과 다른 점은 존재를 지속하려는 의지가 생존능력을 고양시킨다는 것이다. 주어진 조건에서 생존할 수 있는 능력을 증가시키고, 다른 환경에서 생존을 지속하기 위해 자신을 변화시켜가는 것이다. 이를 위해 생명체는 자신이 처한 조건에 대해 '알고자' 한다. 끝없이 요동치는 바다 속에서 지푸라기나 나무 조각을 찾듯이, 알 수 없이 빠르게 변화하는 무상의 세계 속에서 삶을 지속할 단서를 찾고자 한다. 세상에 대해 알고자 한다. 동물이 먹을 것을 찾아 움직이려는 것도, 이동이나 운동을 위해 유용한 세포를 발전시킨 것도 이런 이유에서다. 또한 식물이 빛을 감지하는 능력을 섬세하게 발전시킨 것도 이런 이유에서다. 무상한 무명의 세계지만, 그 속에서 살고자 하는 충동에서 '행'을 발동시키는 것이고, 그 행이 다시 알고자 하는 의지를 발동시켜 '식'을, 지각하고 인지하는 능력을 가동시키는 것이다. 행은 식을 발동시키는 전제이지, 식에 의해 작용하는 의지가 아니다. 식은 살고자 하는 의지를 조건으로 존재하게 된다.

모든 생명체는 무한속도로 변하는 이 무상한 세계 속에서 살아가야 한다. 생명의 역사를 시작했던 박테리아나 아메바 같은 원생생물에서부터 지금의 인간에 이르기까지 어느 것도 다르지 않다. 무명의 어둠 속에 위족僞足을 내밀어 살 길을 찾아야 하고, 인근에 있는 것을 더듬으며 판단하길 반복하며 '식'을 형성해야 한다. 변화하는 대기의 흐름 속에서 자신이 살 거처를 찾아야 하고, 변화하는 빛의 흐름 속으로 가지를 뻗어야 하며, 변화하는 물의 흐름 속에 신체의 일부를 담가야 한다. 변화하는 온도를 포착하여 꽃을 피워야 할지 잎을 떨구어야 할지를 판단해야 하고, 그 변화의 뒤에 무엇이 올지를 예상해야 한다. 눈앞에 있는 것의 움직임을 포착하여 적인지 먹이인지를 판단해야 하며, 달리는 놈의 속도와 방향을 포착하여 쫓든 도망치든 해야 살아남을 수 있다.

　살아있는 모든 것은 식 이전에 작동하는 이런 의지를 갖고 있다. 그것이 십이연기에서 식 이전에 있으며, 식을 조건 짓는 행이다. 의식 없는 생명체는 있지만, 충동 없는 생명체는 없다. 충동이 없다면 어떤 행동도, 살아가는 것도 불가능할 것이다. 행이, 그런 의지가 작동하면서 살기 위해 무엇을 먹어야 할지, 그걸 찾기 위해 어디로 가야 할지, 저기 있는 것을 먹어도 좋은지 아닌지를 판단하려 할 때 '식'이라는 작용이 발동된다. 그리고 그런 의지가 식의 작용을 규정하고 방향 짓는다. 식이란 생존을 위해 발동하는 이 행에 기대어 발생하고 작동한다.

4.

식識:

동물 이전의 인식능력

대기도, 물도, 빛도, 온도도 무상한 변화의 흐름이고 신체의 움직임 또한 그러하다. 무한속도로 변화한다. 무한속도로 변화하는 세계, 말 그대로 카오스다. 이 카오스 속에서 생명체는 살아야 한다. 살려는 의지는 이 카오스를 향해 신체를 밀어붙인다. 그러나 살기 위해선 조심스레 다가가야 한다. 사는 데 필요한 어떤 단서를 카오스로부터 찾아내야 한다. 카오스적 변화를 따라갈 수 있게 해줄 단서를 포착해야 한다. 하지만 무한속도의 변화를 있는 그대로 포착할 순 없기에, 작은 단서라도 잡으려면 변화 속에서 반복되는 것을 포착해야 한다. 인근에 있는 것들에서 반복되는 단서를 포착해야 한다. 반복되는 것들을 연결하고 반복되는 속도와 리듬을 포착해야 한다. 그렇게 되돌아오는 것의 성질을 파악해야 한다. 그런 식으로 우리는 자연의 변화를 되돌아오는 계절의 반복으로 파악하고, 비슷한 모습으로 되돌아오는 것들을 '같은 동물'로 파악한다.

되돌아오는 것들을 연결하며 우리는 변화를 '파악'했다고 생각한다. 그것을 통해 변화하는 세계에 대응하며 살 길을 찾는다. 이는 무한속도의 변화를 감속시키는 것이다. 유한의 속도로 바꾸고 그 유한의 속도마저 자신이 감당할 수 있는 것으로 '다운'시키는 것이다. 우리는 그때마다 하나의 상을 만들고 그림을 그려 보여주며 거기에 이름을 붙인다. 이는 이후에 유사한 상황을 만났을 때 판단의 자원이 된다. 물론 우리만 그런 것은 아니다. 토끼도, 거북이도, 돌고래도 그럴 것이고, 박테리아 또한 그럴 것이다. 생명체들은 모두 나름의 방법으로 유사하거나 비슷한 것들을 하나로 묶고 그것에 이름을 붙이며, 그렇게 포착된 것들을 분류하고 연결한다. 반복적으로 만나는 것들을 '동일한 것'으로 간주하게 된다. 반복적으로 만나는 것들에 나름대로 이름을 붙이고, 이름이 붙여진 것들은 하나의 동일한 대상으로 간주한다. 그렇게 명명된 대상들을 연결하고 직조함으로써 나름의 세계를 구축한다. 인간들은 이를 무명의 카오스와 달리 질서의 세계, '코스모스'라고 명명한다.

이처럼 무상한 속도를 적절하게 감속하거나 고정시키며 얻는 그때 그때의 판단이나 그 자원이 되는 정보들을 식이라고 한다. 또한 그런 판단이나 식별의 작용을 식이라고 한다. 식이란 무명의 카오스에 대처하면서 살려는 의지가 때로는 감속시키고 때로는 고정시켜 찾아내고 만들어낸 질서다. 그렇지만 그것은 만들어지는 순간 무한의 속도로 변하고 있는 무상한 세계와는 분리된 정지된 세계고, 변하는 무명의 세계와 거리를 둔 고정된 질서다. 따라서 그것은 실상의 어떤 요소들을 통해 만들어진 것이지만, 그것 이상으로 실상과 분리된 것이란 점에서 '무지'를 함축한다. 그러나 그것 없이는 살 수 없다는 점에서 필연적인 무지고, 유용한 무지다.

식이란 무명 속에서 살아야 하는 생명체의 이 불가피한 의지와 행동으로 인해 발생한다. 무명의 세계 속에서 움직이고 헤엄치고 걷고 달리며, 장애물을 피하고 먹이를 찾고 내 목을 노리고 달려드는 놈을 알아보고 도망치는 행동 속에서 형성되는 판단능력이고 식별능력이다. 그런데 무명과 행을 조건으로 하여 발생하는 이 식은 흔히 말하는 육식이 아니다. 육식은 눈, 코, 귀 등의 육처(입)를 조건으로 한다. 육처 없는 육식이란 있을 수 없기 때문이다. 그런데 알다시피 십이연기에서 육처는 식 다음에 오는 명색을 조건으로 하여 존재한다. 따라서 식은 육처 이전의 식이고, 육식 이전의 식이다. 그렇다면 육처 이전의 식이란 대체 무엇인가?

약간 다른 얘기처럼 들리겠지만, 여기서 하나 묻고 넘어가야 할 것이 있다. 십이연기는 인간에게만 적용되는 것일까, 아니면 모든 생명체에 적용되는 것일까? 석가모니는 연기법에 대해 설하면서 그것은 부처가 나오든 안 나오든 간에 우주 안에 항상 존재하는 것이라고 했지만, 이는 십이연기 또한 마찬가지일 것이다. 부처가 없어도 무명의 세계 속에서 무지와 고통 속에서 사는 것은 다를 바 없다. 그런데 연기법과 십이연기의 적용범위에 대해선 논란의 여지가 있다. 연기적 조건에 따라 모든 것의 본성이 달라지는 것은 인간이든 아니든, 생명이 있는 것이든 없는 것이든 모두 마찬가지로 적용될 것이다. 그러나 십이연기에서는 육처가 있고 애착과 집착이 있으며, 생사의 관념이 있기에 일단 생명이 없는 것, 육식이 없는 것들에게는 적용하기 어렵다. 기쁨과 슬픔의 감수작용이나 애착 같은 작용이야 동물에게서 대개 발견되는 것이지만 유와 무, 생멸의 관념이 있는지는 확실하지 않다. 물론 나는 없을 거라는 생각에 동의하지 않는다. 하이데거는 죽음의 의미를 아는 것은 오직 인간뿐이라고 믿었지만, 죽음 앞에서 동물들이 보여주는 태도에 대해 보거나 들은 적이 있다면 그렇다고 말하기 어렵다.

식물이라면 어떨까? 식물에겐 감각기관이 따로 없지만 육식과 비교되는 감각작용은 존재한다. 빛을 향해 가지를 뻗고 다투는 것을 보면, 애착이 있음도 분명하다. 애착이 있다면 집착 또한 있으리라고 짐작할 수 있다. 그런데 유와 무, 생사와 생멸의 관념이 있을지는 아직 판단하기 어렵다. 시지각이나 촉각 등은 있지만 의식이 있는지는 확인되지 않았는데, 의식과 결부된 신체기관인 뇌가 없다는 점에서 유무나 생사의 관념은 없을 거라는 추측이 더 설득력 있다. 그러나 생명이 있는 것이라면 생사의 관념이 어찌 없을 수 있는가라고 반박할 수도 있다. 살기 위한 노력이나 충동은 이미 생의 관념이 있는 것이기 때문에, 사의 관념도 있다고 할 수 있다. 하지만 충동(행)에 포함된 생사의 관념이 애착과 취착을 조건으로 발생하는 생사의 관념과 같다고는 하기 어렵기 때문에, 그걸 반박하는 것은 충분히 가능한 일이다. 그런데 박테리아라면 어떨까?

지금의 과학적 지식을 활용한다고 해도 십이연기가 적용되는 범위가 어디까지인가를 정확히 말하는 것은 매우 어렵다. 아마도 석가모니의 관심사가 인간의 고통의 원인을 규명하는 것이었으니, 인간에 대한 얘기라고 생각하기 쉽다. 답을 구할 수 없는 질문에 대해 질문이 부적절하다고 하면서, 화살이 어디서 왔나가 아니라 화살에 맞은 사람을 치유하는 게 중요함을 역설한 바 있지 않은가. 그러나 석가모니의 관심사가 단지 인간에만 있지 않았음은 분명하다. 석가모니의 눈은 '중생', 즉 살아있는 모든 것을 향하고 있지 않은가? 그렇다면 십이연기를 중생 전체에 해당되는 것이라고 해야 한다.

미생물이나 세포적 수준의 인식능력은 물론, 식물이나 동물의 그것조차 알려진 바가 거의 없던 시대에 설해진 가르침에 대해 이런 질문은 던지는 것은 이 때문이다. 단지 인간만이 아니라 살아있는 모든 것의 고통의 이유를 통찰하고자 했기 때문에, 당시로선 알려지지 않아서 명확히 말할 수 없었지만, 인간의 범위를 넘어선 것들의 행과 식에 대한 어떤 직관적 통찰이 담겨 있었던 것으로 보인다. 앞서 무명을 조건으로 하는 행도 그랬지만, 이를 특히 잘 보여주는 것은 육처 이전의 식에 대해 말한다는 것이다.

무명을 조건으로 살기 위해 무언가를 행하려 하는 것은 인간만이 아니라 박테리아나 아메바에서부터 곰팡이 같은 균류, 양치식물(포자를 만드는 식물)과 현화식물(꽃을 피워 씨로 번식하는 고등식물) 같은 식물들, 그리고 인간과 다른 동물들 모두에 해당되는 것이다. 이런 가시적인 생물뿐 아니라 아귀나 아수라, 귀신이나 천신들마저 포함하는 일체 중생의 삶에 대한 것이다. 따라서 행을 조건으로 발생하는 식은 이런 다종다양한 중생 모두와 관련된 것이라고 해야 한다. 감각기관이나 그것의 작용이 있기 이전에 등장하는 식, 어쩌면 불합리해 보이고 육처의 작용을 다시 말하고 있는 이 개념은 육처를 갖지 못한 상태에서의 식의 작용 일반을 지칭하는 게 분명하다. 그렇다면 이 식과 육처의 작용으로서의 육식은 어떻게 다른 것일까? 인간 아닌 것의 능력에 대해 지금의 지식을 통해 다시 읽으려는 시도는 사후적 합리화가 아니라 현재라는 조건 속에서 의미를 재해석하는 것이다.

아귀나 아수라는 잘 모르겠지만, 박테리아나 아메바 혹은 식물들조차 눈, 귀, 코 등의 육처 내지 육근이 없음은 분명하다. 그러나 육근이 없기 때문에 식이 없다고 한다면 매우 잘못 알고 있는 것이다. 식이 없다면 식물이 어떻게 때를 알아서 꽃을 피우고 잎을 떨굴 것이며, 혐기성 박테리아는 어떻게 산소가 없는 곳을 찾아갈 수 있을 것인가! 인간이나 동물의 경우에도 육식을 갖는 것은 유기체 수준에서다. 그러나 유기체만 식을 갖는 건 아니다. 세포들도 나름의 식을 갖고 있으며, 세포 안에서 활동하는 세포소기관들, 심지어 유전자 안의 뉴클레오티드들조차 식을 갖고 있다. 이 식들은 동물의 신체에 속하지만 육근이 없는 상태에서 발생하는 식이다. 살아있는 것들이 생명을 지속하기 위해 움직이려 하는 한, 그 자체로는 알 수 없는 무명의 세계를 알려는 의지가 발동하게 마련이다. 그리고 그 알려는 의지에 따라 나름의 식을 갖게 되는 것이다.

따라서 행을 조건으로 발생하는 식은 인간이나 동물 '이전'의 식이고, 인간의 경우에도 세포적 층위나 분자적 층위에서 작동하고 형성되는 미시적 식이다. 동물적인 유기체의 존재를 가정하지 않고 말할 수 있는 가장 일반적이고 가장 포괄적인 의미에서의 식이다. 육처 이전의 식이란 최소한 미생물이나 세포 수준에서 존재하는 식의 작용, 따라서 육처나 육근을 갖지 않은 상태에서 작동하는 식의 작용이다. 그것은 인간에게도 존재하며(육식 이전의 식이고, 세포 수준의 식이다), 인간 아닌 중생에게도 존재하는 확장된 개념의 식이고, 미시적 수준에서 작동하는 식이다.

5.
명색名色:
안팎의 식별이 '나'를 만들고

식이란 쉽게 말하면 행동하는 어떤 것이 무언가와 만나서 발생하는 것이다. 그러나 사실 이는 부정확하다. 이미 대상이 무언가를 알아보는 '무엇'을, 혹은 감각기관 같은 것을 전제하기 때문이다. 여기서 식은 아직 그런 것이 발생하기 이전의 식이고, 행을 조건으로 발생하는 식이다. 대상을 구별하는 것은 식의 내용을 분별할 때 가능하고, 그걸 분별하는 기관이 있을 때만 가능하다. 그런 분별하는 기관은 대체 어떻게 발생하는 것일까?

좀 더 구체적으로 말하면, 동물이나 식물 같은 유기체는 여러 가지 기관을 갖는다. 동물이라면 육처의 감각기관을 가질 뿐 아니라 운동기관, 소화기관, 순환기관 등을 갖는다. 이런 기관은 대체 어떻게 발생했을까? 박테리아나 아메바 같은 생물로부터 여러 기관을 하나의 전체로 통합한 유기체가 발생하는 것은 어떻게 가능했을까?

눈이란 기관이 있으려면 빛이 먼저 있어야 하고, 빛을 감지하는 능력을 가진 세포(광수용체)가 있어야 한다. 광수용체는 빛에 민감한 박테리아나 원생생물을 신체의 일부로 통합할 때 형성된다. 빛에 민감한 박테리아는 빛이 있는 환경에서 살아가는 적응의 과정을 통해 형성된 것이다. 즉 빛과의 만남이 반복되는 환경에서 빛을 감지하는 능력(이는 생존하려는 의지와 무관하지 않을 것이다)을 가진 것들이 출현했을 것이다. 이 환경은 빛을 감지하는 능력을 가진 박테리아들의 생존에 유리하게 작용했을 것이고, 그 결과 빛에 민감한 박테리아들이 살아남아 진화한다. 이런 박테리아가 다른 박테리아, 가령 스피로헤타(나선형 세균)처럼 운동능력을 가진 박테리아와 결합해 새로운 공생체를 형성하게 되었을 때, 빛을 감지하고 이용하며 먹이를 찾아 이동하는 새로운 능력이 발생한다. 빛에 민감한 세포나 운동능력이 있는 세포의 형성 모두 합목적적인 게 아니라, 빛이 있는 환경 속에서 발생한 우연적인 만남 그리고 운동능력이 있는 것과 빛의 감지능력이 있는 것의 우연적인 만남에 의한 것이다. 그리고 그렇게 형성된 것이 빛이 있는 환경에서 생존에 유리했다는 이유로 살아남아 진화한 것이다. 만약 빛이 잘 들지 않는 땅속이나 깊은 바닷속이었다면, 빛에 민감한 것들이 출현했다 해도 살아남는 게 전혀 유리하지 않았을 것이다. 그리고 설사 그것과 결합된 박테리아가 있었다고 해도 다른 것들보다 생존에 그다지 유리하지 않았을 것이며, 결국 신체가 진화하기도 어려웠을 것이다.

이런 식으로 빛과의 만남이 빛을 감지하는 능력을 진화시키고, 빛을 감지하는 기관을 발생시킨다. 원시적인 수준에서 '식'이란 바로 이런 만남을 뜻한다. 빛에 반응하는 세포와 빛의 만남은 그에 상응하는 식을 산출한다. 식이란 환경과 개체의 만남이고, 반복되는 만남에 대한 지각과 포착이며, 그럼으로써 발생하고 발전한 지각능력과 그것에 의해 포착된 판단들이다. 이는 식별능력이 충분히 발전하고 분화된 경우에도 다르지 않다. 식이란 언제나 식별능력이 자신의 환경과 만나는 사건이고, 그 사건으로 인해 신체에 발생한 변용이다.

만남으로서의 식이란 외부에서 온 자극으로 인해 신체상에 발생한 어떤 변용을 뜻한다. 그렇기에 식에는 언제나 외부에서 온 것과 신체 내부에 속한 것이 섞여 있게 마련이다. 가령 어떤 주파수의 빛과 만나 광수용체에 발생한 전기적·화학적 변용이 빛에 대한 식인데, 이 전기적·화학적 변용은 밖에서 온 빛과 그에 대한 광수용체의 반응이 섞여 만들어진 것이다.

이런 만남에서 가장 일차적인 판단은 안팎을 구별하는 것이다. 식이 환경에 대한 적절한 행의 방식을 찾기 위한 것이기 때문에 밖에서 온 것과 내부에 속한 것을 구별하려 한다. 안팎을 식별하려는 의지는 식을 식별하는 것과 식별된 것, 즉 식별의 주관과 식별의 대상으로 분할한다. 유식학에서 말하는 '견분見分'과 '상분相分'이 그것이다. 견분이란 식을 형성하는 만남에서 '보는' 편에 속한 것을 뜻하고, 상분은 '보이는' 편에 속한 것을 뜻한다. 즉 식별작용을 수행하는 성분이 '나'라는 주관이라면, 식별된 내용은 대상이다. 전자가 나의 신체 안에 속한 것이라면 후자는 신체 밖에서 온 것이다. 그리고 전자가 내게 속한 것이라면, 후자는 나의 외부세계에 속한 것이다. 식이라는 만남 안에 섞여 있는 것이지만, 내게 속한 것과 외부에 속한 것이 애초에 분리되어 그 만남과 무관하게 독립적으로 존재한다고 간주한다. 여기 따로 있는 내가 저기 따로 외부에서 온 것을 보고 듣고 지각한 것으로 간주한다. 내부와 외부의 구별이 이렇듯 나와 대상, 나와 세계로 분할된다.

내부와 외부를 구별하는 미시적인 인지과정이 '나'와 외부세계의 대립으로 이어짐을 잘 보여주는 것은 동물의 신체 안에 존재하는 '특이적 면역반응'이다. '면역반응'이라고 할 때 흔히 떠올리는 것은 백혈구(박테리오파지)와 B세포, T세포 등이 외부에서 들어온 세균을 식별하여 잡아먹거나 공격하고 파괴하는 이 특이적 면역반응이다. 이런 면역반응에 대한 오래된 관념은 신체 바깥에서 침투한 '적'인 병균들을 내부의 면역세포들이 공격한다는, 매우 군사주의적인 모델에 기반을 두고 있다. 그러나 이는 장기이식에서 발생하는 면역반응에 대해 설명할 수 없다는 근본적인 난점을 갖고 있었다. 이식된 장기는 신체 안에 침투한 적이 아니라 신체가 긴급하게 필요로 하는 기관인데, 이 기관을 면역세포가 공격하는 것이니 말이다. 이 때문에 이후 면역반응의 개념은 신체의 내부와 외부를 식별하여 외부적인 것을 배제하려는 반응으로 재정의되었다. 달리 말하면 나의 신체에 속하지 않은 것을 식별하여 공격하고 배제하려는 반응이다.

이런 면역반응은 육식 '이전'에 작동한다. 백혈구나 T-세포는 눈이나 귀와 무관하게 활동하기 때문이다. 이 역시 육식과 독립적인 세포적이고 분자적인 식별능력이 존재함을 알려준다. 육식인 의식이 필요하다고 판단하여 이식한 장기들을 면역세포들은 원래 신체의 내부에 속하는 것인지 외부에서 들어온 것인지만을 기준으로 독자적으로 식별하여 공격하는 것이다. 우리의 의식이나 영혼은 이 면역반응에 대해 아무런 영향력을 행사하지 못한다. 이러한 면역반응이 보여주는 것은 육식 이전에 내부와 외부를 구별하는 식의 작용이 있다는 사실이다. 내부와 외부의 경계선을 관리하는 이 반응을 통해 '내부'라는 경계를 통해 확정되는 '나'와 그 바깥에 있는 세계가 구별된다. 나와 세계의 구별은 '나'라고 부를 의식이나 영혼 이전에, 세포적이고 분자적인 수준에서 행해지는 이 내부와 외부의 구별에서 연원한다.

나와 외부를 구별하는 이러한 분할은 이제 '나' 자신에 대해서도 적용된다. 자신의 신체 또한 지각이나 식별의 대상이 될 수 있기 때문이다. 이해하기 쉽도록 육식이나 유기체의 몸을 가진 경우로 바꿔 예를 들어보자. 가령 내 손으로 허벅지를 꼬집을 때, 꼬집는 손과 꼬집히는 허벅지가 구별될 것이고, 아프다는 감각작용과 꼬집혀 아픈 살이 구별될 것이다. 세포들 간에도 유사한 일이 진행될 것이다. 피에 실려온 산소나 영양소를 알아보고 얼른 끌어당기는 세포의 작용이 있고, 그렇게 끌려가 세포에 흡수되는 산소와 영양소가 있을 테니까. 두 경우 모두 지각하는 작용을 하는 것과 지각되는 대상이 구별될 것이다. 지각하는 역할을 하는 것은 식별작용일 뿐이니 살이나 빛깔처럼 감지할 수 있는 물질적 특성을 갖지 않는다. 반대로 지각되는 대상인 신체는 외부의 물질적 대상처럼 지각되는 물질적 성질을 갖는다. 이는 신체를 두 가지 다른 속성에 따라 구별하게 한다. 감지 가능한 물질적 성질은 없는 대신 감지하는 작용을 하는 감각이나 의식, 정신 같은 것이

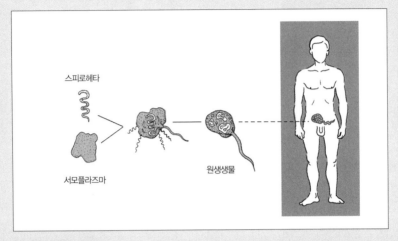

생명체와 내외부의 경계

　스피로헤타도, 서모플라즈마도 모두 각각 자신의 경계를 갖고 있다. 즉 자신의 내외부를 가르는 경계를 갖는다. 그런데 이것이 결합하여 공생체가 된 경우 스피로헤타에게 중요했던 내부와 외부의 경계가 사라진다. 서모플라즈마도 마찬가지다. 이들이 다시 합쳐져 다세포생물이 될 때, 각자에게 중요했던 내외부의 경계도 사라진다. 동물이나 인간이 갖고 있는 내외부의 구별, 그에 따른 '나'의 경계 또한 마찬가지다. 아직 개별 유기체의 경계를 넘는 공생적 결합을 해보지 못한 이들만이 자신의 내부와 외부의 구별이 죽느냐 사느냐의 치명성을 갖고 있다고 믿을 뿐이다.

하나고, 보고 꼬집을 수 있는 성질을 갖는 신체가 다른 하나다. 이로 인해 신체는 다른 지각 대상과 마찬가지로 '대상'이자 '객체'로 간주된다.

'명색'이란 식의 작용을 조건으로 발생하는 이 두 가지 다른 속성을 지칭한다. 색이란 물질적인 성분을 갖는 모든 것, 다시 말해 감지 가능한 물질성을 갖는 모든 것을 뜻한다. 명이란 그런 물질성을 갖지 않는 것, 즉 만질 수도 없고 볼 수도 없지만 만지고 보며 작동하는 인지작용과 그런 인지작용을 하는 성분을 뜻한다. 물질성을 갖지 않는 이러한 성분을 흔히 '정신', '영혼', '마음' 등의 말로 명명한다. 의미는 조금씩 다르지만, 대체로 대상을 포착하고 명명하는 기능이나 능력을 지칭한다.

6.
육처六處:
이유 있는 허구의
여섯 시종들

십이연기에서 조건 짓고, 조건 지어지며 연이어지는 열두 개의 개념을 보면서 또 하나 피할 수 없었던 의문은, 집착과 무지를 낳는 그 연쇄 가운데 '자아' 내지 '아상'은 왜 없을까 하는 것이었다. 석가모니 가르침의 핵심 중 하나는 실체를 갖지 않는 '자아'의 관념이 모든 무지와 집착의 근본적인 이유라는 것이다. 그렇다면 무지와 고통이 발생하는 개념의 연쇄 가운데 자아 내지 아상이 꼭 있어야 할 것 같은데, 놀랍게도 그게 없다는 것이다. 아상이라는 것 자체가 무지의 원인이 아니라 결과이기 때문일까? 그렇다면 마지막에 있는 노사의 관념 근처 어딘가에라도 있어야 하지 않을까? 아상을 버리는 것이 지혜에 이르는 요체라면 십이연기를 역으로 거슬러 올라가는 '역관'의 과정 어딘가에 버려져야 할 아상이 자리 잡고 있어야 하는 것 아닐까?

아상이란 관념은 복합적인 것이어서, 식이나 육처, 애착 등과 같은 분석적 개념과 위상이 다르기에 그 개념들 사이에 넣는 것은 부적절하다고 답할 수도 있을 것이다. 그렇지만 불교에서 말하는 애착이나 집착은 '나'나 '내 것'이란 관념을 전제하기 때문에 그 앞의 어딘가에 '나'의 관념이 보이지 않게 숨어 있다고 해야 하지 않을까? 그렇다면 십이연기의 연이은 개념 가운데 그 '나'의 자리는 어디일까?

논란의 여지가 많은 주제지만, 그것은 식과 육처 사이에 있어야 한다는 생각이다. 육처에 속하는 다섯 가지 감각기관 각각의 작용은 그 자체로는 나름대로 식을 형성하는 상대적으로 독립된 통로지만, 의식은 다양한 식을 하나로 통합하는 기능을 한다. 데카르트의 말처럼 의식은 '생각하는' 기능 속에서 '생각하는 나'의 존재를 자명하다고 여기는 '환상' 내지 오인의 구조를 포함하고 있다. 생각하는 '나'가 없다면 생각한다는 것은 불가능하니, 그런 나의 존재는 의심할 여지가 없이 자명하다는 것이다. 따라서 의식은 '나'라는 관념과 떼기 힘들게 결합되어 있다고 해야 한다.

그리고 육처를 감각적 활동(혹은 기능이나 능력)이라고 한다면, 이는 그와 상관적인 감각기관을 동반함을 의미한다. 그런데 근대 생물학의 개념을 빌려 말하자면, '기관$_{organ}$'이란 그것을 '도구$_{organ}$'로 사용하는 전체인 유기체$_{organism}$를 전제하고 있는 것이다. 유기체라는 전체의 생존을 위해 어떤 역할을 하는가에 따라 감각기관, 운동기관, 순환기관, 소화기관 등이 정의되는 것이다. 즉 육처에 함축된 감각기관의 개념은 그것을 하나로 통합하는 유기체라는 전체를 전제하고 있으며, 바로 그 점이 명색 이전에 오는 미시적인 '식'과 그 이후에 오는 '육처'의 식(육식)을 개념적으로 구별해주는 요인이다. 이로 인해 '눈이' 본 것, '귀가' 들은 것이 아니라 '내가' 본 것, '내가' 들은 것으로 인지하게 된다. 따라서 유기체라는 생물학적 '전체'가 신체적인 차원에서 '나'란 관념을 떠받치고 있다고 할 것이다.

그런 점에서 식과 육처 사이에 있는 명색의 개념이 '자아'의 개념이 숨어 있는 곳이라고 해야 한다. 이는 앞서 말했듯이 식의 활동이 일차적으로 안과 밖에 대한 식별작용인 면역반응에서 추측할 수 있다. 면역세포들이 신체의 내부와 외부를 식별한다 함은 내부와 외부를 가르는 경계선이 있음을 뜻하는데, '나'라고 불리는 유기체의 신체적 경계가 바로 그것이다. 이 경계선을 기준으로 내부와 외부가, 나와 세계가 분할되고 구별되는 것이며, 신체 안에 있던 것과 신체 밖에서 들어온 것이 대비되는 것이다. 그런 점에서 면역계는 '나'의 신체에 속한 것과 그렇지 않은 것을 구별해주는 미시적 식의 작용이다. 신체적 내지 세포적 차원에서 작동하는 이 식이 '자아'라는 관념의 무의식적 기반이 된다. 의식 '이전'에 존재하고 작동하는 이런 식이 유식학에서 말하는 칠식(말라식, 심층에서 작용하는 자아 집착심)과 매우 밀접하다는 건 이해하기 어렵지 않다.

요컨대 식을 조건으로 하는 명색의 식별이 '자아'를 형성한다. 자아는 신체적 차원에서 신체의 여러 '기관'을 하나의 전체로 통합한 유기체와 상응하는 관념적 상이다. 그러나 이렇게 말하면 '자아'라는 것이 신체적 실체를 가짐을 의미하는 게 되지 않는가? 면역계가 바로 자아라는 관념의 신체적 토대가 되어버리지 않는가?

일단 여기서 분명히 해두어야 할 것은 자아나 이상이란 의식의 차원에서 우리가 갖거나 버릴 수도 있는 그런 '관념'이 아니라는 점이다. 이상이 모든 문제의 원인임을 잘 알아도, 그래서 이상을 버려야겠다고 결심해도 실제로는 버려지지 않음은 익히 잘 알고 있다. 그것은 의식이 아니라 그 '이전'에 작동하는 무의식에 속하며, 생각하는 '나'가 아니라 신체적 층위에서 작동하는 세포적 내지 분자적 '나'이기 때문이다. 깨달음이 '아는 것', '이해하는 것'으로 충분하지 않다 함은 필경 이 때문일 것이다.

그러나 이것이 자아가 실체임을 뜻하는 것은 결코 아니다. 면역계가 나와 세계의 경계선을 기준으로 작동한다고 했는데, 그렇다면 그 경계선은 어디고, 어떻게 구획되는 것일까? 유기체의 피부가 경계선일까? 그렇기도 하다. 피부 자체도 유기체의 면역계 중 하나다. 피부만 그런 게 아니다. 우리의 면역계는 하나가 아니라 여러 개고, 그것이 구획하는 경계선은 면역계마다 다르다. 가령 입이나 코, 위나 질 등 체강 안에 있는 점액들도 중요한 면역계 중 하나다. 노말플로라로 불리는 면역계도 있는데, 이는 외부에서 침투해 들어온 세균들이 유기체의 신체에 적응하여 신체의 일부가 된 면역계다. 우리가 흔히 '면역계'라는 말로 지칭하는 '특이적인 면역계'는 이 여러 면역계 중 하나다. 이 여러 가지 면역계가 모두 내부와 외부를 구별하며 작동하지만, 이들이 구별하는 내부와 외부의 경계는 모두 다르다. 체강 안에 있는 면역계가 그은 경계선은 피부의 면역계가 그은 경계선과 다르며, 노말플로라가 구별하는 경계선도, 특이적 면역계가 구획하는 경계선도 모두 다르다. 그렇다면 어떤 게 진정한 '나'의 경계일까?

진정한 나의 경계선, 실체적인 경계는 없다. 경계선이 따로 있는 게 아니라, 역으로 면역계의 식별작용이 경계선을 만드는 것이다. 즉 식별작용이 달라지면 경계도 달라진다. 여러 개의 면역계가 있는 만큼, 여러 개의 경계선이 있는 것이다. 특이적 면역반응은 거꾸로 이를 잘 보여준다. 면역세포가 외부에서 침투한 세균을 공격한다고 했는데, 사실 모두 공격하는 것은 아니다. 가령 간염이나 대상포진 등은 면역력이 약해지면서 신체 내부에 있던 세균에 의해 발생하는 병인데, 이는 신체 내부에 있지만 공격받지 않고 방치된 세균이 있음을 뜻한다. 사실 유기체의 신체는 밖에서 들어온 수조 개의 미생물로 가득 차 있는데, 이들은 면역세포의 공격에서 면제되어 있다. 여기서 면역반응은 우리가 생각하는 것과 다른 경계선을 그리고 있는 것이다. 앞서 말했듯이 면역세포가 자기 신체를 공격하는 경우도 있다. 류머티즘 같은 '자가면역질환'은 면역세포가 자기 신체를 공격함으로써 발생하는 '병'이다. 루푸스병은 모든 신체기관을 분자적 수준에서 면역세포가 공격한다. 이 경우 면역반응이 그리는 나의 경계는 너무 좁게 오그라들어 있다.

이 모두는 면역세포의 식별 활동, 그것이 구획하는 경계선은 지극히 가변적임을 뜻한다. 그것은 실체가 아니라 신체나 세균, 면역세포의 상태에 따라 달라지는 경계인 것이다. 그렇기에 에이즈처럼 외부에서 온 세균의 이질성을 신체가 감당할 수 없는데도 면역반응 없이 모두 받아들이는 난감한 사태도 발생할 수 있는 것이다. 면역계가 가동시키는 '자아'는 실체가 아니라는 의미에서 '허구'다. 그러나 그것은 신체능력이 감당할 수 없는 것을 배제하기 위한 작용이고, 그런 점에서 '이유 있는 허구'다. 신체능력에 따라 가변화되는 허구이며, 외부적인 것을 수용할 수 있는 신체능력에 따라 무의식적인 식별작용(아상)이 만들어내는 불가피한 허구다.

정신분석학은 '정신'의 차원에서 자아의 관념 또한 허구임을 보여준다. 프로이트는 유아들의 '성생활'을 유심히 관찰하여 '부분대상'이란 개념을 만들어냈다. 그에 따르면 갓 태어난 아이들은 '자아'라는 관념이 없다. 하지만 그들도 생존하기 위해 태어난 직후 맹목적으로 보이는 양상의 행동을 한다. 젖을 찾아 엄마에게 매달리고, 소화하고 남은 찌꺼기를 배설한다. 이런 아이의 행동을 추동하는 것은 '욕망'이다. 그런데 젖을 찾아 움직이게 하는 욕망은 '아이'의 욕망이 아니라 '입'에 속한 욕망이고, 그것이 찾는 것은 엄마가 아니라 젖이다. 즉 유기체라는 전체에 속한 게 아니라 입이라는 '부분'에 속한 욕망이란 점에서 '부분적 욕망'이다. 이 부분적 욕망의 대상이 부분대상이다. 젖이나 똥이 그것이다. 그래서 아기들은 엄마젖이 아니라 고무젖이나 젖병을 물려주는 것만으로도 만족을 얻는 것이다. 배설 또한 그렇다. 배설의 쾌감을 낳는 똥이 젖 다음에 오는 부분대상이라면, 그에 상응하는 욕망은 항문에 속한 부분적인 욕망이다.

이 시기 유아들의 '영혼'에는 '자아'가 없다. 정신분석학자 라캉은 아이들이 자아가 형성되는 것을 '거울'의 개념을 통해 설명한다. 생후 육 개월이 지나면 유아들이 거울을 보며 놀라거나 웃고 즐기는 일이 관찰된 바 있다. 라캉은 그 이유를 이전에는 단지 입이나 항문 같은 파편화된 신체들만 있다고 느끼던 아이가 거울을 통해 그것들이 하나의 '전체'를 이루고 있음을 '발견'하기 때문이라고 설명한다. 즉 거울상을 통해 입이나 항문 등의 부분이 하나로 결합하여 자신의 신체를 이룸을 보게 된다는 것이다. 그 거울상이 바로 '나'라고 하는 동일시를 통해 자아가 형성된다는 것이다. 거울상이라는 허구적 이미지에 대한 동일시, 분명 오인을 뜻하는 이 동일시가 바로 자아라는 것이다. 이것이 정신적인 층위에서의 자아 관념 전체라고 할 순 없겠지만, 이것이 자아의 관념이 상상에 의해 허구적으로 형성되는 하나의 양상을 보여줌은 분명하다.

육처 이전의 식이 이처럼 유기체라는 통합적 '전체'가 발생하기 이전의 식이라면, 육식은 유기체의 기관이 발생한 이후의 식이고, '자아'라는 허구적 전체가 발생한 이후의 식이다. 육처는 이런 육식을 가능하게 해주는 활동이고, 그런 활동을 담당하는 기관이다. 안팎의 구별, 명색의 구별에서 발생한 자아에 의해 작동하는 식별능력이요, 식별작용이다. '그것', 즉 눈이나 귀가 보고 듣는 게 아니라 '내'가, '나의' 눈이나 귀가 보고 듣는다는 허구적 판단이 그로부터 나온다. 그것은 허구지만, 이유 있는 허구다. 유기체, 혹은 '자아'라는 허구의 그런 식별작용이 바로 육처인 것이다.

7.
촉觸:
있어도 만나지 못하면
없는 것이니

       신체와 정신이 분화되고 여섯 개의 감각기관이나 감각작용이 발생했다면, 이제 그 감각작용에 의해 '주체'가 '대상'을 발견하고 포착하며 그 판단의 진위를 가리는 인식론의 영역으로 들어간다. 이것이 서구에서 참과 거짓에 대해 검토하는 기본적인 틀이다. 그러나 십이연기에서는 그와 아주 다른 경로를 따라간다. 육처를 조건으로 하여 접촉이 발생하고, 그 접촉을 조건으로 감수작용이 발생하기 때문이다. 그럼 접촉이란 무엇인가? 만남이다. 무엇의 만남인가? 이렇게 물음을 던지는 순간, 우리는 다시 잘못된 길로 들어서게 된다. 그 물음의 방식으로 인해 무엇과 무엇이, 가령 감각기관과 감각대상이, 귀와 소리가, 코와 냄새가 만난다고 대답하게 되기 때문이다. 왜 잘못된 것인가? 비록 육처의 존재를 조건으로 접촉이 발생한다고 해도, 만남 이전에 귀나 코, 소리나 냄새는 별개로 있는 것이고, 그것이 만나고 접촉한다고 보기 때문이다. 이것은 왜 잘못된 것인가?

이렇게 보면, 아무 소리도 안 들리는 조용한 방 안에서 우리의 귀가 아무 소리도 듣지 못하는 것은 아무 소리가 없기 때문인 게 된다. 정말 그럴까? 소리가 있다는 건 대체 무얼까? 소리란 공기 중의 진동과 내 귀가 만나 고막을 울림으로써 포착하는 자극이다. 그런데 진동이란 사실 없을 때가 없다고 할 정도로 어디에나 있다. 대기 중에는 수많은 진동으로 가득하다. 원자나 소립자도 고유한 진동을 갖고 있고, 사물도 나름의 진동을 갖고 있다. 그 진동수가 초당 20번에서 2만 번 정도의 범위(20Hz~20KHz)에 있을 때 우리는 들을 수 있다. 그 범위를 넘는 주파수의 진동은 있어도 들리지 않는다. 조용한 빈 방에도 수많은 주파수의 진동이 가득 차 있다. 우리가 라디오를 켜면 '없던' 소리가 '있게' 된다. 이미 있던 100MHz 전후 주파수의 진동이 라디오 스피커를 통해 가청주파수의 진동으로 바뀌어 소리로 들리는 것이다. 그 방 안에서 휴대전화로 전화를 한다면, 이는 1GHz 전후 주파수의 진동이 가청주파수로 바뀌어 들리는 것이다. 그렇다면 말해보라. 라디오를 켜기 전의 조용한 빈 방에는 소리가 있는 것일까, 없는 것일까?

귀가 있고, 소리가 있고, 그것이 만나 들리는 게 아니다. 어떤 주파수의 진동과 귀가 만나는 사건이 있는 것이고, 그 진동이 신경세포를 자극하여 감지할 수 있는 역치를 넘을 때 우리는 소리를 듣는 것이다. 그런데도 여기 따로 있는 귀가 저기 따로 있는 소리를 듣는다고 생각하게 되는 것은 '문법의 환상' 때문이다. 가령 '비가 온다'는 말은 '비'라는 주어와 '오다'라는 동사가 결합되어 만들어진다. '오다' 대신 '안 오다'를 쓸 수도 있다. 즉 날씨를 보며 '비가 온다'라고 하기도 하고

'비가 안 온다'라고 하기도 한다. 이런 문법으로 인해 '온다', '안 온다'와 무관하게 '비'라는 게 어딘가 따로 있는 것 같은 생각을 하게 된다. 그런 비가 때에 따라 오기도 하고 안 오기도 하는 것이 된다. 그렇다면 비가 안 오는 날, 오지 않는 비는 하늘 어딘가에 따로 있는 것일까? 동화 속에 빠져 있는 아이가 아니라면 그렇지 않음을 안다. 오지 않는 비는 따로 존재하지 않는다. '온다'와 '비'는 하나의 동일한 사건을 표현한다. 주어 따로, 동사 따로 독립시켜 사용하는 문법 때문에 비가 별개의 실체로 따로 존재하는 듯한 환상이 발생하는 것이다.

귀가 소리를 듣는 것도 비슷하다. 진동은 어디에나 있다. 그러나 그걸 두고 '소리가 난다'거나 '소리가 있다'고 할 수는 없다. 소리가 난다는 것은 귀와 어떤 진동이 만나는 사건이 발생했음을 나타낼 뿐이다. 그런 사건이 없다면 진동은 소리가 아니며, 귀는 소리를 듣는 기관이 되지 못한다. 만남이 소리가 될 수 있으려면 진동을 포착하는 지각능력이 있어야 한다. 지각능력이 없으면 진동은 만나지 못한 채 지나쳐간다. 그렇기에 촉은 육처라는 지각능력을 조건으로 발생한다. 그런데 그 지각능력은 진동과의 접촉을 통해서, 그걸 포착하는 한에서 보거나 들을 수 있다. 소리라는 대상은 따로 존재하지 않는다. 접촉이라는 사건이 있고, 안과 밖을 식별하는 분별작용이 그 하나의 사건을 '듣다'와 '들리다(소리 나다)'로, 듣는 '귀'와 들리는 '소리'로 구별하는 것이다. "그 소리를 들었어? 그건 동물의 울음소리였어." 이런 분별작용 이후에, 들은 자와 들린 소리가 독자적인 것으로 존재하는 듯한 환상이 만들어진다.

촉이란 만남이다. 보고 듣는 것, 냄새를 맡고 맛을 느끼는 것 모두 만남이란 사건을 통해 우리가 감지하는 것이고, 그렇게 감지하는 방식으로 어떤 만남 속으로 들어가는 것이다. 인식이나 지각은 모두 이런 만남 속에서 발생한다. 그런데 '인식'이나 '지각'이라는 유형의 만남만이 '만남'은 아니다. 변용을 야기하는 접촉은 모두 만남이다. 마크 로스코의 그림처럼 무엇을 그린 건지는 알 수 없지만 뭔가 알 수 없는 슬픔을 느끼게 하는 그림을 보는 것이나, 마이 블러디 밸런타인의 앨범 〈러블리스〉처럼 소음의 흐름에 불과하여 뭘 하려는 건지 알 수 없는 음악을 듣는 것도, 보거나 듣는 사람의 몸과 마음에 어떤 변용을 야기한다. 그런 변용은 종종 이해할 수 없으면서도 뭔가 휘말려들게 만드는 힘을 발휘하기도 한다. 선승들처럼 무슨 말인지 이해할 수 없으면서도 정신과 신체에 강력한 충격을 가하는 변용을 탁월하게 이용한 사람들도 없다. 고함을 질러 학인을 일깨운 건 임제 스님만이 아니었고, 몽둥이를 휘두르거나 뺨따귀를 때리며 철벽 앞에 학인을 몰아세운 건 덕산 스님만이 아니었다. 무슨 말인지, 왜 그러는지 모르기 때문에 역으로 강력한 의정을, 힘을 만들어내는 그 이해 불가능한 '접촉'이 종종 학인들을 최고의 깨달음으로 몰고 간다는 것이 선어록들의 일관된 증언 아닌가.

사실 '촉'이라고 명명된 만남은 인지적인 지각이나 앎보다 더 근본적인 층위에서 발생한다. '생명' 내지 '생존'이라고 불리는 과정과 결부된 것이다. 가령 우리가 먹고 마시고 것들, 만나고 헤어지는 사람들이 그렇다. 내가 마시고 있는 게 물인지 술인지를 정확하게 인지하고 구별하는 것은 인식론에 관심 있는 철학자들에게는 논란거리다. 그러나 신체의 생존이란 관점에서 보면, 이게 물인지 술인지를 '명료하고 뚜렷하게' 아는 것보다 더 중요한 것은 그것을 마셨을 때 몸에 어떤 종류의 변용이 발생하는가이다. 같은 물과의 접촉이라도 갈증에 목말라 하는 사람에게는 더없이 좋은 만남이 되겠지만, 원하는 걸 알아내려고 윽박지르는 수사관이 먹이는 물은 더없이 끔찍한 만남이 될 것이다. 같은 술과의 접촉이라도 술에 절어 간이 망가져버린 사람에게는 아주 나쁜 만남이 되겠지만, 수줍고 우울한 사람에게는 기분을 업_{up}시켜주고 활달하게 해주면 좋은 만남이 될 것이다. 똑같은 술이 동일한 사람과 접촉할 때에도, 그 사람의 신체 상태나 '정신적인' 조건에 따라 약이 되기도 하고 독이 되기도 한다. 이 근본적인 층위의 만남은 접촉 이전에, 만남의 구체적인 조건과 상관없이 저것이 무엇인지를 말하는 것으로는 부족함을 드러낸다. 저것이 약인지 독인지를 결정하는 것은 만남이다. 만남이 만난 것이 무엇인지를 결정하는 것이다.

8.
수풍:
기쁨과 슬픔의 자연학

만남의 양상이 만나는 것들을 규정한다. 만남이라는 조건이 만나는 것들의 발생을 결정한다. 그렇기에 눈이나 귀도 어떻게 만남 속에 들어가는가에 따라 다른 '기관'이 된다. 예컨대 사람의 얼굴과 몸을 고기 덩어리로 돌려놓는 그림을 그렸던 프랜시스 베이컨은 자신의 그림을 보면서 눈으로 피 냄새를 맡도록 촉발한다. 또한 두터운 물감으로 흙과 같은 질감을 표현하며 뭉개진 인질들의 얼굴을 그렸던 장 포트리에는 눈을 촉각기관으로 만들어버린다. 벨라스케스의 〈교황 이노센트 10세〉의 초상을 다시 그린 베이컨의 그림을 보면, 눈으로 엄청난 비명 내지 고함이 밀려들어온다. 물론 그저 흉하게 일그러진 얼굴만을 '보는' 경우도 있는데, 그 경우 우리는 눈은 있으나 안목은 없다고 말한다.

탁월한 예술가들은 하나의 감각기관을 다른 감각기관으로 바꾸어놓으려고 시도한다. 어떤 감각작용을 다른 종류의 감각작용으로 바꾸어놓으려는 시도를 반복한다. 이런 시도와 만날 때, 그 만남은 우리

눈으로 듣고, 눈으로 만지기

디에고 벨라스케스의 〈교황 이노센트 10세〉

프랜시스 베이컨의 〈교황 이노센트 10세〉

장 포트리에의 〈인질〉

벨라스케스가 그린 교황 이노센트 10세의 그림을 다시 그린 프랜시스 베이컨의 그림에선 교황이 지르는 고함 소리가 '보인다.' 이 경우 눈은 단지 보는 기관만은 아니다. 이때 눈은 보는 것 이상으로 듣는다. 소의 살들을 매달아 놓은 베이컨의 다른 그림에선 피 냄새도 맡을 수 있다. 이 경우 눈은 보는 것만큼이나 냄새 맡는다. 장 포트리에 그림의 두터운 물감들은 우리 눈으로 저 인질의 얼굴을 만지게 한다. 이 경우 눈은 시각적인 것 이상으로 촉각적이다. 포트리에는 제2차 세계대전 당시 독일군이 점령한 파리 교외의 한 병원에 숨어 있었는데, 그 병원의 담장 밖에서 독일군이 사람들을 데려다 처형하는 소리를 반복해서 들었다고 한다. 그때의 경험을 바탕으로 〈인질〉 연작을 그렸는데, 이를 보면 담장 너머의 소리를 들었던 그의 귀는 듣는 것만큼이나 인질들의 몸을 만지는 느낌을 받았던 게 아닐까 싶다. 그는 사람들이 자기 그림 속에서 인질을 그저 보는 것만으로는 부족하다고 느꼈던 것 같다. 그래서 우리로 하여금 자신이 귀로 만졌던 인질들을 눈으로 만지도록 하려 한 것일 게다.

눈을 귀로, 혹은 코로 바꾸어놓는다. 물론 글자 그대로의 귀나 코는 아니다. 그렇지만 그림에서 냄새를 맡거나 소리를 듣는 눈을 시각기관으로서의 눈과 같다고 할 수 없다. 만남은 종종 이처럼 우리의 감각기관도 다른 어떤 것으로 재규정한다. 거기서 우리는 새로운 감각기관의 탄생을 보게 된다. 연기법이라는 만남의 사유는 눈과 귀의 존재 자체마저 다른 것이 될 수 있음을 본다는 점에서 인식을 존재의 영역으로까지 밀고 내려간다.

만남觸은 만나는 것들을 산출하고, 그런 만남 속에서 어떤 변용을 야기한다. 만남에 의해 발생한 변용을 감수작용受이라고 한다. 이 감수작용은 지각이나 인지 같은 작용과는 다른 것이다. 그것은 지각이나 인지작용과 동시에 발생하는 어떤 '느낌' 같은 것이고, 그런 인지작용 속에 동반되는 쾌감이나 불쾌감, 기쁨이나 고통 같은 것이다. 멋진 음악은 쾌감을 주지만 아스팔트를 부수는 시끄러운 소음은 불쾌감을 준다. 향기로운 음식 냄새는 쾌감을 주지만 쓰레기더미의 썩어가는 냄새는 그 자체만으로 불쾌감을 준다. 트럭 한 대분의 쓰레기더미로 전시장을 채웠던 아르망이라면 쓰레기더미의 냄새에서 쾌감을 느꼈을까? 그랬을 것 같진 않다. 그것은 마음먹고 결심한다고 해서 되는 것이 아니다. 물론 시끄러운 음악도 익숙해지거나 이해하게 되면 쾌감을 준다. 그러나 그것은 이해하지 못한 쾌감의 요소가 이미 그 안에 있기에 가능한 것이고, 이전에 알아채지 못해서 그랬던 것이다. 그것은 이해나 익숙함이 만남의 양상을 다르게 만들었기에 발생한 다른 사건이다. 모호한 경계지대에 있거나 상반되는 요소가 섞여 있는 것들과의 만남은 촉발되고 감수받을 능력에 따라 다른 느낌을 야기하는 다른 사건이 된다.

어떤 것이 쾌감을 주고, 어떤 것이 불쾌감을 주는가? 신체나 정신의 능력을 증가시키는 것과의 만남은 쾌감을 주고, 감소시키는 것과의 만남은 불쾌감을 준다. 에너지가 넘쳐흐르는 청년의 신체와 강한 비트의 하드코어 음악의 만남은 그 신체의 에너지가 분출될 곳을 만들어준다. 공연장에서라면 다른 신체와 리듬에 맞춰 하나처럼 움직이게 해준다. 그런 신체적 확장은 신체적 능력의 증가를 야기한다. 그 경우 그 시끄러운 음악은 쾌감을 준다. 그러나 기력이 쇠약한 노인의 신체나 강한 자극을 스트레스로 느끼는 병든 신체에게 시끄러운 하드코어 음악은 그나마 부족한 에너지를 과잉소모하게 하여 능력을 감소시킨다. 이웃한 신체와의 리드믹한 일체감을 주지도 못하기에 불쾌감을 줄 뿐이다. 동일한 음악도 어떤 상태의 신체와 만나는가에 따라 다른 감수작용을 동반하는 다른 사건을 야기하는 것이다.

이는 단지 신체적인 것에서만 발생하는 것은 아니다. 책을 읽거나 토론을 하다가 의기투합하는 '영혼(글자로 된 것이든, 소리로 된 것이든)'과 만나게 되면 쾌감이 발생하지만, 지루하고 뻔한 얘기나 짜증나는 설교를 늘어놓는 '영혼'과 만나게 되면 불쾌감이 발생한다. 전자가 '정신적인' 능력의 증가를 야기하는 만남이라면, 후자는 그 능력의 감소를 야기하는 만남이다.

스피노자는 쾌감과 불쾌감의 느낌을 '기쁨'과 '슬픔'이라는 감응affect이라 명명한다. 그리고 그 두 개의 기본적인 감응을 통해 다른 수많은 감정을 분류한다. 가령 경탄이나 사랑, 환희, 만족감이 기쁨의 계열에 속한 감정이라면 분노나 공포, 미움, 연민, 질투 등은 슬픔의 계열에 속한 감정이다. 역으로 모든 감정의 밑바닥에는 기쁨과 슬픔이라는 일차적인 감응이 자리 잡고 있는 것이다. 그 또한 이 기쁨과 슬픔을 만남으로 설명한다. 어떤 것과의 만남으로 인해 나의 신체나 정신의 능력이 증대하는 경우 기쁨의 감응이 발생하고, 반대로 그 만남으로 인해 능력이 감소하는 경우 슬픔의 감응이 발생한다는 것이다.

쾌감과 불쾌감 혹은 기쁨과 슬픔의 감수작용은 분별의 일종이지만, 그것은 생명의 자연스런 분별작용이다. 생명은 자신의 존재를 지속하려고 하는데, 신체적 능력이 증가한다 함은 자신의 존재를 지속할 능력이 커짐을 뜻하고, 신체적 능력이 감소한다 함은 그 능력이 작아짐을 뜻한다. 그런 점에서 쾌감/불쾌감, 기쁨/슬픔은 그 자체로 생명력의 증가/감소를 뜻하는 자연스런 반응이다. 생명이란 그런 능력의 증가를 지향한다. 물론 생명은 중생이란 말이 뜻하는 것처럼 복합적인 층위를 갖기 때문에, 쾌감/불쾌감의 반응 또한 복합적이다. 신체에 빗대어 말하면 세포가 느끼는 쾌감/불쾌감이 있다면, 기관이 느끼는 쾌감/불쾌감이 있고, 신체 전체가 느끼는 쾌감/불쾌감이 있는데, 이것은 똑같지 않다. 가령 달콤한 과자나 콜라같이 입에서는 쾌감을 느끼지만 위장이나 신체 전체에서는 불쾌감을 느끼는 것이 있고, 몽환을 야기하는 약물처럼 감각기관의 능력을 증가시키지만 신체나 세포 모두에겐 능력의 감소를 야기하는 것이 있다. 그래서 모두들 쾌감을 주는 음식을 먹고 즐기지만, 어느 부분의 쾌감에 따르는가에 따라 다른 신체적 결과로 귀착된다. 그렇기에 감수작용의 차원에서도 우리는 어떤 것을 먹고 어떤 것과 만나는 게 '좋은지' 구별할 수 있고, 어떤 삶이 '좋은 삶'인지 말할 수 있다.

여기서 쾌감/불쾌감이나 기쁨/슬픔의 감수작용이나, 그에 따른 판단으로서 좋음/나쁨은 그 자체로는 자연학적인 것이다. 신체나 정신능력의 증감을 야기하는 것은 생리적이고 자연적인 것이기 때문이다. 담배나 술이 주는 감각적인 '쾌감'도, 그것이 야기하는 건강상의 '나쁨'도 모두 의식이 내리는 도덕적 판단이 아니라 신체에서 발생하는 자연적인 반응이다. 배고픈 사람에게 음식은 '좋은 것'일 뿐 아니라 생존에 필수적인 것이고, 오랫동안 먹지 못하면 신체능력이 저하하여 죽음에 이르게 된다. '좋음'이란, 능력의 증가를 추구하는 생명체를 이끄는 자연학적 힘을 갖는다. 스피노자는 이 자연학적 힘을 따라 사는 것이 '좋은 삶'을 위한 윤리학ethics이라고 말한다. 이 윤리학은 생리학이나 자연학과 근본적으로 다르지 않다.

니체가 《도덕의 계보학》에서 강조했듯이, 이 '좋음/나쁨'은 '선/악'이란 범주와 근본적으로 다른 것이다. 가령 과식은 몸에 '나쁘다'고 하겠지만 '악'이라곤 할 수 없으며, 적절한 운동은 몸에 좋다고 하겠지만 '선'이라고 할 수 없다. 반면 아담이 사과를 따먹은 것이 '악'인 것은 몸이나 정신건강에 '나쁘기' 때문이 아니라 신이 명한 것을 어겼기 때문이다. 최익현에게 상투를 자르는 것은 더할 수 없는 '악'이지만, 몸이나 정신에 '나쁘기' 때문은 아니다. 그가 살던 시대의 관습이나 '신체발부身體髮膚는 수지부모受持父母라, 불감훼상不敢毀傷이 효즉시야孝

即始也(신체의 털과 피부는 부모에게 받은 것이라, 훼손하지 않는 게 효의 시작이다)'라는 유교적 관념이 금한 계율을 어기는 것이기에 '악'이다. '좋음/나쁨'이 윤리학의 기본 범주를 이룬다면, '선/악'은 도덕의 기본 범주를 이룬다. 또 하나 다른 점은 '선/악'의 판단은 조건과 무관하게 행해지지만, '좋음/나쁨'의 판단은 조건에 따라 달라진다. 가령 배고픈 사람에게 우유는 '좋은 것'이 되겠지만, 배탈 난 사람에게 우유는 '나쁜 것'이 된다. 따라서 '좋은 삶'을 위한 계율과 '선한 삶'을 위한 계율은 아주 다른 길로 우리는 인도한다. 그렇다면 말해보라, 연기적 사유는 어디에 속한다고 해야 할까?

9.

애愛:
분별심은 왜 지혜 아닌
무지로 인도하는가

쾌감과 불쾌감의 감수작용은 의식이 내리는 판단이 아니라 의식에 선행하는 느낌이다. 그 느낌이 의식의 방향을 설정한다. 쾌감을 주는 것은 '좋은 것'이라고 판단하게 되고, 좋은 이유를 찾으려 하게 되며, 좋다고 생각되는 다른 것들과 연결하려 한다. 불쾌감을 주는 것은 '나쁜 것'이라고 판단하게 되고, 나쁜 이유를 찾으려 하게 되며, 나쁘다고 생각되는 다른 것과 연결하려 한다. 물론 그런 느낌을 주는 것에 대한 감각을 더욱더 예민하게 한다. 섬세한 미감은 느낌과 의식의 상호결합 속에서 형성되고 발전한다.

그런데 내가 접촉했던 것에 '좋음/나쁨'의 판단을 의식이 내리게 되면, 이후 내게 다가오는 것에 대해서도 그런 판단을 내리게 된다. 전에 먹었을 때 '좋다'고, 즉 '맛있다'고 판단했던 것에 대해서는 이후에도 그렇게 판단하게 된다. 그리고 '맛없다'고 판단했던 것에 대해선 이후에도 그렇게 판단하게 된다. 이는 실제 만남 이전의 선판단先判斷이 되어 그 만남의 양상을 미리 규정한다. 그러나 동일한 것도 만나는 신체의 상태나 조건에 따라 쾌/불쾌의 판단마저 달라진다. 심지어 만남이 발생하는 양상에 따라 다가온 대상은 물론 '기관'조차 다른 것이 될 수 있다. 하지만 만남 이전에 이미 '저건 좋은/나쁜 것'이란 판단이 달라붙은 어떤 대상이 되어버린다면, 실제 발생할 사건에 대해 올바로 판단할 수 없다. '좋지 않은 음식', 혹은 '싫은 음식'이라고 이미 판단하고 있는 것의 맛을 제대로 알아볼 수 없을 것이고, '시끄러운 소음'이라고 이미 규정한 음악에 대해 왜 그런 음악을 만들었는지, 그 음악이 어떤 '맛'인지 감지할 가능성도 없을 것이다. '좋음/나쁨'이 자연학적 범주임에도 불구하고, 일단 범주로 독립하게 되면 실제 접촉이나 만남과 무관하게 '대상'에 달라붙어 실제 만남의 실상을 놓치게 된다. 탐진치貪瞋癡의 삼독심에서 '치癡'의 기원이 이것이다.

  나쁜 사람이라고 규정한 사람과의 만남이 좋게 풀릴 리 없다. 이미 만나기 전부터 나쁜 만남으로 만들 마음의 준비를 하고 있기 때문이다. 그래서 실상을 제대로 보려면 만남이 발생할 때 일어나는 변용을, 감수작용을 정확히 주시하고 관찰해야 한다. 그러기 위해선 '좋음/나쁨'이란 선판단을, 접촉 이전에 내린 '분별'을 내려놓아야 한다. 분별심을 내려놓는다는 것은 판단하거나 '분별'하지 않는 게 아니라, 정확하게 판단하기 위해 선판단을 중단하고, 올바로 분별하기 위해서 분별심을 내려놓는 것이다. '지혜'란 이처럼 선판단을 버림으로써 가능해지는 올바른 판단, 분별심을 버림으로써 가능해지는 정확한 분별이다. 조주 스님이 '지도무난 유혐간택至道無難 唯嫌揀擇, 지극한 도는 어렵지 않으니, 오직 간택을 멀리하는 것뿐이다'이라는 《신심명》의 구절을 인용하며 분별심을 내려놓는 것이 지극한 도에 이르는 길이라고 가르쳤던 것은 이런 이유에서 였을 것이다.

쾌감/불쾌감이란 감수작용이 자연적인 것이지만, '좋음/나쁨'의 구별이 이렇게 사태의 실상에서 벗어나 우리를 오도하는 것은 단지 그것이 보편적 분별범주로 독립되었기 때문만은 아니다. 접촉에서 발생하는 쾌/불쾌의 감수작용은 쾌감을 주는 '좋은' 것을 갖고자 하게 만들고, 불쾌감을 주는 '나쁜' 것을 피하고자 하게 만든다. 좋은 것을 계속 가지려는 성향과 나쁜 것을 피하려는 성향, '애'와 '증'이라고 명명되는 성향이 이로부터 발생한다. 즉 '좋음/나쁨'이 이제 '좋아함/싫어함'이 되는 것이다. 즉 '좋아함'이 쾌감을 주는 것을 끌어당기려는 힘이라면, '싫어함'은 불쾌감을 주는 것을 밀쳐내는 힘이다. 이는 사실 좋음/싫음이란 범주에 내장된 것이기도 하다. 좋다/싫다고 판단하는 순간, 잡아당기는/밀쳐내는 애증의 힘이 작동하는 것이다. 그것이 실상을 보기 전에 이미 판단하고 분별하게 하는 것이다. 그래서 승찬 스님도, 조주 스님도 '지도무난 유혐간택' 뒤에 바로 "애증을 떠나면 실상을 명백하게 통찰하리라_{但莫憎愛 洞然明白}"고 덧붙였던 것이다.

좋아하는 것을 잡아당겨 계속 접촉하고자 하는 마음을 탐심_{食心}이라고 하고, 싫어하는 것과 접촉하지 않고자 그것을 계속 밀쳐내려는 마음을 진심_{瞋心}이라 한다. 애증의 마음이 증폭되면 탐심과 진심이 되는 것이다. 탐심, 즉 좋은 것을 당기려는 마음은 또한 자신이 좋아하는 것을 계속 자기 것으로 소유하고자 하는 마음이며, 자기 옆에 있는 것이 좋아하는 상태로 지속하길 바라는 마음이다. 진심, 즉 싫어하는 것을 밀쳐내려는 마음은 싫어하는 것을 제거하려는 마음이고, 자기 옆에 있는 싫어하는 것이 사라져 없어지기를 바라는 마음이다. 그런 점에서 자신이 만나게 되는 것들을 자신이 좋아하는 모습으로 동일화하려는 마음이 탐심이라면, 진심이란 자신이 싫어하는 것들을 자신의 인근에서 배제하거나 제거하려는 마음이다.

김기덕의 영화 〈빈 집〉에서 선화의 남편은 돈을 잘 번 덕에 자신이 좋아하던 예쁜 여자를 아내로 얻는다. 좋아하는 아내의 모델 시절 누드 사진을 벽에 걸어놓고, 자기가 좋아하는 옷을 입으라고 하며, 싫어하는 옷을 입으면 비난하며 입지 말라고 강요한다. 자기 옆에 두고자하는 마음이 강하여 돌아왔을 때 항상 집에 있기를 바랐던 만큼, 나가고 없으면 비난했다. 모든 것을 자신이 좋아하는 대로 하도록 하며, 그렇지 않았을 때에는 심지어 골프채를 휘두르기까지 한다. 그것을 그는 사랑이라고 알고 행한다. 그런 것이 사랑이라면, 사랑이란 좋아하는 사람을 옆에 묶어두는 것, 그리고 그 사람을 자기 뜻대로 하는 것에 불과하다. 거기서 작동하고 있는 것은 자신의 생각이나 감각에 동일화하려는 의지다. 정확하게 탐심이다. 뜻대로 되지 않을 때 비난하고 때리는 것은 자신이 싫어하는 모습을 아내에게서 제거하고 없애버리려는 진심의 작용이다. 그런 마음은 떠나보내고 싶었던 것뿐 아니라 붙잡고 싶었던 것도 떠나보낸다. 진심은 또 다른 진심을 낳기 때문이다. 결국 아내는 그런 남편을 떠나가 버린다.

탐심과 진심은 개인뿐 아니라 집단에서도 마찬가지로 동일화와 배제의 힘을 작동시킨다. 좋아하는 사람들끼리 모이는 것은 비슷한 신체의 결합으로 능력이 증가하며 발생하는 쾌감 때문이다. 하지만 그렇게 모인 사람들에게 집단이 '좋아하는' 방식으로 생각하고 행동하도록 동일화하려는 것은 집단적 차원에서 탐심의 작용이다. 이로 인해 이견을 가진 사람들을 미워하게 되고, 결국 그들을 집단에서 추방하거나 제거하려는 것은 탐심의 이면인 진심의 작용이다. 내부에 있는 이질적인 사람들, 혹은 '배신자'에 대해 애초의 적보다 더 미워하고 분개하는 것은 진심의 작용 때문이다. 모든 상쟁과 적대의 근저에는 좋아하는 모습으로 동일화하려는 탐심과 싫어하는 것을 밀쳐내고 제거하려는 진심이 있다.

탐심과 진심은 불쾌감과 다른 차원의 '고통'을 야기한다. 세상일이 무상하여 가까이 두려고 해도 멀어지고, 밀쳐내도 다시 만나게 되는 데서 오는 고통이 애초의 불쾌감에 더해지기 때문이다. 좋아하는 것과 멀어지는 고통, 싫어하는 것과 다시 만나는 고통은 두 번째 고통이고, 이중의 고통이다. 애증의 마음, 탐진의 마음은 살면서 피할 수 없는 고통이다. 고통을 면하는 길은 멀어져가는 것을 억지로 당겨 옆에 붙잡아두는 게 아니라 그것을 가는 대로 떠나보내는 것이고, 갖기 힘든 것을 애써 갖고자 하는 게 아니라 가지려는 마음을 접는 것이다. 반대로 오는 것을 억지로 피하려 하는 게 아니라 오는 대로 받아들이는 것이다. 선사들은 심지어 도를 얻고자 하는 마음 또한 탐심이니, 그마저 버리라고 가르치지 않던가! 병이나 고통을 피하려는 마음 또한 진심이니, 그 역시 버려야 한다. 불쾌에 더해진 두 번째 고통에 또한 층의 고통을 쌓기 위해서는 고통이 없었으면 하고 바라면 된다. 그 경우 고통이 있다는 사실 자체가 그 고통에 더해지며 세 번째 고통을 낳는다. 이 고통 또한 고통을 멀리 밀쳐내려는 진심의 작용임을 알긴 어렵지 않다.

접촉으로 인한 감수작용에 쾌감과 불쾌감이 동반되는 것은 자연스런 것이지만, 그것이 호오의 범주로 일반화되면 사태의 실상을 놓치게 하는 '어리석음'이 발생한다. 거기에 애증의 힘이 더해지면 좋아하는 것과 멀어지고, 싫어하는 것과 만나는 고통을 겪게 된다. 그런 점에서 애증은 자연학적 불쾌감이나 고통과 다른 차원의 고통이, 무지에 따른 고통이 시작되는 본격적인 출발점이다. 그 고통에서 벗어나는 길은 역으로 간단하다. 애증의 마음을 내려놓고 탐진으로 이어지는 호오의 분별심(치심)을 떠나는 것으로 충분하다. 그것은 누구에게나 가능할 만큼 가까이 있다. 그러나 그 호오가 쾌/불쾌의 감수작용에 직접 이어져 있는 한, 그걸 쉽다고 어찌 말할 수 있을 것인가? 그래서 세상일이 쉽지 않은 것이고, 지혜로운 삶은 그토록 멀리 있는 것이다.

10.
취取 :
가지려는 마음의 수동성

서양철학의 어법으로 말하자면, 촉觸이란 일종의 '종합'이다. 분석이 분해하고 나누어 핵심적인 요인을 찾는 것이라면, 종합은 분리된 것이나 떨어져 있는 것이나 다른 것을 결합하여 '하나'로 묶는 것이다. 결합한다고는 했지만, 사실 이 결합이 꼭 의도적인 것이나 의식적인 것만은 아니다. 가령 어떤 소리가 들린다는 것은 귀의 '주인'인 내가 그 소리를 듣고자 하는 의도 이전에 발생하는 사건이다. 습관적으로 떠올리는 주어인 '나'를 벗어나 말한다면, 어떤 주파수의 진동이 내 고막과 결합되는 사건이란 점에서 '수동적 종합'이다. 오케스트라의 소리라면, 그 소리 자체가 이미 수많은 악기 소리의 종합이다. 듣기 전에 이미 발생한 종합이고, 듣는 사람과 무관하게 발생하는 종합이니 '자동적 종합'이라고 할 수 있다. 내가 오케스트라의 소리를 듣는 것은 그렇게 자동적으로 종합된 소리를 듣는 또 한 번의 종합이다. 그런 소리를 듣기 위해 내가 관심을 갖고 귀를 기울이는 '능동적 종합'을 이런 종합 뒤에 추가할 수 있다. 애

愛는 그렇게 종합된 것을 향한 마음이다. 종합을 통해 포착된 '대상'을 향해 쏠리듯 움직이는 힘과 의지고, 그것에 투여되는 에너지다. 물론 증憎은 그와 반대방향으로 향한 마음이다.

취란 무언가를 가지려는 마음이다. 좋아하는 대상으로 달려간 마음이 그 대상에 달라붙는 것이고, 대상에 투여된 욕망이 좋아하는 대상 주변을 떠나지 못하는 것이다. 그래서 취착取着이라고도 한다. 취가 착인 것은 좋아하는 것을 가지려는 '능동적' 마음에 그치지 않고 그것에 '달라붙어着'버린 마음이기 때문이다. 달라붙어서 떨어지지 않는 것이니 이 또한 '수동적인' 마음이다. 떨어질 수 없다는 점에서 '무능력'의 표현인 이 마음이, '나'를 주어로 하는 가지려는 마음 밑에 숨어서 그 마음을 움직인다. 달라붙어 버렸기에 떨어지지 못하고, 그래서 다른 것으로 옮겨가지 못하게 한다. 새로운 종합은 중단된다. 취착이란 하나의 종합을 편집증적으로 반복하는 것이다. 착은 취착에 포함된 욕망의 편집증적 투여를 나타내는 말이다.

손에 잡은 것을 놓지 못해 병에서 손을 빼지 못하고 결국 사냥꾼에게 잡히게 된 어리석은 원숭이 얘기는 차라리 쉬운 경우에 속한다. 어리석지 않은 원숭이라면 얼른 손을 뺄 수 있다고 할 수 있으니까. 문제는 취착의 욕망이 의식보다 일차적이고 강하다는 점이다. 가령 대부분의 사랑은 사랑하는 대상에 사로잡히는 것이란 점에서 수동적 종합에서 시작한다. 얻을 수 없는 사랑 앞에서 '그럼 사랑하지 않겠어'라고 결심하며 벗어날 수 있다면, 사랑으로 고통받는 사람은 그리 많지 않을 것이다. 더한 것은 일방적으로 누군가를 사랑하면서 그 사람

주변을 떠나지 못하고 맴도는 스토커의 경우다. 스토커라고 비난받아도 자신이 좋아하는 대상에게서 벗어나지 못한다. 최대치의 취착이 최대치의 무능력임을 보여주는 경우다. 자식이 어디에서 무엇을 하나 따라다니며 달라붙어 있고, 자신이 원하는 것을 자식의 욕망이라고 오인하며 자식의 삶에 부착시키는 식이기에 '능동적'인 것으로 오해하기 쉬운 '자식사랑'의 욕망도 실은 욕망의 대상에 달라붙어 떨어지지 못하는 무능력한 취착이다. 이런 취착을 흔히 '집착'이라고 한다.

자식이든 '사랑하는' 대상이든 이런 '종합'은 자신이 좋아하는 대로 이것과 저것을 결합하고자 하며, 그로부터 분리되는 것을 못 견딘다는 점에서 일방적 종합이다. 자식도 '사랑받는' 사람도 이런 종합을 견뎌내는 것은 지극히 고통스럽다. 자신의 의사와 무관한 종합이고, 자기 의사에 반하여 달라붙는 것이기 때문이다. 그렇기에 반대방향의 힘을 발생시킨다. 애에 반하는 증을, 진심을 일으키고, 달라붙는 사람을 밀쳐내려는 마음을 생산한다. 이는 달라붙으려는 사람을 고통스럽게 한다. 방향은 반대지만, 고통스럽기는 양쪽 다 마찬가지이다. 그래도 눈치가 있어서 때에 따라 떨어질 줄 안다면 고통은 줄어들 것이다. 이처럼 떨어질 줄 아는 취착을 '애착'이라 한다. 애착은 무언가를 좋아하여 갖고자 하는 사람들이라면 대개는 갖고 있는 마음이다. 그러나 떨어져 있을 때도 마음이 사실은 거기에 쏠려 달라붙어 있다면, 이 차이는 본성의 차이가 아니라 정도의 차이에 불과하다. 돈에 대한 애착, 가족에 대한 애착이 그렇다. 모두 오직 하나의 대상에 쏠려 있다는 점에서 욕망의 편집증적 투여라고 할 수 있다. 이런 욕망 속에서 우리는 스토커의 병적인 집착과 생각보다 가까이 있다고 해야 한다.

'취착'이라고 할 때에도 흔히 취착하는 주어/주체를 상정한다. 원숭이나 스토커가 취착의 주어이고 주체이다. 그러나 취착은 의식 이전의 욕망에 속하고, 그렇기에 의식을 가진 주체보다 앞서 움직인다. 취착이 '수동적 종합'이라 함은 이런 의미에서이다. 이 욕망 앞에서 의식은 무력하다. 그래서 자신이 욕망의 어떤 대상에 달라붙어 취착의 마음이 생겨버리면, 의식을 동원해 떼어내려 해도 잘 되지 않는다. 스토킹이나 자식에 대한 집착, 심지어 돈에 대한 욕망조차 '하지 말아야지' 결심해도 뜻대로 되지 않는다.

프로이트는 어떤 대상에 달라붙어 떨어질 줄 모르는 사태를 '고착'이라고 명명한다. 이 고착은 '나'의 집착이기 이전에, 욕망의 흐름이 투여된 대상으로부터 내가 떨어지지 못하는 것이다. 가령 '항문기'의 욕망의 대상에 고착되어버리면, 성인이 되어도 욕망은 반복하여 고착된 대상으로 되돌아간다. 이로 인해 병적인 증상이 나타나기도 한다. 예컨대 프로이트는 돈에 대한 집착을 똥이라는 부분대상에 대한 고착된 욕망으로 설명한다. 항문기의 아이에게 똥은 자기 신체의 일부이고, 항문에 집중된 성감대를 자극하는 욕망의 대상이다. 똥을 싼다는 것은 누군가에게 소중한 신체의 일부를 주는 것이다. 그러나 그 대상에 고착되면 누구에게도 주지 않고 자신이 갖고 있으려고 한다. 쾌감을 얻고자 할 때 사용하고자 소유하려 하기 때문이다. 똥처럼 돈 또한 그 자체로는 아무런 사용가치가 없는 상품 세계의 배설물이지만, 상품 세계의 욕망을 자극하는 대상이다. 그래서 똥에 욕망이 고착된 아이는 돈에 집착하는 증상 행태를 보이며, 그 결과 돈에 모든 욕망을 투여하는 인색한 사람이 된다는 것이다. 구두쇠라는 주체는 자아 이전의 욕망이 어린 시절의 어떤 대상에 고착되어 형성된 결과물인 것이다.

이런 점에서 취착에는 두 가지 다른 형태가 있다. 자아 성립 이전의 고착에 의해 발생하는 취착과 자아가 성립된 이후에 발생하는 취착이다. 후자는 자아의 판단에 의해 의식적으로 떨어질 수 있다는 점에서 능동적이지만, 전자는 그것만으로는 떨어지기 힘들다는 점에서 수동적이다. 그래서 무의식적 욕망의 고착이 발생하면 의식으로도 어쩔 수 없는 병적인 집착으로 나타난다. 정도는 다르지만 모든 취착은 특정한 대상에 달라붙은 욕망이다. 그로 인해 생각도 행동도 마음도 삶도 그 대상에 매이게 된다.

정착 또한 이런 취착과 관련하여 이해할 수 있다. 여러 장소를 돌아다니며 사는 유목과 반대로, 정착이란 어딘가에 달라붙어 사는 것이다. 나의 땅, 나의 집, 나의 영토, 나의 전공, 나의 권한 등 '나의 것'을 소유하고, 그 소유물에 기대어 사는 것이다. 자신이 소유하고 있다고 믿지만(아소상我所相, 내 것이라는 생각) 사실은 그 소유물에 붙어서 사는 것이고, 그 소유물에 갇혀서 사는 것이다. 그래서 삶도 행동도, 심지어 생각도 그 영토에 갇혀서 벗어나지 못한다. 습관이나 버릇처럼, 익숙한 것에 달라붙어 하는 생각이나 행동도 이런 정착의 한 양상이다. 이것이 몸에 배면 떨어질 줄 모르는 수동적 종합이 되고 만다. 이런 '아소상'이 형성되는 것을 피하기 위해 가섭 스님은 참선을 할 때에도

없어야 할 일은 어느새 없었던 일이 되고…

2015년 4월 종전 40년을 맞아
어렵게 한국을 찾은
한국군 민간인 학살 피해자들을 기다린 것은
이들을 돌려보내려는 고성과 위협이었다.

베트남 전쟁은 '한강의 기적'의 공공연한 비밀이었다. 그것은 또한 '따이한'의 또 다른 비밀을 감추고 있었다. 베트남 여성들의 참혹한 강간과 살해는 그 비밀의 치욕적인 일부였다. 전쟁이 끝나고 40년이 지나서야 그 비밀은 한국의 신문에 보도되었다. 그 고통의 기억을 안고 사는 베트남 여성들을 직접 찾아간 것은 비슷한 고통의 기억을 숨긴 채 살아야 했던 '위안부' 할머니들이었다. 그런데 한국인인 줄 알았더라면 안 만났을 거라던 그 베트남 할머니들이 어렵게 한국을 방문했을 때, 베트남전 '참전용사'들은 모여서 "베트콩을 민간인 희생자로 둔갑시켜 참전자들의 희생과 명예를 실추시켰다"며 그들을 돌려보내라고 외치며 초대한 이들을 위협했다. 알려진다면 치욕이 될 일들을 하지 않은 게 아니라, 없었어야 할 일이었기에 그런 일은 없었다며 그것의 존재를 부정하는 전도망상, 그것은 취착이 만들어낸 뒤집힌 세계를 보여준다. 그렇게 고착된 마음은 인정하고 사죄하면 쉽게 해결할 수 있는 일을, 없었기에 사죄할 일도 없다면서 부인하며 해결할 수 없게 만든다. 그러나 프로이트 말처럼 "모든 억압된 것은 되돌아온다." 치욕적인 사실이 반복하여 되돌아오는 고통, 그것이 그 취착과 전도망상의 업보다. 일본의 정치가나 우익인사들이 저렇게 모여 위안부란 없었다고 주장하는 것도, 그분들을 '매춘부'에 불과하다며 피해가려는 것도 마찬가지 이유에서일 것이다. 그들 또한 마찬가지로 반복하여 되돌아오는 고통을 자초하고 있는 것이다.

한 자리에 3일 이상 앉지 않았다고 하는데, 이는 정착에 포함된 취착의 힘을 잘 알았기 때문일 것이다. 여기서 우리는 불교의 가르침이 미시적 차원에서조차 정착에 반하는 방향을 향하고 있음을 알게 된다. 조주 스님이 팔십이 될 때까지 세간을 행각하며 돌아다닌 것 또한 이런 가르침을 몸소 행하고자 했기 때문일 것이다.

사실 좀 더 정확히 말하면, 정착에서 벗어난다 함은 단지 자리를 옮겨 다니는 이동을 뜻하는 건 아니다. 어디를 가도 마음이 오직 하나 가족에 달라붙어 있다면, 그것은 이동하는 정착이요 취착이다. 진정한 유목이란 같은 자리에 앉아서도 다른 사고나 행동을 향해 마음이 열려 있음을 뜻하며, 소유물을 다룰 때에도 그 소유물에 달라붙지 않은 채 행동할 수 있어야 함을 뜻한다. 그렇게 될 경우 한 자리에 며칠 앉아있는가는 실질적으로 문제가 되지 않는다. 달마대사처럼 9년을 한 자리에서 면벽하고서도 마음이 어디에도 달라붙지 않고 자유로이 움직인다면, 앉은 채 유목을 한다고 할 만하다. "어디에도 머물지 않고 마음을 낸다應無所住 而生其心, 응무소주 이생기심"라는《금강경》의 유명한 명구가 가르치는 것도 이것이다.

11.
유有/생生:
생성보다 존재가
선행한다는 믿음이라니

어떤 대상에 달라붙어 자신의 것으로 취하려는 욕망은 무상과의 대결이라는 필패의 싸움을 해야 한다. 자신이 달라붙어 있는 것이 무상하게 변한다면, 달라붙어 있는 채 잃어버리고, 달라붙은 채 떠나보내야 하기 때문이다. 그렇기에 무상은 어떤 대상에 취착하여 달라붙어 있는 것을 의미 없게 만든다. 무상에서 허탈함을 느끼는 것(인생무상)은 이 때문이다. 그래서 취착하는 마음은 자신이 달라붙어 있는 것이 변하지 않은 채 그대로 '있어'주기를 욕망하게 된다. 취착을 조건으로 유가 생겨난다는 말은 이런 의미에서이다. 그리곤 그런 유가 생하고 멸한다고 보는 것이다.

사실 무상한 생멸의 변화만이 있는 것이고, 유란 그것의 한순간을 억지로 멈추어 세운 상태다. 그러나 유에 달라붙은 취착의 마음은 이를 뒤집어 저기 있는 것이 변화 소멸하는 것이라고, 저기 있기에 갖고자 하는 것이고, 여기 있기에 줄 수도 있는 것이라고 믿는다. 있지도 않은 것을 어찌 가질 수 있으며, 있지도 않은 것에 어찌 달라붙을 수 있겠느냐고 생각한다. 무상한 생멸은 이 경우 고통이 된다. 내 손에 있던 돈이 빠져나가 없어져 버리는 것처럼 돈에 달라붙은 마음에 고통스러운 것은 없다. 내가 사랑하던 모습 그대로 영원히 있어 주기를 바라건만, 그렇게 되지 않으니 고통스러운 것이다. 그래서 변심한 사람을 비난하고, 변심하지 않도록 붙들고자 하며, 심하면 변심해도 떠나갈 수 없도록 이리저리 얽어매기도 한다. 오토모 가츠히로의 애니메이션 〈메모리스〉에서는 변심한 애인이 떠나버리는 걸 막고 사랑의 기억을 영원히 아름다운 상태로 봉인해두기 위해 차라리 죽이길 선택한 여인의 얘기가 나온다. 영원성에 대한 찬양은 변화하는 세상에 대한 안타까움이 뱉어낸 고통스런 한탄의 음각화_{negative picture. 피사체와는 명암 관}

계가 반대인 사진의 화상을 말함다.

'나' 자신에 대한 생각 또한 마찬가지다. '나'라는 존재가 '있고', 그렇게 '있는' 내가 생각하고 행동하고 소유하는 것이라고 믿는다. 그런 '나'가 있게 되는 순간이 탄생이고, 그 '나'가 늙고 죽어가는 것이다. 여기서도 사고는 '있음'에서 '생멸'로 진행된다. 그러나 '나'라고 하지만 엄밀하게 말하면 단 한순간도 동일한 '나'는 없다. 우리 신체의 세포는 3개월 정도 지나면 모두 다른 세포도 대체된다. 지금 이 순간에도 나의 신체는 새 세포들이 태어나고 오래된 세포들이 죽는 생멸의 과정 속에 있다. '나'가 '나'임을 증명하는 주민등록증 사진을 보며 느끼는 어색함이야말로 '나'가 '나'가 아님을 증명하는 사례다.

실상은 생멸하는 신체가 있는 것이고, 그 신체가 갖는 유사성이나 연속성을 통해 '나'라는 존재에 동일성을 부여하는 것이다. 그리고

'유'인 '나'가 태어나고生 늙어가며 죽는老死 것이라고 믿는 것이다. 유에서 생으로, 노사로 나아가는 이런 사고는 본말과 전후가 뒤집힌 '전도망상顚倒妄想'이다. 이 또한 고통을 낳는다. 동일하다고 믿기에 계속 동일하게 있어 주면 좋을 텐데, 실상은 그렇지 않고 늙어가고 죽어가니 괴로운 것이다. 즉 무상이 고통의 이유가 되는 것은 동일성에 대한 취착 때문이다. 동일성에 대한 애착이 클수록 변해가고 늙어가는 것에 대한 고통도 크게 마련이다.

취착하는 마음은 생멸하는 변화만이 있음을 인정하지 못한다. 있다고 보이는 것에 집착하여 존재를 지속하는 '유'라는 관념을 만들어낸다. 그래도 부정할 수 없는 생멸은 그런 유가 달라져가는 것으로 간주된다. '있음'의 확고함을 확인하여 출발점으로 삼는 철학적 관념에서 보면, 취착의 마음이 흔히 집착이나 고착, 혹은 애착이라는 이름으로 문제 삼는 것보다 훨씬 광범위하게 존재함을 알 수 있다. 가령 데카르트는 내가 없다면 생각하는 게 어떻게 가능하겠느냐며 나의 '존재'를 확고한 지식의 출발점으로 삼는다. 헤겔은 그의 《논리학》을 '유'로 시작한다. 그리고 '무'를 거쳐 '생성'으로 나아간다. 이는 전도망상의 논리를 잘 보여주니, 좀 더 살펴보는 것도 좋겠다.

헤겔이 출발점으로 삼는 유는 '있음' 말고는 다른 아무런 규정도 없는 상태다. '있다'는 것 말고는 아무 규정이 '없으니', 이는 곧 '무'라고 말한다. 유가 바로 무인 것이다. 이런 점에서, 유와 무는 따로 있는 게 아니다. 즉 유속에 무가 있고, 무속에 유가 있는 것이다. 좋다, 이정도야 받아들일 수 있다.

그런데 이로부터 양자의 진리는 유가 무로, 무가 유로 소멸되는 운동에 있다고 하면서, 이를 '생성'이라고 명명한다. 즉 유에서 무로, 그 다음에 생성으로 나아간다. 그러나 뭔가 속은 느낌이 든다. 유에 아무 내용(규정)이 없어서 '무'라고 했으니, 이는 정의상 동일한 것이다. 따라서 유가 무로 소멸해가고 말고 할 게 없다. 그 자체가 무이기에 이미 그 자체로 무인 유가 있을 뿐이다. 따라서 소멸도, 생성도 있을 수 없다. 텅 빈 '유'란 개념만 덩그러니 있을 뿐이다. 그런데도 유가 무로 소멸한다거나, 무가 유로 생성되어 간다고 말하는 것은 앞에서도 말했던 '문법의 환상' 때문이다. 두 단어가 정반대 의미를 갖기에 하나가 다른 것이 '된다'고 말해도 될 것 같은 환상이다.

사실 헤겔은 생멸의 운동을 '논리학'으로 만들고 싶어 했다. 그래서 그가 체계화한 변증법을 흔히 생성의 논리학, 변화의 논리학이라고 한다. 그런데 그 생멸의 운동을 '유'로부터 끄집어내기 위해 이런 억지 춘향 식의 논법을 사용하고 있는 것이다. '유'가 가장 일차적이며, 모든 것은 그 '유'로부터 나온다는 생각은 뭔가가 '있다'는 사실은 자명하다는 통념에서 나온 것이다. 그러나 순수 유가 아무 내용이 없다는 점에서 순수 무라면, 거기에서는 어떤 생멸도 나오지 않는다. 아무것도 없는 텅 빈 개념에서 생멸의 사건이 어떻게 일어나겠는가! 따라서 유에서 무로, 무에서 유로 가는 운동은 그가 말한 유나 무의 개념에서는 나오지 않는다(무는 공空과 다르다. 공은 수많은 규정 가능성으로 충만한 무규정성이지 텅 빈 무가 아니다). 그런데도 그 말이 그럴듯하게 들리는 것은 '유'니, '무'니 하는 말 이전에 실제로 존재하는 생멸의 운동이 있음을 우리가 알고 있기 때문이다. 실제로 매일 보는 게 생성과 소멸의 운동이니까, 유가 무를 거쳐 생성이 된다는 말을 '맞아, 당연하지'라고 수긍하는 것이다.

사실 생멸하지 않는 것은 없다. 생멸하는 것만이 존재하니, 모든 존재는 생멸이라고 해야 한다. 생멸이란 무엇인가? 있던 것이 없어지고 없던 것이 나타나는 것이다. 즉 유가 무로 되고, 무가 유로 되는 운동이다. 여기서 유와 무는 생멸이라는 현상의 두 극단을 표시하는 개념일 뿐이며, 생멸과 무관하게 존재하지 못하는, 그저 운동을 서술하기 위한 '말'일 뿐이다. 따라서 생성의 논리란 헤겔 말처럼 '유 → 무 → 생멸'이 아니라 '생멸 → 유무'로 되돌려놓고 시작해야 한다. 아무런 규정을 갖지 않는 순수 유는 없다. 생멸하는 것의 어떤 한 상태를 '유'라고 지칭하는 것이다. 따라서 흔히 말하는 '유'란 이미 모두 생멸하는 것이고, 그 자체에 이미 유와 무를 비롯해 수많은 규정이 포함되어 있는 것이다.

12.

노사老死:
고통과 두려움이
그려낸 생의 초상화

무명에서 시작해 노사로 끝나는 십이연기는 무상한 세계의 실상에서 시작해 그 무상한 세계를 '노사'라는 상실의 고통으로 느끼는 과정에 대한 해명이다. 거기서 우리는 살고자 하는 의지行의 작용에서 시작되는, 살고자 하는 생명의 노력이 만드는 다층적인 시도들이 애와 취착을 거친 후 확고한 '유'를 거쳐 소멸로 끝나는 과정을 본다. 표면에 드러나지 않았지만, 이 과정 전체를 진행시키는 것은 생명이라고 해야 한다. 카오스 같은 무명 속에서 살고자 하는 의지, 존재를 지속하고자 하는 의지가 행이라면, 이 행의 개념에는 이미 생명의 개념이 함축되어 있는 것이다. 행을 조건으로 하는 식도, 나와 외부를 구별하는 식이 산출하는 명색도, 나라고 불리는 유기체의 식별작용을 뜻하는 육처도 모두 생명체와 결부된 것이다. 그렇기에 모든 만남이 야기하는 촉발에서 발생하는 쾌감과 불쾌감, 기쁨과 슬픔은 생명력의 증감을 표시하는 현상이다. 이는 좀 더 나은 상태로 살기 위해 어떻게 행동하는 게 좋은지를 판단하게 하는 작용이면서, 동시에 사건 이전에 미리 준비된 선판단이란 점에서 오류나 '무지'의 요소를 포함한다.

이런 점에서 보면 십이연기의 전반부는 생명체가 생명을 지속하기 위해 발생하는 '자연적인' 과정을 다루고 있다. 물론 그 자연적인 과정은 수많은 무지의 요소를 포함하고 있다. 무한속도의 무상한 변화를 뜻하기 때문에 무명은 인식능력이 따라갈 수 없는 불가능성을 내포한다. '근본 무명'이란 이런 점에서 근본적인 무지의 필연성을 뜻한다. 무명 앞에서의 행은 살아남기 위한 맹목적인 의지의 발동으로 시작하며, 이는 무상의 속도를 감속시켜 판단의 자원을 얻는 식별작용의 무지, 즉 생존에 필요하고 유용하다는 점에서 피할 수 없는 무지를 낳는다. 내외를 구별하고, 나와 대상을, 신체와 정신을 구별하는 작용이 반복되면서 내외를 가르고 나와 대상을 분할하는 경계선을 실체화하는 것 또한 유용하지만 불가피한 무지의 일종이다. 접촉과 촉발에 따른 감수작용은 생명의 지속에 '좋은 것'과 '나쁜 것'을 구별하며 좀 더 나은 인식과 행동을 준비하게 한다. 하지만 실제 사태와 무관하게 좋은 것과 나쁜 것을 구별하게 된다는 것은 실제 사건 발생 이전에 판단을 내리는 또 다른 무지를 준비하는 셈이다.

하지만 여기까지의 무지는 무상한 세계에서, 좀 더 나은 방식으로 생존을 지속하기 위해 피할 수 없는 유용한 무지고, 바로 그렇기에 사실 누구도 벗어나기 힘든 무지다. 이러한 무지에서 벗어나기 위해서는 자신의 판단이 아무리 훌륭한 근거와 이유를 갖는다고 해도 무상 앞의 무지일 수 있음을 알고, 실제 발생한 사건 앞에서 내려놓을 수 있어야 한다. 그런 방식으로 무명에 함축된 '불가능성'을 받아들일 수 있어야 한다. 무한속도의 무상한 카오스로 다시 접근하기 위해 갖고 있던 지식의 커튼을 찢을 줄 알아야 한다. 지혜가 지식이나 인식을 견지하는 게 아니라 실상이 그것과 다를 수 있음에 눈을 돌리는 것이다. 그리고 '정견'이 옳다고 믿는 견해를 견지하는 게 아니라, 아무리 옳다고 생각되는 것조차 실상 앞에서 내려놓을 줄 아는 것이라 함은 이 때문이다.

무명에 대처하며 얻은 지식이나 인식, 판단이 필연적 무지를 포함하고 있음을 보는 것과 반대로, 그런 지식이나 인식을 다가오는 사건들에 덮어씌우며 판단하게 될 때 무명의 카오스에 기인하는 이 근본적 무지와 다른 차원의 무지가 발생한다. 접촉과 촉발이 야기한 감수작용에 애증의 마음을 더하여, 좋아하는 것을 당기고 가지려는 마음貪心, 탐심이나 싫어하는 것을 밀쳐내려는 마음瞋心, 진심이 작용하기 시작할 때가 바로 그것이다. 호오의 분별을 하며 얻은 관념들을 언제나 옳다고 믿는 어리석음癡心, 치심 또한 여기에 추가되어야 한다. 이로써 또 다른 차원의 고통을 야기하는 세 가지 독毒이 우리의 삶에 침투하게 된다.

이런 점에서 애로부터 이어지는 십이연기의 후반부는 생명체의 '자연적인' 의지를 뜻하는 욕망의 과정과 달리, 그 욕망에 애증과 분별의 마음이 더해진 '작위적인' 욕심의 과정을 다루고 있다. 그런 애증의 마음이 대상에 달라붙는 취착의 마음으로 이어지면, 싫어함은 물론 좋아함의 마음조차 애착이나 집착 혹은 고착이라고 불리는 불행을 산출하게 된다. 취착 뒤에 오는 '유'는 취착의 마음이 생멸하는 변화를 작위로 멈추어 얻은 것이다. "존재하는 모든 것은 존재함이 틀림없다"는 동어반복을 기초로 모든 것 가운데 가장 보편적인 범주로 바꾼 것이 '유'라는 관념이다. 유란 세상의 실체를 실체이게 해주는 것(실체란 변화의 근저에 변함없이 존속하는 것이란 뜻이다)이며, 그런 만큼 모든 것의 출발점이 된다는 오인이야말로 불변의 확고함을 찾는 모든 철학적 시도의 요체인 셈이다.

'유'를 조건으로 '생'이 있다 함은 이런 '유'라는 관념으로부터 '생'을, 즉 생성과 생멸을 도출하는 것이고, '유'를 기초로 '생'을 말하는 것이다. '유'가 탄생하고 생성, 소멸한다는 식의 생각이 그것이다. 생멸하는 것의 어느 한순간을 억지로 멈춘 것이 '유'이건만, '유'가 있고 그것이 생멸한다고 뒤집어 생각하는 것이다. 이는 여기서 멈추지 않는다. 유에서 생으로 가는 오인은 보편적 범주가 되었기 때문에, 애증 이전에 발생한 자연적 과정에 대해서도 보편화되며 적용된다. 그로 인해 이제 무명과 행, 무상과 인식의 관계 등 모든 것이 본말과 전후가 뒤집힌 몽상 속에 갇히게 된다.

있음과 없음을 대립시키고 생성을 존재에 복속시키는 이 전도된 관념 속에서 생에 집착하고 노사를 두려워하는 마음이 생겨나는 것은 피할 수 없는 일이다. 아니, 가장 일차적인 취착이라 해야 할 그 두려워하는 마음이 바로 이런 전도된 관념을 만들어낸 것이다. 무상세계의 실상인 생성이란 사실 생과 사가, 탄생과 소멸이 매순간 함께하는 과정이다. 아이의 성장도, 성인의 늙음도 새로운 세포의 탄생과 오래된 세포의 죽음이 동시에 진행되는 과정인 것이다. 그러나 생성 이전의 근원적 자리에 자리 잡은 '유/무'의 관념은 생과 사를 유의 '시작'과 '끝'이라는 상반되는 지점으로 간주한다. 이로써 생명을 지속하는 자연적인 과정인 생명은 죽음을 물리치고, 죽음에 저항하며 '유'의 상태를 유지하는 과정으로 전도된다. 19세기 유명한 의사인 비샤는 이렇게 말했다. "생명이란 죽음에 저항하는 힘이다."

탐진의 마음, 취착의 마음이 야기한 이런 생각 안에서 생이란 오래도록 갖고자 하지만 결코 가질 수 없는 대상이 되고, 죽음이란 밀쳐내고자 하지만 결코 밀쳐낼 수 없는 대상이 된다. 이런 마음 안에서 생이란 본질적으로 죽음을 향한 과정이란 의미에서 '노사'를 뜻한다. 좋아하는 모든 것이 소멸되는, 가장 두렵고 싫어하는 귀착점인 죽음의 공포, 그 공포로 인한 고통들이 모든 생의 순간들을 채우게 된다. 그리고 그런 이유로 생이란 고통으로 가득 찬 것이 된다.

이런 점에서 '노사'의 관념은 접촉과 촉발의 자연학적 반응에 애증의 마음을 덧붙이기 시작하며 출현한 새로운 차원의 고통이 집약되는 최고의 고통이고, 그 모든 생의 고통을 만들어내는 본원적 고통이다. 어쩌면 생명을 지속하려는 본능에 기인하는 고통이라 하겠지만, 그것은 사실 살아있음 자체에서 오는 것이 아니라 살아있음을, 그렇기에 탄생마저 고통으로 느끼게 하는 전도된 망상 속에서 오는 것이다.

반면 생성의 과정 가운데 선택된 하나의 우연적 만남이 유라고 명명된 것임을 안다면, 거꾸로 그렇게 무언가 만나서 함께하고 있는 우연적인 순간이야말로 우리의 생 전체이고, 우리의 생을 직조하는 것임을 기쁘게 긍정할 수 있지 않을까? 모든 것이 변하며 떠나가는 것임을 안다면, 좋아하는 것이 아직 떠나지 않고 남아 있는 것을 행운으로 긍정할 수 있게 되지 않을까? 변하여 떠나가는 것조차 새로운 '종합', 새로운 생성의 기회로 긍정할 수 있게 되지 아닐까? 오는 것과 가는 것, 머물러 있는 것 모두를 '있는 그대로如如, 여여' 긍정하게 될 수 있지 않을까?

'여래如來'라는 말은 이처럼 연기법을 깨닫고 연기적으로 오고 가는 모든 것을 선물로 긍정하는 사람을 의미한다. 이 경우 무상한 세계 자체는 고통의 연속이 아니라 기쁨의 연속이 될 것이다. 윤회하는 생 그자체가 해탈이고, 중생이 사는 세계 그 자체가 바로 극락이 된다는 것은 바로 이런 의미 아닐까?